beck**'**sche
reihe
_____

AF178788

b**sr**

Norwegen hat sich in seiner mehr als 1200 Jahre umfassenden Geschichte von einem Staat am Rande Europas zu einem der wichtigsten Erdöllieferanten und einem der erfolgreichsten Wohlfahrtsstaaten der Gegenwart entwickelt. Dieser vor allem wirtschaftliche Erfolg kontrastiert eigentümlich mit der Geschichte Norwegens als einem von fremden Mächten regierten Land. 400 Jahre mit Dänemark, 100 Jahre mit Schweden vereint und im Zweiten Weltkrieg von deutschen Truppen besetzt, hat es über die Jahrhunderte eine erstaunliche Beharrungskraft gezeigt. Das Norwegen der Wikinger und der mittelalterlichen Könige ist bis heute ein fester Bestandteil des nationalen Diskurses. Die Nähe zum Meer und zu den indigenen Völkern des europäischen Nordens begünstigte eine weitgehende Offenheit und Toleranz für die Nachbarn. Norweger haben sich als kühne Entdecker und überaus erfolgreiche Wintersportler eine weit über das Land hinausreichende Anerkennung erworben. Ralph Tuchtenhagens Buch ist eine Einladung, den europäischen Norden besser kennen zu lernen.

Ralph Tuchtenhagen ist Professor für Ost- und Nordeuropäische Geschichte an der Universität Hamburg. Von ihm liegen bei C. H. Beck vor: *Geschichte der baltischen Länder* (bsr 2355) und *Geschichte Schwedens* (bsr 1787).

Ralph Tuchtenhagen

Kleine Geschichte Norwegens

Verlag C. H. Beck

Mit 5 Karten

Der Autor dankt Herrn Matthias Weingard
für die Anfertigung des Registers.

Originalausgabe

© Verlag C. H. Beck oHG, München 2009
Gesamtherstellung: Druckerei C. H. Beck, Nördlingen
Umschlagentwurf: malsyteufel, willich
Umschlagabbildungen: U 1: Königliche Familie (picture-alliance, dpa);
Seitenarm des Sognefjords mit Kreuzfahrtschiff (Andreas Werth)
U 4: Oscar Wergeland, «Eidsvoll 1844» (picture-alliance, dpa)
Printed in Germany
ISBN 978 3 406 58453 4

www.beck.de

Inhalt

1. Einleitung

Norwegen – das bedeutet Fjorde, Fjelle, Wikinger, Trolle, Polar-abenteuer, Nordkap und Öl. Diese Assoziationen sind teils von den Norwegern selbst übernommen, manch anderes hängt uns Deutschen noch von der Germanen- und «Nordland»-Begeisterung aus den Zeiten Kaiser Wilhelms II. und der Nationalsozialisten nach. Solche Fremd- und Selbstbilder zu bestätigen oder zu widerlegen soll nicht die Aufgabe dieser kurzen Einführung in die Geschichte Norwegens sein. Es geht um einen historischen Raum, in dem die «Norweger» die Haupt-, aber durchaus nicht die einzige Rolle spielen. Historische Räume sind ja, soweit Geschichte Veränderung in der Zeit meint, amöbenhafte Gebilde. Sie entstehen, dehnen sich aus, ziehen sich zusammen, verändern ständig ihre Form, bleiben aber doch unterscheidbare Formen mit sich verschiebenden, aber deutlichen Grenzen. Dies gilt auch für Norwegen, *Norge – Norrige* – das «Nordreich», wie es im Norwegischen heißt.

Seit wann «Norwegen» als politische Einheit existiert, kann unter verschiedenen Aspekten diskutiert werden. Ob die Sippen und Rechtsbezirke im wikingischen Zeitalter schon eine Vorstellung von Norwegen als einem politisch einheitlichen oder wenigstens politisch verbundenen Gesamtraum besaßen, darf bezweifelt werden. In der Regel konnte eine andere wikingische Sippe auf heutigem norwegischen Boden genauso als Feind oder Freund gelten wie eine Sippe auf heutigem schwedischen oder dänischen Territorium. Anders verhält es sich seit der Epoche der Reichseinigung. Das mittelalterliche *Norrige* wurde von den norwegischen Königen seit dem 11. Jahrhundert durchaus als politische Einheit aufgefasst, auch wenn der Anspruch nicht immer uneingeschränkt der Wirklichkeit entsprach. Dabei umfasste das mittelalterliche norwegische Reich aber durchaus mehr und andere Territorien als der heutige norwegische Staat. Beispielsweise reichte es im Süd-osten weiter ins heutige Schweden hinein; im Nordatlantik gehörten zahlreiche Inseln und Teile des heutigen Irland und Großbritannien dazu. Für die Zeit der norwegisch-dänischen Union (1380–1814) wiederum kann man sich streiten, ob Norwegen als eigenständige politische Einheit aufgefasst wurde. Die von der dänischen Krone im Zeitalter der Reformation (16. Jahrhundert) ergriffenen Maßnahmen zur Integration Norwegens in das dänisch dominierte Gesamtreich sprechen gegen eine solche Auffassung. Auf der anderen Seite besaß Norwegen zeitweise eigenständige politische Institutionen und erfuhr wirtschafts- und sozialpolitisch de facto eine Sonderbehandlung, die es auch innerhalb des Unionsreiches durchaus als spezifische politische Einheit durch den Vorhang staatlicher Einheitsinszenierungen hindurchscheinen ließ. In der Zeit der norwegisch-schwedischen Union (1814–1905) erhielt diese faktische Autonomie schließlich Rechtsstatus und wurde von der norwegischen Nationalbewegung kraftvoll verteidigt. Den souveränen Staat gibt es jedoch erst seit dem Ausscheren Norwegens aus der Union mit Schweden im Jahre 1905. In all diesen Phasen war Norwegen ein territorial unstetes Gebilde, das zwar ein durch die Jahrhunderte stabiles Zentrum besaß, markiert durch die Städte Oslo, Stavanger, Bergen und Trondheim; jenseits dieses Kerngebiets jedoch wechselten zahlreiche heute und ehemals zu Norwegen gehörende Gebiete immer wieder den Besitzer, wobei Großbritannien, Dänemark und Schweden die wichtigsten Herrschaftskonkurrenten waren.

Jenseits des Staates Norwegen existieren natürlich auch andere Perspektiven auf das «Nordreich». Norwegen als geographisches Gebilde ist durch die 25 148 km lange Atlantikküste (mit den Inselküsten: 83 283 km) begrenzt; sie besteht aus unzähligen schmalen und tiefen Buchten und Fjorden, die Meerwasser bis weit ins Landesinnere bringen. Die Grenze zu Schweden ist 1619 km lang, die zu Finnland 727 km, die zu Russland 196 km. Ungefähr 150 000 Inseln umgeben das Land. Das Landesinnere prägen Gebirgsketten und karge Hochebenen – Fjells (26 Gipfel liegen über 2300 m) –, hohe Wasserfälle und fischreiche Flüsse. Außerhalb des norwegischen Festlandes gehören zum Königreich Norwegen die Inselgruppe Svalbard (Spitzbergen und Bäreninsel) im Nordatlantik und Nordpolarmeer und die Insel Jan Mayen im Nordatlantik. Unter norwegischer Souveränität steht die Bouvetinsel im Südpolarmeer, die jedoch nicht zum Königreich zählt. Weiter beansprucht Norwegen zwei Regionen südlich des 60. Breitengrades – Peter-I.-Insel im Südpolarmeer und Königin-Maud-Land in der Antarktis –, die aber international nicht als norwegisches Hoheitsgebiet anerkannt worden sind.

Geologisch ist Norwegen ein Teil des nordeuropäischen fennoskandischen Schilds. Der extrem harte Fels, meist Granit und andere durch Hitze und Druck geformte Gesteine, ist bis zu 2 Mio. Jahren alt. Vergletscherung und andere Kräfte haben die Oberfläche der Gesteinsschicht abgetragen und Sandstein-, Konglomerat- und Kalksteinschichten geschaffen. Auch eine Reihe von Hochebenen ist in dieser Periode entstanden, darunter die Hardangervidda in Südnorwegen (bis 900 m Höhe) und die Finnmark im äußersten Norden Norwegens (bis 300 m Höhe). Während der Quartär-Eiszeiten (vor ca. 2 Mio. Jahren) entstanden die westnorwegischen Fjorde aus geschmolzenen Gletscherzungen. Gleichzeitig transportierten die Gletscher riesige Mengen Erde, Geröll und Fels bis ins heutige Dänemark und nach Norddeutschland.

Quartär(-Eiszeiten)

Das Quartär bezeichnet die jüngste und bisher kürzeste geologische Periode der Erdgeschichte, die vor ca. 1,6 Mio. Jahren begann. Es ist in zwei Epochen gegliedert: das Pleistozän (1,6 Mio. bis 10 000 Jahre vor unserer Zeit) und das Holozän (10 000 Jahre vor unserer Zeit bis heute). Das Quartär zeichnet sich als eine Zeit zahlreicher Klimawechsel aus. Einige davon waren von ausgedehnten Eiszeiten geprägt. Die Klimawechsel hatten einen erheblichen Einfluss auf geologische und geomorphologische Entwicklungen sowie auf Fauna und Flora.

Auf diese Weise entstanden vier naturräumliche Regionen: drei Gebirgsregionen im Süden, die Ostnorwegen (*Østlandet*) von Westnorwegen (*Vestlandet*) und das Gebiet um Trondheim (*Trøndelag*) voneinander trennen, und eine im arktischen Norden (*Nord-Norge*), die in der Mitte des Landes beginnt und zu großen Teilen über dem Polarkreis liegt. Klimatisch trennt der Gebirgszug der Skanden den schmalen Küstenstreifen im Westen vom kontinental geprägten Klima im Osten. Norwegens Westküste hat für diese nördliche Breite ein ausgesprochen mildes Klima. Grund hierfür ist der Golfstrom, der relativ warmes Wasser aus südlichen Breiten bis weit nach Norden (bis in die Finnmark) strömen lässt. Die Küste bleibt den gesamten Winter über eisfrei, und die mildernde Wirkung des Meeres ist, bedingt durch auflandige Winde, auch in den Lufttemperaturen (ca. −5 °C bis +1 °C) zu spüren. Norwegen liegt direkt in der Bewegungsrichtung der nordatlantischen Zyklone. Das Wetter in Westnorwegen ist entsprechend unbeständig. Die vom Meer aufgenommene Feuchtigkeit wird an der Westseite der Gebirge abgeregnet. Im Lee der Gebirge sind die Niederschlagsmengen hingegen eher gering. Sie nehmen auch vom Süden zum Norden hin ab und sind entlang des gesamten Küstenstreifens im Mai deutlich geringer als im Herbst. Je weiter man ins Landesinnere kommt, desto geringer werden die Niederschläge, die Temperaturen im Sommer sind höher, im Winter aber auch deutlich niedriger.

Wirtschaft und Verkehrswege waren durch die geographischen und klimatischen Bedingungen jahrhundertelang vorgegeben. Aus Sicht der vorindustriellen Kaufleute und Staatsmänner war der «Weg nach Norden» (*norvegr*), entlang der norwegischen Küste, der einzige Verkehrsweg, der relativ bequemes Reisen und wirtschaftliche Gewinne versprach. Die norwegischen Flüsse hingegen verlaufen von Osten nach Westen (mit Ausnahme von Finnmarken), und die wenigsten von ihnen sind schiffbar. Über Land existierten in früheren Jahrhunderten durch Gebirge und Wälder kaum Wege; und wo es sie gab, waren sie beschwerlich. Kein Wunder also, dass die Süd-Nord-Richtung entlang der Küste auch die ökonomische und politische Geschichte des Landes bestimmte. Immer schon war der Handel ein wichtiger Motor der norwegischen wirtschaftlichen Entwicklung. Die landwirtschaftlichen Möglichkeiten blieben aufgrund der durch die Gletschertätigkeit abgetragenen Böden hingegen karg. Nur in Østlandet und in der klimatisch begünstigten Jæren-Ebene südlich von Stavanger konnte Landwirtschaft in größerem Umfang betrieben werden. Fischfang, Holzwirtschaft und Bergbau dominierten die vorindustrielle Wirtschaft des Landes. Mit der Industrialisierung kamen Wasserenergie, Öl und Gas als wichtige Einkommensquellen hinzu.

Was macht einen «Norweger» aus und seit wann gibt es diese Bezeichnung? Die heute verbreiteten Vorstellungen über «die Norweger» gehen im Wesentlichen auf die während des 19. Jahrhunderts von der norwegischen nationalen Bewegung geschaffenen Bilder zurück. Bis dahin existierten in Norwegen unterschiedliche Rechtsgruppen – Stände –, die ihre politischen Angelegenheiten weitgehend selb-»ständisch» regelten und sich nur auf den dänisch-norwegischen Reichstagen und den königlichen Zentralbehörden zu Zusammenkünften versammelten. Auch territorial zerfiel Norwegen in Länder des Adels, der Städte und der Krone, im Mittelalter auch noch der Kirche. Dass heutige Reisende alle Ländereien betreten dürfen (*allemansrett*), ist erst ein Ergebnis des 20. Jahrhunderts. Der norwegische «Staatsbürger» war eine Errungenschaft des 19. Jahrhunderts. Gleichzeitig war und ist Norwegen bis heute ein multiethnisches/-nationales und multireligiöses Land. Im Mittelalter herrschte lange ein Neben- oder Miteinander vorchristlicher und christlicher Vorstellungen, das mit dem Begriff des Katholizismus nur ungenügend wiedergegeben werden kann. In der Neuzeit dominierte die lutherische Kirche die religiösen Auffassungen des Reiches, aber es handelte sich oft nicht nur um eine lutherische Kirche, sondern um verschiedene Bistümer und Landeskirchen, dazu kamen verschiedene innerkirchliche theologische Richtungen, neuprotestantische Gruppierungen, die katholische Kirche, samischer Schamanismus, das Judentum und in neuester Zeit auch der Islam und verschiedene fernöstliche Glaubensgemeinschaften. Norwegen war die Heimat der Norweger, aber auch die von Finnen, Kvenen, Samen, Russen, Deutschen, ganz zu schweigen von Kaufleuten, Handwerkern, Künstlern, Soldaten, Politikern, Geistlichen, Flüchtlingen und Einwanderern aus aller Herren Länder. Dies alles trifft natürlich auf viele Länder unserer Erde zu. Aber es ist ein Anliegen dieses Buches, dies für das relativ unbekannte Norwegen noch einmal deutlich zu machen.

Dass Norwegen mehr ist als Wikinger, Arktisforscher und Öl soll in dieser kurzen Darstellung hervorgehoben werden. Wenn damit die Neugierde auf die Geschichte eines Landes geweckt werden kann, dessen ökonomischer Erfolg und dessen Widerborstigkeit gegen die EU immer wieder staunen machen, ist der Autor für seine Mühen belohnt.

Hamburg im April 2009   *Ralph Tuchtenhagen*

2. Vorgeschichte
(bis 1060 n. Chr.)

Die Vorgeschichte Norwegens ist bis weit ins Mittelalter durch einen großen Mangel an schriftlichen Quellen gekennzeichnet. Nur archäologische Funde geben Aufschluss über menschliche Siedlungen auf dem Territorium des heutigen Staates Norwegen. Genauere Aussagen über politische Einheiten, Wirtschaft, Gesellschaft und Kultur der Menschen sind dabei jedoch kaum möglich.

Steinzeit (bis ca. 1500 v. Chr.) Auf Grundlage der archäologischen Funde sind eine ältere Steinzeit bis ca. 4000 v. Chr. und eine jüngere Steinzeit von ca. 4000 v. Chr. bis ca. 1500 v. Chr. zu unterscheiden. In der älteren Steinzeit wanderten Menschen von Süden her in das zwischen 11 000 und 8000 v. Chr. von der letzten Eiszeit her ausapernde Norwegen ein. Sie lebten vornehmlich von der Jagd. Die ältesten Zeugnisse (Steinwerkzeuge) dieser frühen Landnahme stammen aus einer Periode zwischen ca. 9500 und 6000 v. Chr. und finden sich in Lappland (Finnmark) und im mittleren Küstennorwegen (Nordmøre, Rogaland). Funde wie Wohnplatzreste und Steinritzungen, z. B. bei Alta in Finnmark aus der Zeit von 6200 bis 2500 v. Chr., kommen im gesamten Küstengebiet vor. Der Tierbestand an der Küste bot Nahrung für Fischer und Jäger in einer Zeit (10 000 v. Chr.), als das Innere Norwegens noch von Eis bedeckt war. Unter den Beutetieren befanden sich Hirsche, Rene, Elche, Bären, Vögel, Seehunde, Wale und mehrere Fischarten (v. a. Lachs und Heilbutt). In der jüngeren Steinzeit, v. a. zwischen 3000 und 2500 v. Chr., ist offenbar eine neue Bevölkerung nach Norwegen eingewandert, die so genannten Steinaxtleute, die eine halbnomadische Existenz als Rentierzüchter führten, weiter südlich aber auch Getreide anbauten und Kühe und Schafe züchteten. Aus dieser Periode stammt beispielsweise ein Megalithgrab aus Østfold (Südnorwegen).

Bronzezeit (ca. 1500–500 v. Chr.) Die Bronzezeit kann in Norwegen ebenfalls in eine ältere (1500–1100 v. Chr.) und eine jüngere Periode (1100–500 v. Chr.) unterteilt werden. In der älteren Periode war der Gebrauch von Bronze für Broschen und Waffen bereits bekannt. Daneben finden sich aber weiterhin Steinartefakte. Bronze war ein sehr kostbarer Werkstoff, den sich offenbar nur einige Häuptlinge leisten konnten. In der älteren Bronzezeit wurden an der Küste und im südlichen inneren Norwegen große Grabhügel errichtet. Typisch waren weiterhin Steinritzungen, die sich aber in dieser Periode motivisch von der Steinzeit abheben. Stark stilisierte Darstellungen der Sonne, von Tieren, Bäumen, Waffen, Schiffen und Personen dominieren. Sie standen möglicherweise mit der Religion der Epoche in engem Zusammenhang.

In der jüngeren Periode entstand eine mächtige Schicht Reicher und politisch Führender mit guten Verbindungen nach Süd-Skandinavien. Die Bevölkerung wurde sesshaft, wohnte in Langhäusern und setzte Pferd und Pflug zur Bearbeitung des Bodens ein. Die Toten wurden weiter in großen Grabhügeln bestattet.

Eisenzeit/Wikingerzeit (ca. 500 v. Chr.–1050 n. Chr.) Auch die norwegische Eisenzeit zerfällt in eine ältere (ca. 500 v. Chr.–550 n. Chr.) und eine jüngere Periode (ca. 550–1050). In der älteren Periode lassen sich drei Unterperioden unterscheiden: die vorrömische/keltische Eisenzeit (ca. 500 v. Chr. – Zeitenwende), die römische Eisenzeit (Zeitenwende – ca. 400 n. Chr.) und die Völkerwanderungszeit (ca. 400 n. Chr. – ca. 550 n. Chr.). Aus der vorrömischen/keltischen Eisenzeit existieren nur wenige Funde. Auffällig ist ein neuer Umgang mit den Toten – die Feuerbestattung –, bei dem die Asche zusammen mit Grabbeigaben in Gräbern beigesetzt wurde. In der römischen Eisenzeit hatte die Bevölkerung von Norwegen offenbar gute Handelsverbindungen mit dem römischen Gallien. Rund 70 römische Bronzekessel, die in der Regel als Graburnen benutzt wurden, sind bisher entdeckt worden. Auch die ab dieser Zeit aufkommende Runenschrift ist wohl auf Kontakte nach Süden zurückzuführen. Die älteste Runeninschrift Norwegens stammt aus dem 3. nachchristlichen Jahrhundert. Wie man mit Hilfe topographischer, archäologischer und namenskundlicher Analysen zeigen kann, wuchs in dieser Zeit die Menge des besiedelten Landes beträchtlich an. Die ältesten Namenstämme, z. B. *nes* (Landspitze), *vik* (Bucht) oder *bø* (Bauernhof), stammen wahrscheinlich noch aus der Bronzezeit; hingegen sind Suffixe wie *-vin* (Weide) oder *-heim* (Siedlung, Hof) eher der römischen Eisenzeit zuzuordnen. Die Periode der Völkerwanderung, die im 5. Jahrhundert den Zusammenbruch des weströmischen Reiches verursachte, zeichnet sich durch reiche Funde aus, darunter Häuptlingsgräber mit aufwändig hergestellten Waffen und Goldartefakten. Hügelfestungen entstanden auf exponierten Erhebungen zur Verteidigung der Siedlungen. Ausgrabungen haben gezeigt, dass einige Häuser nun ein Steinfundament erhielten, das in der Regel eine Länge von 18 bis 27 m aufwies. Dächer wurden von hölzernen Pfeilern gehalten. Es handelte sich dabei meist um Familienwohnungen, in denen mehrere Generationen mit ihrem Vieh unter einem Dach zusammenlebten.

Die jüngere Periode der norwegischen Eisenzeit umfasst zwei Unterperioden: die Merowingerzeit (ca. 550–800) und die Wikingerzeit (ca. 800–1066). In der Merowingerzeit entstanden wahrscheinlich erste größere politische Gemeinschaften. Diesen Schluss kann man aus der Tatsache ziehen, dass größere Verteidigungsanlagen nachgewiesen werden können, die ein gewisses Maß an zwischenfamiliärer Kooperation erfordern.

Die am besten dokumentierte vorgeschichtliche Periode Norwegens ist zweifellos die Wikingerzeit. Der Begriff «Viking» (an. *víkingr*) bedeutete zunächst (um 800) «Mann, der von einer Bucht (an. *vík*) aus segelt» oder «Mann aus Vik», wobei mit «Vik» die große Bucht gemeint war, die zwischen Lindesnes und der Mündung des Göta-Flusses im heutigen Schweden liegt. Mit der Zeit erweiterte sich der Begriff vor allem bei den Opfern der Wikingerzüge auf Männer, die über das Meer auf Plünderungs- und Eroberungszüge fuhren. Erst in der Zeit der Nationalromantik während des 19. Jahrhunderts verstand man unter den «Wikingern» Menschen, die in einer bestimmten historischen Periode in Skandinavien lebten, eben in der «Wikingerzeit», in der die skandinavische Bevölkerung ihre alten Siedlungsgebiete zeitweise oder endgültig verließ und an fast allen Küsten Europas plünderte oder Handel trieb und sich dort teilweise niederließ. Die zeitlichen Grenzen dieser Periode sind jedoch nicht scharf zu ziehen, weil es keine bestimmten Ereignisse gibt, die den Anfang und das Ende der Wikingerzeit eindeutig markieren. Die Zeit um 800 gilt üblicherweise deshalb als Beginn, weil nach den ersten Überfällen von Wikingern auf Portland (789) und auf das Kloster Lindisfarne (793), beide in England, Überfälle und Plünderungszüge auf europäische Küsten- und Uferregionen kontinuierlich zunahmen. Dies war u. a. deshalb möglich, weil eine starke staatliche Zentralmacht in den von den Wikingern heimgesuchten Ländern fehlte, was sie zu einer leichten Beute für auswärtige Eroberer machte. Das Ende der Wikingerzeit um 1050 ist gekennzeichnet durch das Ende der dänischen Herrschaft im Nordseeraum und den Übergang von der norwegischen Westexpansion zur Zersplitterung der Herrschaft im norwegischen Stammland nach 1130. Ein äußerer Faktor war die Verstärkung der Staatsmacht in zahlreichen europäischen Ländern, denn so konnte die Plünderung und Eroberung einzelner Orte und Regionen erschwert oder zumindest effektiver sanktioniert werden. Auch der Beginn der europäischen Kreuzzugsperiode (seit 1095) und die damit verbundene Verlagerung innereuropäischer Konflikte in den außereuropäischen Raum ist von der Historiographie als Argument für das Ende der Wikingerzeit genannt worden.

Welche einheimischen Faktoren können das Aufkommen von Wikingerzügen erklären? Ein Grund war die Ausweitung der Eisenproduktion. Sie ermöglichte einerseits die Herstellung effektiverer Waffen, andererseits steigerte der Einsatz von Eisen in der Landwirtschaft die landwirtschaftliche Produktion und die Ausweitung der Ackerflächen. Dies wiederum führte bald zu einer Verknappung fruchtbaren Landes. Ein Ausweg aus dieser Situation war der Handel oder das Plündern im Ausland. Dieser Zusammenhang lässt sich besonders in Westnorwegen beobachten, von wo die meisten norwegischen Wikingerzüge ausgingen. Es war üblich, im Sommer auf *viking* zu fahren, um von den Gewinnen und der Beute vom Herbst bis zum nächsten Frühjahr zu leben. Besonders junge Männer, die nicht erbberechtigt waren, fanden so ihr Auskommen. Auch die Anfänge der «Sammlung des Reiches» waren ein Grund für die Wikingerzüge. Die zunehmende Kontrolle der freien Männer und ihrer Siedlungen durch lokale und überlokale Herrscher, verbunden mit Steuern und andere Abgaben, trieb viele Männer in ein Leben, das die alte Freiheit und Unabhängigkeit verhieß. Ab der zweiten Hälfte des 9. Jahrhunderts stellten Wikinger große Flottenverbände zusammen, um im Frankenreich, in Irland und England Heerzüge zu unternehmen. Dabei beschränkten sie sich nicht immer nur auf «hit and run»-Überfälle, sondern setzten sich in einigen Küstenregionen für längere Zeit fest und gründeten Kolonien und/oder schufen sich eigene Herrschaftsbereiche. Norwegische Wikinger besiedelten auf diese Weise die Färöer, Island, Grönland, die Orkneys, die Isle of Man und Teile von Schottland und Irland. Erst in einer späteren Phase gerieten diese autonomen Herrschaften in die Abhängigkeit oder den Besitz der norwegischen Krone.

Die norwegischen Wikinger konzentrierten sich auf ihren Fahrten hauptsächlich auf den Nordatlantik, auf den *«nordvegr»* und *«vestervegr»*, d. h. Nordfrankreich, die britischen und andere Atlantikinseln sowie schließlich «Vinland», das die norwegisch-amerikanischen Archäologen Helge und Anne Ingstad in den 1960er Jahren als Neufundland identifizierten.

Wikinger fanden sich in Sippengemeinschaften zusammen. Auch die soziale, rechtliche und politische Stellung einer Person hing stark von den Beziehungen innerhalb der Sippe und der Sippen untereinander ab. «Häuptlinge» (*høvdinger*) oder «Große» (*stormenn*) standen an der Spitze der Sippenhierarchie, alle anderen Sippenmitglieder bestimmten ihren Status im Verhältnis zu den Häuptlingen und Großen ihrer Sippe. Ein Staat existierte in Norwegen zu dieser Zeit weder im mittelalterlichen noch im modernen Sinne. Da äußere Sicherheit, Verteidigung und Krieg Angelegenheiten der Sippe waren, war die Wikingerzeit von zahllosen Sippenfehden geprägt, die nur gelegentlich durch eine *viking*-Fahrt verlagert oder ersetzt werden konnten.

Die Wikingerzeit war aber auch eine Periode weiter gehender sozialer Zusammenschlüsse. Einige Siedlungen um den Trondheimsfjord taten sich zu einer *ting*-Gemeinschaft (an. *þrændalog*) zusammen. Die *ting* fanden oft in Hainen oder auf Hügeln statt, auf den ältesten und besten Bauernhöfen, die den Häuptlingen oder wohlhabendsten Bauern gehörten. Regionale *ting* versammelten Abgeordnete der Bauern aus mehreren Orten oder Regionen. Auf diese Weise entwickelte sich die Institution des *lagting* («Gesetzesting») – eines *ting*, auf dem über politische Angelegenheiten verhandelt wurde und Gesetze erlassen wurden. Das Gulating befand sich am Sogne-Fjord und war vermutlich das Zentrum eines Zusammenschlusses mehrerer Sippengemeinschaften an den westlichen Fjorden und auf den westlichen Inseln, die zusammen den Gulatingslag, den Rechtsbezirk von Gula, bildeten. Ein anderer Rechtsbezirk war der Frostatingslag, der die politischen Gemeinschaften um den Trondheim-Fjord umfasste. Es scheint so, dass die Jarle (Grafen) von Lade den Frostatingslag um die Küstengebiete vom Romsdals-Fjord bis zu den Lofoten erweitert haben. Ein drittes *lagting* entstand um den Mjøsa-See in Ostnorwegen mit dem *ting*-Platz Eidsvoll; es ist bekannt geworden unter dem Namen Eidsivating. Ein viertes *tingslag* entstand um den Oslo-Fjord mit dem *ting*-Platz Sarpsborg, bekannt unter dem Namen Borgating.

Neben diesen vier *tingslag* bildeten sich im südlichen Norwegen kleinere *ting*-Gemeinschaften und kleine Königreiche wie beispielsweise das Königreich Vestfold-Vestoppland mit einer ausgeprägt agrarwirtschaftlichen Basis, das Verbindungen zur Ynglinge-Sippe in Uppsala besaß und im 9. Jahrhundert aufstieg. Andere Gebiete blieben trotz günstiger agrarwirtschaftlicher Voraussetzungen ohne zentrale politische Führung (z. B. Trøndelag) oder bildeten sehr kleine Herrschafts-Konglomerate (z. B. in Westnorwegen). Die kleinen politischen Einheiten erhielten Einnahmen ebenfalls aus Handel und Raubzügen. Der Handel wiederum begünstigte die Entstehung von überregionalen Handelsplätzen wie beispielsweise Kaupangen in Skiringssal (Vestfold).

Immer wieder versuchten einzelne Herrscher, das Konglomerat von Klein- und Kleinstherrschaften zu beseitigen und die zersplitterte politische Landschaft zu einheitlichen Reichen zusammenzufassen. Über diese Einigungsversuche ist jedoch kaum etwas Sicheres auszusagen. Die meisten unserer Kenntnisse stammen aus der norwegischen und altisländischen Sagaliteratur, die oft sehr widersprüchliche Aussagen enthält. Ein ungefähres Bild lässt sich daraus jedoch konstruieren. So versuchte der im Borgatingslag herrschende König Haraldr I. Hárfagri (Harald I. Hårfagre/Harald I.

Schönhaar, reg. ca. 850/872 – ca. 930, *um 848, †933), der in historischen Darstellungen oft auch als König von Vestfold bezeichnet wird, in der zweiten Hälfte des 9. Jahrhunderts in einem Pakt mit den Häuptlingen des Frostatingslag und von Teilen des Gulatingslag, die westnorwegischen Klein*tingslag* zu inkorporieren. Ihm ging es dabei vor allem darum, die Handelswege entlang der Küste vor feindlichen Angriffen zu sichern. Der Durchbruch kam mit der Schlacht von Hafrsfjord in der Nähe von Stavanger irgendwann in der Zeit nach 872 und vor 900. Danach nannte sich Haraldr König von ganz Norwegen. Tatsächlich jedoch besaß er die direkte Kontrolle nur zwischen dem Sogne-Fjord und Tromøya. Die Jarle von Møre und des Trøndelag behielten die Herrschaft über die Gebiete, die ihnen auch vor der Schlacht von Hafrsfjord schon unterstanden hatten. Østlandet wurde zwischen Haraldrs Söhnen aufgeteilt.

Jarle und Ladejarle

«Jarl» ist ein Titel, der während der Wikingerzeit und des Mittelalters in Norwegen gebraucht wurde, um die höchste Adelsschicht des Reiches zu bezeichnen. Seine älteste Bedeutung war wahrscheinlich «freier Mann von gutem Geschlecht und hoher Geburt» und bezog sich auf die Häuptlinge der «Reichssammlungs»-Periode der norwegischen Wikingerkönige. Nach der Einführung des *hirðskrá* (*hirá*-Schragen) unter Magnús Lagabœtir (s. Kap. 3) wurden die Jarle den Herzögen in Rechten und Pflichten im Wesentlichen gleichgestellt. Im 13. Jahrhundert verdrängte der «Herzog»-Titel langsam den Jarl-Titel. Der letzte «Jarl» war Erzbischof Jørund von Trondheim (1287–1309), der im Jahre 1309 starb.

«Ladejarl» war der Titel der Jarle von Strinda, seit die Herrscher von Trondheim Vasallen Haraldr Hárfagris geworden waren. Er wurde bis zur Reformation vergeben. Der Begriff stammt vom Gut Lade in der südlichen Hälfte des alten Strinda, die heute in der Kommune Trondheim liegt. Von den Ladejarlen fungierten während der Interregna des 11. Jahrhunderts mehrere als Reichsverweser.

Nach Haraldrs Tod (ca. 933) entbrannten heftige Erbstreitigkeiten, die das Reich an den Rand des Zusammenbruchs brachten. Haraldrs Nachfolger wurde sein Sohn Eirikr (Eirik I. Blodøks Haraldsson/Erich I. Blutaxt, reg. ca. 930–935, *um 885, †954). Er versuchte, sich über die übrigen Mitglieder des Hárfagri-Geschlechts zu setzen, scheiterte aber und wurde von seinem einzigen überlebenden Bruder, Hákon inn góði (Hákon der Gute, ca. 933–ca. 960, *um 918, † um 960), vertrieben. Dieser war in England bei König Aðalsteinn erzogen worden (daher der Beiname Aðalsteinnsfóstri – Aðalsteinns Ziehkind), ca. 933 nach Norwegen gekommen und wurde wegen Eiriks brutalem Vorgehen von den norwegischen Häuptlingen unterstützt, um sein Erbe in Besitz zu nehmen. Er war der erste christliche «Missionskönig» von Norwegen (vgl. Kap. 3). Den Beinamen «der Gute» trug er, weil er eng mit den Bauern zusammenarbeitete und bei seinen Christianisierungsversuchen den Widerstand der Bauern nicht zu brechen versuchte. Zudem führte er zahlreiche Reformen durch. Er gestaltete Gulating und Frostating so um, dass nun nicht mehr wie früher alle freien Männer Zutritt zu den Verhandlungen hatten, sondern nur noch Repräsentanten der königlichen Provinzen. Er schuf außerdem das *leidang*-System, nach dem die Bauern entlang der Küste Langschiffe und Mannschaften zu stellen hatten. Die Flotte sollte dem König zu Diensten stehen und war für einen zweimonatigen Einsatz auszurüsten und bereitzuhalten.

Diese Maßnahmen stabilisierten das Reich, allerdings sollte es sich bald zeigen, dass die stärkste Klammer des Reiches die Person des Königs selbst war. Als Hákon in der Schlacht bei Fitjar (959 oder 961) getötet wurde, war die Zukunft des Königreiches wieder völlig offen. Hákon hatte auf dem Totenbett bestimmt, dass die Eiríkrssöhne die Herrschaft übernehmen sollten. Sie hatten in dem Konflikt, der zur Schlacht von Fitjar führte, mit dem dänischen König Haraldr Blátœnn (Harald Blauzahn) paktiert und mit diesem vereinbart, dass Eiríkrs Sohn Haraldr Gráfeldr (Harald Graufell) und seine Brüder Unterkönige unter der Leitung Haraldrs Blátœnns werden sollten. So kam es auch zunächst. Schon bald jedoch forderten die Eiríkrssöhne mehr Macht. Als Haraldr einen Krieg gegen die Ladejarle vom Zaun brach und den Ladejarl von Trøndelag und

Håløygaland, Sigurðr Hákonarsson jarl (*ca. 890, †962), tötete, verbündete sich der Dänenkönig mit den Ladejarlen. Haraldr wurde zurück nach Dänemark gerufen und dort getötet. Die Herrschaft in Norwegen übertrug der dänische König dem Sohn Sigurðs Hákonarsson, Hákon jarl inn riki (*ca. 935, †995), als Alleinherrscher (ca. 970–995). Dieser Schritt mündete allerdings in eine lang anhaltende Feindschaft zwischen dem Hárfagri-Geschlecht und den Ladejarlen.

Neben den Wikingerzügen, die u. a. Handelsverbindungen außerhalb Norwegens begründen und aufrechterhalten sollten, entwickelte sich auch in Norwegen selbst ein reger Handelsverkehr. Dieser war eng mit der Gründung von Handelsplätzen und -städten verbunden. Zum einen entstanden kleinere Handelsplätze der verschiedenen Sippengemeinschaften und -verbände. Zum anderen gründeten auch die ersten (Wikinger-)Könige größere Handelsstädte wie z. B. Bergen, um von den Handelsgewinnen der Stadt zu profitieren. In diesen Kontext gehören nicht zuletzt die Handelsplätze im Nordatlantik (z. B. Dublin, Isle of Man, Orkneys, Färöer, Island, Grönland), die im Laufe des 10. und 11. Jahrhunderts unter die Kontrolle der norwegischen (Wikinger-)Könige gelangten.

3. Das mittelalterliche Königreich (11.–16. Jahrhundert)

Christianisierung und Entstehung des norwegischen Einheitskönigtums (ca. 1060–1184)

Will man von einem norwegischen Mittelalter nach dem Ende der Wikingerzeit um die Mitte des 11. Jahrhunderts sprechen, so bietet sich die allgemeine europäische Epochengliederung in Früh-, Hoch- und Spätmittelalter an. Unter dem Begriff «norwegisches Frühmittelalter» lassen sich zwei Perioden zusammenfassen. Die erste Periode (1066–1130) war durch eine lange Friedenszeit, wirtschaftliches Wachstum, die Etablierung der zentralisierten Monarchie und der Kirche sowie relative Rechtssicherheit, die zweite Periode (1130–1184) durch Thronfolgekriege und die Durchsetzung der Kirche als mächtigster und stabilster Institution Norwegens gekennzeichnet.

Christianisierung Eine populäre historiographische Auffassung schreibt die Einführung des Christentums in Norwegen den drei «Missionskönigen» Hákon I., Óláfr Trygvasson und Óláfr II. zu. Die Könige hatten in der Tat eine hohe Bedeutung, doch war die Christianisierung Norwegens ein komplexer, multifaktorieller und über mehrere Jahrhunderte sich erstreckender Prozess, dessen Hauptkomponenten der Handel und Wikingerzüge, in zweiter Linie auch keltische Sklaven und eventuell keltische Einsiedler an der norwegischen Küste waren.

Lange vor der Christianisierung verband der wikingische und vorwikingische Handel Norwegen mit den Handelsplätzen Birka in Svealand (im heutigen Schweden), Haithabu in Dänemark sowie mit den Britischen Inseln und dem Karolingerreich. An all diesen Orten kamen die Nordleute spätestens seit dem 7. Jahrhundert mit dem Christentum in Verbindung – Jahrhunderte vor der offiziellen Einführung des Christentums durch die norwegischen Könige.

Wikingische Raubzüge bedrohten zwar die Kirche in den heimgesuchten Ländern, brachten die Nordleute aber gleichzeitig mit dem Christentum in Berührung. Wikingersiedlungen auf Irland, in Schottland und auf den Nordseeinseln legen beredt Zeugnis ab von Übergängen und Verschmelzungen (Synkretismen) zwischen wikingischer Asenreligion und Christentum. Nicht alle Wikinger freilich blieben in den von ihnen eroberten oder geplünderten Gebieten, sondern kehrten am Ende einer Jahressaison oder auch nach mehreren Jahren in ihre Heimatdörfer zurück. Einige von ihnen pflegten ihren neuen Glauben jedoch auch in der Heimat.

Auch der umgekehrte Weg christlich-wikingischen Kontakts ist denkbar. Norwegische Historiker haben die These verfochten, keltische (am ehesten irische) Einsiedler hätten sich an der norwegischen Küste niedergelassen. Inwiefern diese jedoch das Leben der mittelalterlichen Bevölkerung Norwegens beeinflusst haben, ist völlig ungewiss. Von einigen Forschern wird auch der Einfluss keltischer Sklaven, die durch wikingische Beutezüge nach Norwegen gelangten, auf ihre wikingischen Herren als Wurzel einer Christianisierung Norwegens ins Feld geführt. Immerhin ist bekannt, dass Sklavinnen zur Kindererziehung eingesetzt wurden. Man kann also vermuten, dass sie wikingischen Kindern auch etwas von ihrer christlichen Überzeugung mitgeteilt haben. Dieses Thema ist jedoch bislang unzureichend erforscht.

Indirekte Hinweise auf eine frühe Christianisierung norwegischer Wikinger geben die altnordischen Sagas und andere schriftliche Quellen. Sogenannte Bautasteine mit Runen und Kreuzen, Steine in Kreuzform, Grabfunde mit eindeutig christlichen Attributen, alle aus dem 10. Jahrhundert, verweisen darauf, dass schon zu dieser Zeit eine Mission oder zumindest ein christlicher Einfluss vorhanden gewesen sein muss. Diese Zeugnisse zeigen auch, dass es insbesondere der norwegische Küstensaum war, wo die Bevölkerung Norwegens in Kontakt mit dem Christentum kam. Von hier zogen norwegische Wikinger und Händler in die Welt. Hier begannen die späteren «Missionskönige» ihr Christianisierungswerk. Die inneren Gebiete Norwegens wurden hingegen erst unter Ólafr II. christianisiert, und das auch nur gegen erbitterten Widerstand.

Erste, aber erfolglose Versuche einer planvollen Missionierung Westnorwegens wurden im 10. Jahrhundert von England aus unternommen. Gleichzeitig bemühten sich Karolinger und Friesen, das von Dänen kontrollierte südöstliche Norwegen (Østlandet, besonders Viken) zu bekehren. Die Missionare waren üblicherweise Wikinger, die im Ausland zu Christen geworden waren, sowie Mönche und Bischöfe aus dem königlichen Gefolge.

Der erste norwegische «Missionskönig» war der bereits erwähnte Hákon I. (Haraldsson) Aðalsteinnsfóstri (s. Kap. 2). Sein Vater, Haraldr Hárfagri («Schönhaar») hatte ihn im Rahmen einer Friedensverhandlung als Geisel an den Hof König Aðalsteinns (engl. Æthelstan «the Glorious», 924/925–939, *895, †939) von England geschickt. Dieser angelsächsische König galt als kultiviert und suchte Rat bei den Weisen seines Reiches, besonders bei den Bischöfen. Er erließ Gesetze, die nach damaligen Maßstäben human waren, nahm seinen christlichen Glauben ernst, sammelte wertvolle Bücher und schenkte sie Kirchen und Klöstern. An Aðalsteinns Hof erhielt Hákon eine Erziehung im christlichen Geist. Er lernte, dass Mission nicht mit Gewalt und Zwang, sondern mit Liebe und Vorbild betrieben werden sollte. Nach diesem Prinzip war die angelsächsische Mission damals in ganz Europa tätig. Hákon, der sie nach Norwegen mitbrachte, vertrat damit einen ganz anderen Missionstypus als seine Nachfolger Óláfr Tryggvason und Óláfr II. Hákon. Seine Hoffnungen auf die Wirkung sanfter Überzeugungsarbeit zerschlugen sich jedoch bald. Im Trøndelag traf er auf den hartnäckigen Widerstand der Bauern, die drohten, ihn umzubringen. Was danach geschah, bleibt ungewiss. Endgültig beendet wurde dieser erste Christianisierungsversuch eines norwegischen Königs jedenfalls mit der Schlacht von Fitjar/Hordaland (ca. 961), in der Hákon tödlich verwundet wurde.

Wirkliche Erfolge konnten christliche Missionare in Norwegen erst verbuchen, als die Wikingerkönige im 11. Jahrhundert Verbindungen mit den christlichen Monarchien Europas, speziell mit den teilweise von Wikingerfürsten regierten Herrschaftsgebieten in der Normandie und in England, aufnahmen. Óláfr Tryggvason (995–1000, *ca. 963, †1000), ein Nachkomme Haraldr Hárfagris, war dabei aus ganz anderem Holz geschnitzt als Hákon I. Zwar hatte auch er seine Kindheit und Jugend im Ausland verbracht, doch in Estland und Novgorod, wo er zunächst lebte, lernte er v. a. das traditionelle Wikingerleben kennen. Später fuhr er auf Raub und Plünderei in die Ostseeländer sowie nach Irland und England. In England, wo er an den Hof König Æthelreds «the ill-advised» (978–1013, 1014–1016, *um 967, †1016) geladen wurde, nahm er dann irgendwann zwischen 991 und 995 die Taufe an. 995 wandte er sich nach Norwegen, ließ sich zum König krönen und begann eine ausgeprägte Schwertmission. In Viken und Südwestnorwegen konnte er dabei auf eine christliche Basis in der Bevölkerung zurückgreifen. Im Trøndelag hingegen traf er wie schon Hákon I. auf Widerstand, brach diesen aber mit brutaler Gewalt. Óláfr entsandte zudem Missionare nach Island, wo das Christentum vom *Alþingi* (nnorw. *Alltinget* = isländisches Parlament) 999/1000 offiziell angenommen wurde. Im Jahre 1000 wurde Óláfr jedoch in der Seeschlacht von Svǫlðr (nnorw. Svolder, in der westl. Ostsee) gegen die alliierten Flotten der Könige von Dänemark und Schweden sowie des Trøndelags getötet, womit seine Christianisierungspolitik einstweilen ein Ende fand.

Erst als Óláfr II. (Haraldsson), inn helgi/»der Heilige», 1015–1028, *995, †1030), ein weiterer Nachfahre Haraldr Hárfagris, der ebenfalls zunächst ein Wikingerleben an Nord- und Ostsee geführt hatte und 1013 in Frankreich getauft worden war, von England aus nach Norwegen kam und dort als König anerkannt wurde, konnte die monarchische Mission fortgesetzt werden. Óláfr II. ließ englische Geistliche nach Norwegen kommen, die eine norwegische Kirchenorganisation aufbauen sollten. 1030 wurde Óláfr II. in der Schlacht von Stiklarstaðir/Nord-Trøndelag gegen Dänen und norwegische oppositionelle Bauern getötet. Seine Bemühungen um den Aufbau der Kirche in Norwegen trugen dennoch langfristig Früchte: 1164 erklärten die Bischöfe von Norwegen Óláfr zum Heiligen. Auch beim Aufbau einer innenpolitischen Herrschaft der Hárfagri-Könige war die englische Kirche in Person der Bischöfe beteiligt. Dafür erhielten Bischofssitze und Abteien den größten Teil der Güter zurück, die die Hárfagri-Dynastie von den Wikingerhäuptlingen nach der Einigung Norwegens eingezogen hatte. Óláfr wurde so zu einer zentralen Figur der mittelalterlichen Geschichte

Norwegens. Die Publikation eines religiösen Gesetzbuches, das er 1024 mit Hilfe seines Beraters Hirðbischof Grimkjell (* ?, † nach 1046) herausbrachte, gilt als offizielles Gründungsjahr der norwegischen Kirche. Nach Stiklarstaðir war Norwegen ein geeintes Reich. Bei Óláfrs II. Tod war das Christentum fest im Land verwurzelt – nicht nur in Form neuer Gesetze und religiöser Bräuche, sondern auch als Glaubensüberzeugung. Der nordeuropäische Olavskult und die Bedeutung von Nidaros als nordeuropäischem geistlichem Zentrum in der Folgezeit können dabei in ihrer Wirkung kaum überschätzt werden.

Óláfr der Heilige und der mittelalterliche Óláfr-Kult

Óláfr der Heilige (Olav II. Haraldsson) war die zentrale Figur der mittelalterlichen Geschichte Norwegens. Trotzdem weiß man jenseits der Mystifizierungen recht wenig über sein Leben. Als Óláfr versuchte, Norwegen zu erobern, wurde er von einer überlegenen Armee aus norwegischen Bauern und dänischen Einheiten in der Schlacht von Stiklarstaðir (1030) vernichtend geschlagen. Óláfr selbst kam dabei ums Leben, doch war bereits sein Tod von Wundern begleitet. Die Volkstradition und die Skaldendichtung schildern ihn als Mann mit überragenden politischen Fähigkeiten, als glänzenden Strategen, der mit einem starken Willen ausgestattet war. Auch ein begnadeter Gesetzgeber soll er gewesen sein. Aber wie stand es mit seinem Glauben? Warum waren es ausgerechnet die sonst so christenfeindlichen Menschen in Trøndelag und der Hirðbischof Grimkjell von Nidaros (Trondheim), die den König ein Jahr nach seinem Tod heiligsprachen? Óláfrs religiöses Gesetzbuch von 1024 gilt in der norwegischen Geschichtsschreibung als erste Gesetzeskodifikation in der Geschichte Norwegens. Vieles in der mittelalterlichen Kunst, Dichtung, Legende, Liturgie, in Festen und im Alltag ist mit Óláfr verbunden – ja sogar die norwegische Fauna und Flora sowie norwegische Ortsnamen. Der Olav-Kult verband Norwegen und besonders Nidaros mit dem übrigen Europa. Hunderttausende Pilger besuchten den Dom von Nidaros, um den berühmten Olav-Schrein zu sehen. Olav-Kirchen wurden überall im Nord- und Ostseeraum errichtet. Selbst in Rom entstanden Kirchen und Schreine zu seinen Ehren. Olav war überdies der letzte westkirchliche Heilige, der auch von der orthodoxen Kirche anerkannt wurde.

Literatur: Anne Lidén: Olav den Helige i medeltida bildkonst, Legendmotiv och attribut, Stockholm 1999 (abstract und summary auf Englisch: Saint Olav in medieval pictorial art. Narrative motifs and attributes).

Einheitskönigtum Mit der Christianisierung durch die drei Missionskönige gilt die Wikingerzeit in Norwegen als beendet. Obwohl auch im 11. und 12. Jahrhundert viele politische, wirtschaftliche und soziale Muster der Wikingerzeit fortlebten, bildete sich in diesen zwei Jahrhunderten ein norwegisches Zentralkönigtum heraus, das trotz monarchischer Plurikratie an der politischen Oberfläche die Königsherrschaft als Institution nachhaltig stärkte und Norwegen in eine typisch mittelalterlich-europäische Lehnsmonarchie verwandelte. Wie schon während der Wikingerzeit konnten alle legitimen und illegitimen Königssöhne Anspruch auf die Krone erheben; und es war deshalb nicht ungewöhnlich, dass mehrere Herrscher – oft völlig friedlich – nebeneinander herrschten. Dennoch stabilisierte sich die norwegische Königsherrschaft nun deutlich. König Óláfr III. (Haraldsson, 1067–1093, *ca. 1050, †1093), wegen seiner langen, friedlichen Herrschaft *kyrre* («der Ruhige») genannt, regierte beispielsweise mit seinem Bruder Magnús II. (1066–1069, *1048, †1069) bis zu dessen Tod gemeinsam. 1068 schloss Óláfr Frieden mit dem Dänenkönig Svein Estridson (ndän. Svend Estridsen, 1047–1074, *ca. 1019, †1074?), der dabei auf seine Thronansprüche in Norwegen verzichtete. Er verbesserte die Beziehungen der norwegischen Krone zum Papsttum bei gleichzeitig starker Kontrolle der norwegischen Geistlichkeit: Während Óláfrs langer Herrschaft erhielten die Bistümer Nidaros, Bergen und Oslo feste territoriale Grenzen. Außerdem ließ er die ersten Städte Norwegens gründen, darunter die in den folgenden Jahrhunderten nach Einwohnerzahl und räumlicher Ausdehnung größte Stadt Norwegens, Bjørgvin (Bergen, gegr. ca. 1070).

Diese ersten Maßnahmen zur Strukturierung und stärkeren Institutionalisierung der monarchischen Herrschaft wurden unter

Óláfrs III. Nachfolgern fortgesetzt. Óláfrs Sohn Magnús III. (1093–1103, *1073, †1103) unternahm zwei längere Kriegszüge (1098/99, 1102/03) in den Nordatlantik, um seine Herrschaft über die Orkneys, die Hebriden, die Isle of Man und Dublin zu errichten und dort norwegisches Recht einzuführen. Seine drei Söhne Óláfr IV. (1103–1115, *1099, †1115), Eysteinn I. Magnusson (1103–1123, *1088, †1123) und Sigurðr I. Jorsalfare (1103–1130, *1090, †1130), die wieder gemeinsam regierten, gründeten das Bistum Stavanger und die ersten norwegischen Klöster, errichteten Kathedralen und inkorporierten die Kirchen und die Geistlichkeit der nordatlantischen Inseln in die norwegische Kirche. Sigurðr wurde außerdem durch eine in den Jahren 1107 bis 1111 unternommene Palästinafahrt berühmt, die ihm den Beinamen «Jorsalfare» («Jerusalemfahrer») einbrachte. Auf dieser Reise besuchte er auch England, Frankreich, Spanien, Sizilien und Byzanz und leistete so einen Beitrag zur «Europäisierung» der norwegischen frühmittelalterlichen Monarchie.

Die zweite Phase des norwegischen Frühmittelalters (1130–1184) war durch Thronfolgekriege und die Durchsetzung der Kirche als mächtigster und stabilster Institution Norwegens gekennzeichnet. Nach dem Ende der Herrschaft der Magnús-Söhne stürzte das Reich in Thronwirren, ausgelöst u. a. durch die zunehmende Macht der Kirche und der Monarchie, die beide auf heftige Widerstände bei den «Großen» (*stormen*) des Reiches stießen.

Mit der Thronbesteigung Haraldrs IV. (1130–1136) begann die norwegische Bevölkerung Thronprätendenten zu unterstützen. Die Kirche ihrerseits konnte die Thronwirren ausnützen, um eine weitgehende Unabhängigkeit zu erlangen. Auslöser für die Wirren der Folgezeit war die Krönung Magnús' V. Erlingarsons (1162–1184, *1156, †1184) im Jahre 1164 in Bjørgvin (Bergen), mit der die Kirche ein schriftlich gefasstes Gesetz von 1163 zu lancieren suchte, das die Erbmonarchie mit der Primogenitur und Thronfolge für legitime Söhne und gleichzeitig einen einzigen Herrscher einführte. Außerdem verlangte sie vom norwegischen König, dem Papst Gehorsam zu leisten, die Kirchenreformen von 1152 zu garantieren und einen Privilegienbrief für die norwegische Kirche auszustellen. Magnús war damit der erste norwegische und nordeuropäische von einem Bischof – Erzbischof Eysteinn Erlendsson von Nidaros (1158/59–1188, *1120–1130, †1188) – gekrönte und gesalbte Monarch. Mit dieser Abhängigkeit des Monarchen vom Erzbistum wäre das *ting* als Wahlinstanz beinahe ausgeschaltet worden und die Macht der Kirche auf die Politik bedeutend angewachsen.

Das Gesetz erlangte nie Gültigkeit, trieb Norwegen aber in zahllose militärische Konflikte. Schon bald erhielt Magnús V. Konkurrenz durch Sverri Sigurðarson (1177–1202, *ca. 1151, †1202), einen Priester von den Färöern, der sich selbst als Enkel Haraldrs IV. präsentierte und sich auf die sogenannte *Birkebeiner*-Partei stützte. Nach sieben Jahren Krieg und dem Tod Magnús' V. konnte sich Sverri 1184 schließlich als König von ganz Norwegen durchsetzen. Es war seine erklärte Absicht, die Kirche unter die monarchische Gewalt zu bringen. Die seit 1152 durchgeführten Reformen und gewährten Privilegien für die Kirche lehnte er ab. Der Erzbischof und die meisten Bischöfe gingen ins dänische Exil. Sverri selbst wurde exkommuniziert. Im dänischen Exil bildete sich eine kirchliche Aufstandsbewegung, die sich mit den weltlichen Feinden des Königs zusammentat und der es gelang, die Kontrolle über Oslo und die Atlantikinseln zu erringen und Sverris Herrschaft bis zu deren Ende (1202) zu bedrohen.

Birkebeiner

Als «Birkenbeine» (an. *birkibainar*, nnorw. *Birkebeiner*) bezeichnet die Geschichtsschreibung eine Aufstandsbewegung während der Zeit der «Bruderkriege» in Norwegen. Der Name lässt sich darauf zurückführen, dass die mittellosen Aufrührer Birkenrinden um die Beine wickelten, um sie warm zu halten. Ursprünglich gehörten die «Birkenbeine» zur Gefolgschaft des norwegischen Thronprätendenten Eysteinn Meyla (Mitte der 1170er Jahre). Mit König Sverri kamen sie 1177 an die Macht, konnten jedoch keine volle Kontrolle über Sverris Enkel Hákon Hákonarsson gewinnen, als dieser 1217 den Thron bestieg. Kleinere Konflikte hielten bis 1223 an. Der letzte Aufruhr – von Herzog Skule – wurde 1240 niedergeschlagen. Die «Birkenbeine» blieben dennoch bis 1319 mit dem Königshaus verbunden. Heutzutage erinnert v.a. ein Skirennen, der so-

---

genannte «Birkenbeinelauf» (*Birkebeinerløpet*) von Østerdalen nach Gudbrandsdalen, an die mittelalterlichen «Birkenbeine».

Quellen und Literatur: Soga om birkebeinar og baglar. Bøglunga søgur (hg. v. Hallvard Magerøy), Oslo 1988. Dag Gundersen/Finn Hødnebø: Sverres saga, Oslo 1979 (= Norges kongesagaer 3). Inga Lillegård/Elin Hille Vågsmyr/Merete Sletten/Hilde Unosen: Birkebeinerrennet, Rena 2001.

Außer über die Allianz mit der Krone baute die norwegische Kirche ihre Macht auch gegenüber dem Heiligen Römischen Reich aus. Obwohl Norwegen hauptsächlich von England aus christianisiert worden war, unterstanden die norwegischen Bischöfe seit Ende des 11. Jahrhunderts dem Erzbistum Bremen. Erst 1104 entstand ein nordeuropäisches Erzbistum im dänischen Lund (heute Schweden) – möglicherweise, um den Einfluss des Römischen Kaisers im Norden zu mindern; jedenfalls unterstanden die norwegischen Bistümer nunmehr dem neuen Erzbistum Lund. Einen weiteren Schritt in Richtung kirchliche Autonomie unternahm der norwegische Episkopat, als 1152/53 der englische Kardinal Nicholas Breakspear (der spätere Papst Adrian IV., *1100(?), †1159) Norwegen visitierte – mit dem Ergebnis, dass Nidaros 1152 zum Sitz des Erzbischofs von Norwegen bestimmt wurde. Damit war Norwegen eine eigenständige Kirchenprovinz geworden, die nach dem Willen der römischen Kurie und des norwegischen Königs fünf Bistümer im eigentlichen Norwegen unter sich haben sollte, nämlich Nidaros (gegr. 1152), Bjørgvin (gegr. 1170), Stavanger (gegr. in den 1120er Jahren), Oslo (gegr. ca. 1070) und Hamar (gegr. 1153); außerdem die sechs Inselbistümer von Skálholt und Hólar (beide Island, gegr. 1056 bzw. 1106), Garðar (Grönland, gegr. 1126), Kirkjubøur (Färöer, gegr. 1111), Kirkjuvágr (engl. Kirkwall/Orkneys, gegr. Anfang des 11. Jhs.) sowie Peel (Isle of Man, gegr. 1154). Vermutlich mit der Gründung des Erzbistums Nidaros erlangte die Kirche eine Reihe von Sonderrechten (Privilegien), die allerdings teilweise erst in späterer Zeit nachweisbar sind. Dazu gehörten eine eigene Rechtsform und Gerichtsbarkeit über die Geistlichkeit, die Einsetzung der Priester und Äbte durch die Bischöfe, das Verbot für Laien, Priester in Kirchen, die sie gestiftet hatten, ein- oder abzusetzen und kirchliche Ämter zu bekleiden, das Eigentumsrecht der Kirche an Gotteshäusern und Klöstern, die Erhöhung des Anteils von Schenkungen von 1/10 auf 1/4 selbst erworbener Güter ohne Berücksichtigung der Erben, eine Verschärfung der Eheverordnungen und die Einschränkung des Rechtes der Bauern, Waffen in den Städten zu tragen.

Norwegens nordatlantisches Reich während der Wikingerzeit und im Mittelalter

Das mittelalterliche norwegische Königtum trat nicht nur hinsichtlich der Christianisierung und des Aufbaus eines monarchischen Zentralstaates ein wikingisches Erbe an. Auch die äußere Expansion des Reiches baute auf einer wikingischen Vorgeschichte auf. Das erste Ziel der norwegisch-wikingischen Expansion waren die Britischen Inseln gewesen. Die ersten Stützpunkte norwegischer Wikinger im Nordatlantik waren die Orkney-, Shetland- und Hebriden-Inseln sowie die Isle of Man, wo sie auf eine keltische Bevölkerung, darunter viele Geistliche, stießen.

Orkney- und Shetland-Inseln Die Orkneys (an. *Orkneyjar*) und Shetlands (an. *Hjaltland*), wurden Ende des 8. Jahrhunderts und in der ersten Hälfte des 9. Jahrhunderts von norwegischen Wikingern erobert. Diese verdrängten die ansässigen Pikten, gaben den Inseln ein norwegisches Gepräge und führten das Altnordische als Verkehrssprache ein (eine Variante des Altnordischen, *Norn*, bildet dort bis heute ein Sprachsubstrat). In der zweiten Hälfte des 9. Jahrhunderts wurden die Inseln ein Stützpunkt für Plünderungsfahrten nach Schottland und Norwegen. Um diesen seeräuberischen Aktivitäten ein Ende zu setzen, entsandte Haraldr Hárfagri um 875 eine für damaligen Verhältnisse gewaltige Flotte, eroberte die Inseln, unterstellte sie dem Königreich Norwegen und verlehnte sie als Jarltum an Ragnvaldr Mørejarl (*830, †892), dessen Sohn Ivar in Schottland im Kampf gefallen war. Ragnvald überließ die Inseln seinem Bruder Sigurðr Eysteinsson («Sigurðr der Mächtige», 875–892). Die Tradition der Orkneys und Shetlands als Angriffsbasis in Richtung Norwegen fand eine Fortsetzung, als die Eirikssöhne unter Führung von Haraldr Gráfeldr Angriffe auf Hákon den Guten in Norwegen unternahmen, die erst mit ihrer entscheidenden Niederlage in der Schlacht von Fitjar (ca. 959) beendet wurden. 995 erreichte das Christentum unter der Herrschaft Óláfr Tryggvasons die Orkneys. Zu Beginn des 11. Jahrhunderts erhielten die Inseln einen eigenen Bischof. 1153 wurde das Orkney-Bistum Kirkjuvágr (engl. Kirkwall) dem neu geschaffenen Erzbistum Nidaros unterstellt (bis 1472). Unter Þorfinn jarl (Þorfinn Sigurðarson Ríki, *um 1000, †um 1065) wurde das Orkney- und Shetland-Jarltum um die Hebriden (jedoch ohne Caithness/an. Katanes) und größere Teile des schottischen Festlandes erweitert. Dadurch wurde der Insel-Jarl ein Jarl (Earl) sowohl des norwegischen wie auch des schottischen Königs. 1098 beendete Magnús III. berfœtt (Barfuß) diese doppelte Abhängigkeit und setzte seinen eigenen Sohn Sigurðr I. Jórsalafari als Jarl ein. Als Sigurðr 1103 seinem Vater in Norwegen zusammen mit seinen Brüdern auf dem Thron nachfolgte, übernahmen Jarle als Stellvertreter der Könige erneut die Herrschaft auf den Inseln. Ragnvaldr Orkneyjar Jarl (*um 1100, †1158) wurde 1129 von Sigurðr eingesetzt. Er begann 1137 den Bau der Sankt Magnús-Kathedrale in Kirkjuvágr, der größten Kirche des mittelalterlichen Königreichs Norwegens nach dem Dom von Nidaros. Die Inseln blieben unter der Herrschaft der Jarle bis 1231, als das Jarl-Geschlecht von Orkney ausstarb.

Irland Auch Irland wurde zunächst von norwegischen Wikingern besetzt. Bereits 840 legten Nordleute in der Gegend des heutigen Dublin eine Festung an. Daneben entstand eine Ansiedlung, die zum Sitz eines norwegischen Königreiches wurde. 852 eroberten dänische Wikinger die Inseln. In der Folgezeit war die Gegend dann ein Streitobjekt zwischen norwegischen und dänischen Wikingern. Schließlich setzten sich die Norweger 883 in den Häfen Annagassan und Dublin fest. Waterford fiel 914, Limerick 920 in die Hände Dubliner Wikingerhäuptlinge. Die Wikinger waren die ersten Städtegründer Irlands und betrieben einen lebhaften Handel. In der zweiten Hälfte des 10. Jahrhundert erlebte die Wikingerherrschaft in Irland jedoch einen Niedergang. Als die Iren 1014 in der Schlacht bei Clontarf einen entscheidenden Sieg errangen, war ganz Irland wieder in der Hand irischer Clans.

Königreich von Man und den Inseln   Inzwischen hatten sich die Rahmenbedingungen der norwegischen Herrschaft über die Britischen Inseln erheblich gewandelt. 1098 hatte Magnús III. berfœtt die Orkneys und die Hebriden, die wikingischen Häuptlingstümer um Dublin und die im gleichen Jahr eroberte, strategisch günstig zwischen Irland und England liegende Isle of Man zu einem «Königreich von Man und den Inseln» zusammengefasst. Es bestand aus einem südlichen und einem nördlichen Teil: Sodor (an. *Suðreyjar* = Hebriden und Isle of Man) und Norðr (an. *Norðr-eyar* = Orkneys und Shetlands). Die Könige von Man und den Inseln waren Vasallen der Könige von Norwegen und herrschten in ihrem Auftrag bis 1266, als Magnús VI. Lagabœtir die Isle of Man im Vertrag von Perth an Schottland verkaufte. Die Orkneyjar-Jarle regierten hingegen bis 1468 unter norwegischer Herrschaft weiter. 1472 kamen die Orkneys unter schottische Pfandherrschaft.

Färöer   Die norwegische Königsherrschaft des Mittelalters erstreckte sich nicht nur über die Britischen Inseln, sondern weit darüber hinaus in den nordatlantischen Raum. Von diesen norwegischen Herrschaftsterritorien müssen vor allem die Färöer, Island, Grönland und, von sekundärer Bedeutung, Vinland, genannt werden. Die nicht allzu weit von den Britischen Inseln entfernten «Schafsinseln» (Färöer, an. *Færeyjar*) waren um 700 von irischen Mönchen besiedelt worden, bevor sie um 800 von Wikingern erobert wurden. Unter direktem Einfluss des norwegischen Königreiches erlebten die Inseln um das Jahr 1000 eine oberflächliche Christianisierung. Doch erst 1035 wurden sie ein Steuerland der norwegischen Krone und blieben seither mit dem Königreich formal verbunden, bis sie 1814 im Frieden von Kiel Dänemark zugesprochen wurden.

Island   Island wurde nach archäologischen Indizien und zahlreichen Quellen, die allerdings erst rund 250 Jahre später niedergeschrieben wurden (*Íslendingabók* von ca. 1130, *Landnámabók*

12. Jh. u. a.), von norwegischen Seefahrern in der Zeit zwischen 870 und 930 n. Chr. besiedelt. Der erste Dauersiedler war der Norweger Ingólfr Arnarson, der 874 auf Island landete und dort mit seiner Frau Hallveig Fróðadóttir lebte. Seinen Wohnort nannte er Reykjavík (Rauchbucht). Für die folgenden Jahre sind in den Quellen über 400 Personen verzeichnet, die sich mit ihren Familien und Sklaven auf Island niederließen. Die meisten kamen aus Norwegen, einige auch von den (meist norwegisch-)wikingischen Siedlungen auf den Britischen Inseln. Ihre Sprache verweist auf eine enge Verwandtschaft mit den westnorwegischen Dialekten.

Freistaat («Republik») Island (ca. 930–1262) Die politische Organisation orientierte sich zunächst an den religiösen Praktiken. Eine besondere Gruppe von Häuptlingen, die sogenannten Goden (an. *goðar*, Sing. *goði*), ungefähr 40 an der Zahl, organisierten die heidnischen Zeremonien und stellten zugleich die politische Elite des Landes. Gegen Ende der Landnahmezeit (vor ca. 930) entstand eine allgemeine Versammlung, *Alþingi* (Allting), als erste politische Institution der freien Männer (Frauen und Sklaven hatten kein Wort), die sich jedes Jahr zu Mittsommer an einem Ort namens *Þingvellir* («Feld der Versammlungen») trafen. Das *Alþingi* bestand aus einem gesetzgebenden Gremium (an. *lǫgrétta*), in dem die Goden Gesetze debattierten und erließen, und einem System von Gerichtshöfen, auf denen von den Goden ernannte Richter Recht sprachen. Auf der lokalen Ebene hielten im späten Frühjahr ebenfalls von den Goden ernannte Richter unter der Aufsicht von drei Goden Gericht. Jeder Siedler unterstand der Aufsicht eines bestimmten Goden und gehörte so zu einer Godengruppe (an. *goðorð*). Allerdings beruhte diese Zugehörigkeit auf der germanischen Gefolgschaftstradition. Wenn ein Gode mit seinem Gefolgsmann unzufrieden war, konnte er sein Aufsichtsrecht zurückziehen; ebenso konnte ein Gefolgsmann, der mit seinem Goden unzufrieden war, zu einem anderen Goden wechseln. Eine zentrale politische Instanz, die die gesamte Insel erfasste, existierte, außer dem jährlich zusammenkommenden *Alþingi*, nicht.

Ein fundamentaler Wandel in der Wirtschaft zeichnete sich im frühen 14. Jahrhundert ab, als norwegische Kaufleute begannen, getrockneten Fisch von Island nach Bergen zu importieren. Als englische Kaufleute in Bergen davon Wind bekamen, begannen sie kurz nach 1400, nach Island zu segeln, um dort Fisch direkt von den Fischern einzukaufen. Die (Unions-)Krone versuchte wiederholt, dies zu unterbinden, besaß aber nicht die Mittel, es zu verhindern. Einer der königlichen Statthalter wurde getötet, als er versuchte, die Engländer vom Handel abzuhalten. Dies führte indirekt zu militärischen Auseinandersetzungen zwischen Dänemark und England (1468–1473). Zu Beginn des 16. Jahrhunderts schwand das englische Handelsinteresse an Island, u. a. weil reiche Fischgründe vor Neufundland entdeckt worden waren. Einen Teil des englischen Handels übernahmen jedoch deutsche (Hanse?-)Kaufleute. Trotzdem erlebte die isländische Wirtschaft im Spätmittelalter einen Niedergang. Die Birkenwälder, die große Teile der Insel bedeckt hatten, schwanden zusehends, u. a. weil sie zur Holzkohlegewinnung verbraucht wurden. Der Abbau der Wälder, zusammen mit intensiver Graswirtschaft, führte zu Bodenerosion. Das Klima verschlechterte sich langsam («Kleine Eiszeit»), der Getreideanbau musste aufgegeben werden. Mehr und mehr Land geriet in die Hände der Kirche und reicher Bauern, an die die kleineren Bauern Pachtabgaben zu zahlen hatten. In den Jahren 1402 bis 1404 und 1494/95 schlug die Pest zu und kostete jeweils rund die Hälfte der Bevölkerung das Leben. Dies wiederum verhinderte die permanente Ansiedlung in Fischerdörfern entlang der Küste, die durch den englischen und deutschen Fischhandel hätten entstehen können.

Grönland Um 875 entdeckte der norwegische Wikinger Gunnbjarni Úlfsson eine große Insel nordwestlich von Island und nannte sie *Gunnbjarniland*. Als der Wikinger Eiríkr Rauði (dt. Erik der Rote) 982 wegen Mordes aus Island fliehen musste und im Südwesten Grönlands landete, war dies der Beginn einer wikingischen Besiedlung der Insel. Eiríkr gab der Insel den Namen *Grœnland* (an. für «Grünland»), vermutlich um sie anderen isländischen Siedlern attraktiv zu machen. 986 jedenfalls kamen weitere Wikinger zusammen mit Eiríkr auf die Insel. In der Folge entstanden zwei Siedlungen an der grönländischen Westküste, eine in der Nähe von Godthåb (inuit: Nuuk), Brattahlíð, und eine an der grönländischen

Ostküste in der Nähe von Julianehåb (inuit: Angmagssalik) im Süden Grönlands. Die Nordleute, die bald bis zu 3000 Menschen auf ca. 280 Höfen ausmachten, betrieben Viehzucht sowie Fisch- und Robbenfang. Das wichtigste Importprodukt war Walrossfleisch.

Im Jahre 1000 kehrte Leifr Eiríkrson, der Sohn Eriks des Roten, von Norwegen, wo er Christ geworden war, mit einem Missionar nach Grönland zurück. Die grönländischen Wikinger wurden Christen und errichteten die erste Kirche. Bis 1126 entstanden ein Bistum, zwei Klöster und vier weitere Kirchen. Bischofssitz war Garðar (inuit: Igaliku). In dieser frühen Zeit blieb Grönland, das politisch als Republik organisiert war, aufgrund des virulenten Holz- und Eisenmangels von den großen Handelsrouten isoliert. Im 13. Jahrhundert begannen die Nordleute, Kontakte mit den Thule-Inuit in Nordgrönland zu knüpfen. 1261 sandten die Grönland-Nordleute eine Abordnung an den König von Norwegen und kamen mit ihm überein, Abgaben an ihn zu zahlen, wenn er Grönland einmal jährlich mit den fehlenden Rohstoffen und Gütern versorgen ließ.

Im frühen 14. Jahrhundert bewirkte eine Klimaverschlechterung den Niedergang der Land- und Viehwirtschaft, und Seuchen dezimierten die ansässige Bevölkerung. Allein die Pest soll die Bevölkerung halbiert haben. Als Norwegen mit Grönland, Island und den Färöern 1380 unter dänische Herrschaft kam, verschlechterten sich die Lebensbedingungen weiter. Versorgungsschiffe blieben aus, Piraterie plagte die grönländische Bevölkerung. Es scheint, als ob um 1350 die Siedlung in der Nähe von Godthåb zerstört und danach von Inuit übernommen wurde. Jedenfalls berichtete der isländische Geistliche Ivar Barðarsson im gleichen Jahr, dass die westliche Siedlung aufgegeben sei. 1379 wurde die Siedlung bei Julianehåb angegriffen. Von 1408 stammt die letzte schriftliche Aufzeichnung der Nordleute, die von einer Hochzeit in der Kirche von Hvalsey berichtete. Für die folgenden 150 Jahre fehlt jeder Hinweis auf eine skandinavische Siedlung auf Grönland. Erst zu Beginn des 18. Jahrhunderts begann eine neue Besiedlung.

Vinland Vom Brückenkopf Grönland aus erreichte die Expansion norwegischer Wikinger Nordamerika. Um 1000 entdeckte der «Gesetzlose» Leifr Eiríksson südwestlich von Grönland ein Land, das er *Vinland* nannte. Ausgrabungen des Ehepaars Helge und Anne Ingstad im Jahr 1960 an der Nordostspitze Neufundlands erbrachten Hinweise, dass sich hier, im heutigen L'Anse aux Meadows, eine Siedlung der Nordleute befunden haben muss. Der Name *Vinland* ist dabei nicht, wie in populärwissenschaftlichen Darstellungen oft zu lesen ist, mit «Weinland», sondern mit «offenes Grasland» (von an. *vin*) zu übersetzen. Nach Aussage der Saga-Texte (*Eiríks saga rauða*/Saga Eriks des Roten, *Grœnlendinga saga*/Grönländersaga, beide Mitte des 13. Jhs.) versuchte Leifr, in Vinland eine kleine Kolonie zu gründen; doch blieb keine der Siedlergruppen länger als zwei Jahre am Ort – wahrscheinlich aufgrund interner Konflikte um Frauen und Kämpfen mit den einheimischen *skrælinger* (Indianer und/oder Inuit).

Altnordisch

«Altnordisch» wird die Literatursprache genannt, die zwischen ca. 1150 und 1350 in den Isländersagas, der Skaldendichtung und der Edda auf Island und in Norwegen benutzt wurde. In einem breiteren Verständnis bezieht sich «altnordisch» auch auf die älteren Sprachschichten der anderen skandinavischen Sprachen. Die Sprachforschung geht davon aus, dass sich die Skandinavier untereinander im Mittelalter (ca. 600–1500) ohne größere Schwierigkeiten verstehen konnten. Es existierten allerdings verschiedene Dialekte und Sprachvarianten, die sich grob in zwei Gruppen – das konservativere «Westaltnordisch» (in Norwegen und seinen nordatlantischen Besitzungen) und das innovativere «Ostaltnordisch» (Schweden, Finnland, Dänemark) – gliedern lassen. Mit dem Ausscheren Schwedens aus der Kalmarer Union (1521–1523) und dem frühen reformatorischen Schrifttum entstanden in Dänemark-Norwegen und Schweden im 16. Jahrhundert unterschiedliche Kanzlei- und Literatursprachen. Norwegen, das von Dänemark aus regiert wurde und dessen Kanzlei- und Literatursprache zunächst das Dänische wurde, schuf erst im 19. Jahrhundert eigene Schriftsprachen, die sich einerseits stark

an die norwegischen Dialekte, andererseits an das Altnordische anlehn-
ten. Nur Island und die Färöer blieben beim Altnordischen, das sich dort
mit leichten Veränderungen und starken neudänischen Einflüssen bis
heute erhalten hat.

Literatur: Elias Wessén: Die nordischen Sprachen, Berlin 1968. Einar Haugen:
Die skandinavischen Sprachen. Eine Einführung in ihre Geschichte, Hamburg
1984 (Originalausg.: The Scandinavian languages. An introduction to their history,
London 1976). Didrik Arup Seip: Norwegische Sprachgeschichte, Berlin 1971
(= Grundriß der Germanischen Philologie 19). Adolf G. Noreen: Altnor-
dische Grammatik 1: Altisländische und altnorwegische Grammatik, Halle ⁵1970
(= Sammlung kurzer Grammatiken germanischer Dialekte A 4).

Nordische Großmacht und Konglomeratstaat
(1184–1355)

Nach den Thronfolgekriegen erlebte Norwegen eine Großmacht-
periode, die 1262 zur Angliederung Islands und Grönlands an Norwegen führte und unter Hákon IV. Hákonarson (1217–1263) und
Magnús VII. Eiríkarson (1319–1355) Höhepunkte erreichte. Sie ist
charakterisiert durch die Systematisierung der Landschaftsrechte
und die Zentralisierung der Königsherrschaft.

Das Herrschaftskonglomerat Norwegen bestand zu Beginn der
Periode aus mehreren Einzelterritorien sowohl innerhalb (Jemtland, Herjedalen, Idre und Særna, Båhuslen) wie auch außerhalb
(Færøyene, Island, Grönland, Shetlands, Orkneys und Man) des
heutigen norwegischen Staatsterritoriums. Zudem teilte es sich mit
dem Königreich Schweden und dem Stadtstaat von Groß-Novgo-
rod ein Tributkondominium in der Finnmark («Lappland»). Konglomerat war Norwegen aber auch im Sinne einer *monarchia mixta*,
einer ständisch beschränkten und geteilten Herrschaft. Es sollte bis
1240 dauern, bis sich Hákon gegen zahlreiche Widerstände durchgesetzt und aus seinem Reich ein einheitliches Herrschaftsgebiet
gemacht hatte. Damit war nach Auffassung der norwegischen Geschichtsschreibung die Bürgerkriegszeit endgültig zu Ende.

Die Zeit nach 1240, Hákons eigentliche Regierungszeit, war geprägt von innerem Frieden und der Konsolidierung der Monarchie,

oder, mit den Worten einer pompös formulierenden Geschichtsschreibung: Das «goldene Zeitalter Norwegens» begann. 1247 erreichte Hákon die päpstliche Anerkennung seines Königtums.
Außerdem schickte Papst Innozenz IV. (1243–1254, *um 1195,
†1254) Kardinal Wilhelm von Sabina (*1184, †1251) nach Norwegen und Schweden, um die Kirche zu festigen.

Gegen Ende seiner Herrschaft leitete Hákon Verwaltungsrefor-
men ein, die u. a. zur Schaffung einer königlichen Kanzlei und eines
königlichen Rates führten. Neue Gesetze verboten Blutfehden. Ein
neues Erbfolgegesetz, das ein Vorgängergesetz von 1163 wieder
aufnahm und 1260 in Kraft trat, verkündete die Unteilbarkeit des
Königreiches, die Primogenitur, das Vorzugsrecht der legitimen
Königssöhne und das erbliche königliche Herrschaftsrecht für den
ältesten legitimen Sohn des Königs. Damit wurde aus der norwegischen Wahl- eine Erbmonarchie.

Nach der Sicherung des innenpolitischen Friedens wandte sich
Hákon einer expansiven Außenpolitik zu. Nach mehreren kleineren Konflikten mit Dänemark ging er 1256 zum Angriff über und
führte einen Krieg um Halland. Die Interessenssphären im Norden wurden durch einen Vertrag mit der Novgoroder Rus' (Vertrag
von Novgorod) fixiert, der 1326 durch einen weiteren Vertrag
ergänzt wurde, der einen vierzigjährigen Waffenstillstand zwischen
Novgorod und Norwegen vorsah (Novgorod hatte sich bereits
1323 im Frieden von Nöteborg mit Schweden auf eine Abgrenzung
der beiderseitigen Interessen in Karelien geeinigt). Dieser Vertrag
führte langfristig dazu, dass Norwegen und Russland die Einfluss-
zonen des jeweiligen Partners in der Finnmark respektierten. 1261
beschlossen die Grönländer, 1262 die Isländer, sich unter Norwegens Schutz zu stellen – und erfüllten damit einen lange gehegten
Wunsch Hákons. Damit erreichte das Königreich die größte territoriale Ausdehnung seiner mittelalterlichen Geschichte. 1263 ver-
teidigte Hákon die Suðreyjar (Sodor/Hebriden) gegen einen Angriff des schottischen Königs Alexander III. (1249–1286, *1241,
†1286). Mit Hilfe seiner Vasallen, dem König von Sodor und dem
König der Insel Man, gewann Hákon die Kontrolle über Sodor zurück und besetzte die Inseln. Die Verhandlungen mit dem Schot-
tenkönig zogen sich allerdings hin. Als Hákon im Dezember 1263

erkrankte und starb, blieb die norwegische Herrschaft über die nordbritischen Inseln eine offene Frage.

Sein Sohn und Nachfolger, Magnús VI. Lagabœtir (1263–1280, *1238, †1280), trat 1266 im Frieden von Perth Sodor und die Isle of Man an Alexander III. gegen 4000 Mark Sterling und gegen eine jährliche Abgabe von 100 Mark ab, erlangte dafür aber die schottische Anerkennung seiner Herrschaft über die Orkneys und Shetlands. Hintergrund des Vertrags waren Beeinträchtigungen des Handels mit England durch den norwegisch-schottischen Konflikt. England forderte in einem neuen Handelsabkommen von 1223 ein Ende des Konflikts. 1269 einigten sich Norwegen und England auf ein wechselseitiges Freihandelsabkommen. Unter Magnús VI. war das norwegisch-englische Verhältnis also zufriedenstellend, während sich das zu Schottland nach 1270 wieder verschlechterte, als Schottland die jährlichen Abgaben an Norwegen verweigerte. Allerdings verzichtete Magnús auf militärische Sanktionen. Gegen Ende seines Lebens drängte er sogar auf Versöhnung.

Schwieriger gestaltete sich das Verhältnis zu den direkten Nachbarn. Mit Dänemark schwelte ein Streit um das Erbe der Töchter des Dänenkönigs Erik Plogpenning (1241–1250, *1216, †1250). In den 1270er Jahren versuchte sich Magnús in die Thronfolgefehden Schwedens einzumischen, allerdings ohne Erfolg. Mit den norddeutschen Hansestädten geriet Magnús in Konflikt, weil das norwegische Stadtgesetz von 1276 Ausländer und Norweger gleichstellte. Gelöst wurde der Zwist durch einen Kompromiss von 1278, der vorsah, dass ausländische Kaufleute Immunität genossen. Im Gleichschritt mit der Außenpolitik baute Magnús ein diplomatisches System mit Gesandtschaften, Korrespondenzen und Geschenken an auswärtige Fürsten auf. Dies wiederum resultierte in der Entstehung einer Gruppe rede- und schreibgewandter Personen, die dem König zu Diensten standen und von denen Magnús' Lehnsmann Lodin Lepp der berühmteste und bekannteste war. Dieser wirkte als Gesandter in Spanien und Tunis, veranlasste eine Heeresreform, die ein schnell mobilisierbares Heer schuf, und führte in Island norwegisches Recht ein.

Trotz aller außenpolitischen Aktivitäten machte sich Magnús VI. vor allem in der Gesetzgebung einen Namen, was ihm den Bei-

namen «Lagabœtir» («Gesetzesverbesserer») einbrachte. Zwei von
der königlichen Kanzlei vorbereitete Gesetzesinitiativen wurden
von den Landschafts*ting* angenommen: eine gesamtnorwegische
Landesordnung (*Landsloven*), die die zunächst von Magnús VI. re-
vidierten Landschaftsgesetze ablöste (1274), und eine Stadtordnung
(1276). *Landsloven* war der erste für ein ganzes Königreich geltende
Gesetzescodex Nordeuropas und der zweite in Gesamteuropa
(nach Kastilien). Er blieb bis zur Einführung des *Norske Lov* (1687)
in Kraft. Beide Codices fanden auch auf Island und den Färöern
Anwendung. Die Version des Gesetzbuches für Island, das sog.
Jónsbók von 1281, ist in Teilen bis heute in Kraft. Darüber hinaus
gelang es Hákon, die geltende Sukzessionsordnung bestätigen zu
lassen und die Privilegien des Adels (*hirðskrá*), mit denen unter
anderem die erbliche Adelswürde eingeführt wurde, spezifiziert
festzuschreiben. Auf diese Weise übernahm der norwegische König
legislative Funktionen, die zuvor *ting* und Bischöfe ausgeübt hatten. Folgerichtig ließ Magnús das *ting* durch königliche Gerichts-
höfe ersetzen, denen königliche Richter (*lagmenn*) vorsaßen. Auch
die Kirche wurde der Krone mit Hilfe von *Landsloven* untergeord-
net. In einem Konkordat aus dem Jahre 1277 blieb ihr aufgrund der
herrschenden Machtverhältnisse nichts anderes übrig, als die neuen
Gesetzbücher zu bestätigen, in denen einige der Kirchenprivilegien
beschnitten wurden. Andere Privilegien, die weiter bestanden,
garantierten der Kirche immerhin eine rechtsautonome Stellung.
Natürlich widersetzte sich die Kirche – verkörpert in der Person
des Erzbischofs Jon Raude (1267–1282, †1287) – solchen Unter-
werfungsversuchen der Krone. Um den inneren Frieden zu wahren,
einigten sich König und Erzbischof 1277 auf einen Vergleich, den
sogenannten *Sættargjerden* von Tønsberg, der der Kirche bedeutende Steuernachlässe und erweiterte Privilegien einbrachte.

Magnús' VI. Nachfolger, Eiríkr II. (1280–1299, *1268, †1299),
setzte die Politik seines Vaters teilweise fort, war jedoch stärker
von den Interessen des norwegischen Hochadels abhängig, der
die zentralen Ämter im Reich besetzt hielt. Auch die Kirche versuchte, ihre Privilegien auszubauen bzw. das zurückzugewinnen,
was sie unter Magnús VI. verloren hatte. Eiríkr behielt jedoch die
Oberhand. Als sich der Hochadel, der versuchte, die Privilegien der

deutschen Kaufleute in Norwegen zu beschneiden, mit einer Handelsblockade der Hanse konfrontiert sah und gezwungen war, ihren Forderungen nach einem rechtlichen Sonderstatus der Hansekaufleute in Norwegen (v. a. Bergen) nachzugeben, profitierte die Krone in ihrer Funktion als ehrlicher Makler.

Eiríkrs Nachfolger und Bruder, Hákon V. Magnússon (1299–1319, *1270, †1319), baute die königliche Herrschaft in Norwegen weiter aus. Er ließ eine Reihe von Festungen errichten, darunter die in den folgenden Jahrhunderten bedeutungsvoll gewordene Burg Akershus bei Oslo, mit der er die Verschiebung der politischen Macht von der Westküste in die Gegend von Oslo markierte. Die politische Dynamik seiner Vorgänger konnte Hákon V. jedoch insgesamt nicht mehr entfalten.

Wirtschaftliche und soziale Entwicklungen

Das mittelalterliche Norwegen war nach heutigen Maßstäben ein wirtschaftlich zwar nicht üppiges, aber dennoch gutes Acker- und Waldland. Das Klima war nach allem, was die historische Klimaforschung bisher zu Tage gefördert hat, etwas wärmer als heute; und es lebten sehr viel weniger Menschen auf dem nutz- und besiedelbaren Land. Die historische Demographie rechnet für die Zeit um 1050 mit ca. 170 000 Menschen, um 1300 mit ca. 400 000 Menschen innerhalb der Reichsgrenzen.

Dabei handelte es sich jedoch nicht um eine uniforme, gleiche und freie Bevölkerung. Vielmehr bildeten sich nach der Wikingerzeit, die nur Bauernkrieger und Sklaven gekannt hatte, weitere sozioökonomische Differenzen heraus, die aus den neuen Herrschaftsfaktoren der Monarchie und der Kirche abzuleiten sind. Diese sozioökonomischen Differenzen sind jedoch historisch fast nur in den Rechtsdokumenten greifbar. Über die soziale Schichtung nach Einkommen und Vermögen, über regionale Unterschiede, über die Verteilung der Bevölkerung nach Geschlecht, Alter, Religion, Kultur und Alltagsstrukturen lassen sich nur sporadische Aussagen machen.

Nach rechtlichen Kategorien kann man im mittelalterlichen Norwegen vier soziale Hauptgruppen unterscheiden: den Adel, die

Geistlichkeit, das Stadtbürgertum und die Bauern. Jenseits dieser Rechtsgruppen existierten aber auch andere, nicht mit besonderen Rechten ausgestattete sozioökonomische Gruppen. Dazu zählten verschiedene Kategorien «fahrenden Volks», Ausländer und insbesondere die Samen («Lappen») im nördlichen Teil des Königreiches.

Adel Von einem «Adel» im mittelalterlichen Norwegen zu sprechen ist insofern heikel, als der Begriff erstmals in Frederiks I. «Handfeste» von 1523 auftaucht. Davor waren nur verwandte Begriffe wie «Edelleute», «edle Männer» u. ä. bekannt. Auch im Sinne eines rechtsschriftlich definierten Standes entwickelte sich der Adel erst im 16. Jahrhundert. Als «Adelsstand» findet man ihn erstmals in einem Rechtsdokument von 1548. Standesprivilegien erhielt er gar erst 1582.

Als soziale Gruppe mit besonderen Aufgaben und Rechten existierte ein norwegischer Adel dennoch bereits im Mittelalter. Mit der zunehmenden Stabilisierung der zentralen Herrschaft der Krone bildete sich eine königliche Gefolgschaft heraus, die typische Kennzeichen des europäischen Adels aufwies. Spätestens unter der Herrschaft Magnús Lagabœtirs zeigte die königliche Gefolgschaft, der sogenannten *hirð* (nnorw. *hird*), alle Merkmale einer weltlichen Aristokratie. Der *hirð* war ursprünglich in drei Kategorien gegliedert: *kjertesveiner*, *gjester* und – die größte Gruppe – *hirðmenn*. Die Aufnahme als *hirðman* erfolgte in freiwilliger Unterwerfung, ritualisiert durch Handgeben, Schwertleite und Treueide: ewige Treue gegenüber dem Herrn und militärische Gefolgschaft (an. *fylgd*) in Krieg und Frieden. Im Gegenzug gelobte der Gefolgschaftsherr seinem *hirðman* Schutz und Trutz (an. *traust*) und beschenkte ihn mit Kleidung, Waffen und Gold. Die *hirðmenn* besaßen auch einen Anteil an der Kriegsbeute. Wurde ein *hirðman* getötet, so verlangte man für ihn ein höheres Wergeld als für normale Männer. Sie wohnten im Königshof, aßen am Tisch des Königs und begleiteten ihren Herrn auf Reisen. *Hirðmenn* erhielten einen Sold (an. *máli*); deshalb wurden sie auch *málamenn* («Söldner») genannt. Ihre wichtigste Aufgabe war der Militärdienst. Dafür genossen sie teilweise Steuerfreiheit und besaßen gewisse Richterkompetenzen. *Gjester* gehörten nicht zur eigentlichen königlichen Gefolgschaft, sondern waren die Agenten des *hirð*. Sie unterstützten die Lehnsleute (*lendmenn*) und königlichen Dienstleute (*sysselmenn*) in Angelegenheiten der königlichen Verwaltung und erhielten den Sold eines *hirðman*, durften jedoch mit Ausnahme von Weihnachten und Ostern nicht an der königlichen Tafel sitzen. Eine ihrer Hauptaufgaben war es, im Reich umherzureisen, um herauszufinden, wer die Freunde und die Feinde des Königs waren. *Kjertesveiner* waren Personen vornehmer Herkunft. Sie gehörten zur königlichen Gefolgschaft, erhielten jedoch keine Schwertleite. Meist handelte es sich um junge Männer, die in das Hofleben und den Waffengebrauch eingewiesen werden sollten, um später *hirðmenn* höheren Ranges (*skutilsveiner*) zu werden.

Die Rechte und Pflichten des *hirð* wurden durch Magnús Lagabœtirs sogenannten *hirðskrá* (*hirð*-Schragen, 1270er Jahre) und spätere Ordnungen und Gesetze aus der Zeit Hákons V. Magnússon geregelt. Nach diesen Rechtsdokumenten existierte innerhalb des *hirð* bereits eine neue dreistufige Rangordnung: die *lendmenn*, die *skutilsveiner* und die regulären *hirðmenn*. Die *lendmenn* waren nun die führende Gruppe. Sie besaßen das Recht, je 40 bewaffnete Knechte zu halten und den König zu beraten; zudem erhielten sie einen jährlichen Unterhalt (*veitsle*) vom König und besetzten die höchsten königlichen Ämter. Die *skutilsveiner* (eigentl. «Zeremonienmeister») standen dem königlichen Hof vor und sorgten für dessen Sicherheit. Im 13. Jahrhundert erhielt der *hirð* weitere Kennzeichen eines Adels, entlehnt aus der gesamteuropäischen Ritterkultur. Die *lendmenn* wurden ab 1277 als Barone, die *skutilsveiner* als Ritter bezeichnet. Beide Gruppen genossen das Recht, als «Herren» angeredet zu werden. Auch Wappenschilder und Siegel wurden nun üblich.

Im 14. Jahrhundert verschwand der *hirð* als dominante Sozialkategorie der politischen Elite. Obwohl der Begriff noch in den Quellen des 15. Jahrhunderts auftaucht, scheint es, dass im 14. Jahrhundert eine neue Ordnung nach europäischen Vorbildern Fuß fasste. Nun gab es nur noch zwei Kategorien der königlichen Gefolgschaft: die der Ritter und die der Waffenträger (*væpnare*). In den norwegischen Steuerländern (Shetlands, Orkneys, Island,

Färöer) und in Jemtland scheint sich der *hirð* hingegen noch länger gehalten zu haben. Zuletzt taucht er 1479 in färöischen Quellen auf.

Mit der Auflösung des *hirð* formierte sich – immer stärker unter dem Einfluss der dänischen sozialen Ordnung – eine neue zweigliedrige Struktur des norwegischen Adels. Die führende Schicht des *hirð* ging in eine neue Hochadelsschicht über, die den Hofadel stellte, im Reichsrat saß und Lehnsträger der Krone war. Mehrere Mitglieder des Hochadels waren mit dem Königshaus verwandt. Aus den gemeinen *hirðmenn* formierte sich ein norwegischer niederer Adel (Knappenadel), dessen sozioökonomische Grenzen gegenüber den reicheren Bauern fließend waren. Als Standesgruppe jedoch stellten sie die führenden Persönlichkeiten in Dorf, Stadt und Kirchenhierarchie. Ihre Mitglieder genossen Steuerfreiheit und besaßen einen königlichen Waffenbrief. Die Aufnahme in den niederen Adel hing vom König ab – und zwar selbst dann noch, als der dänische Reichsrat 1523 ein Mitspracherecht bei den Ernennungen erhielt. Außer dem König begannen im Spätmittelalter allerdings auch die Erzbischöfe von Nidaros, einige ihrer Klienten mit Adelsbriefen (Steuerfreiheit) zu versehen.

Insgesamt genoss der norwegische Adel des Mittelalters, verglichen mit seinen dänischen und schwedischen Standesgenossen, relativ wenige Privilegien. Bei einem Vergleich mit dem außerskandinavischen europäischen Adel fällt die Bilanz noch unvorteilhafter aus. Auch starb der norwegische Adel im Spätmittelalter langsam aus. Standesgemäße Ehepartner in Norwegen waren immer schwerer zu finden. Die Folge war, dass durch Einheiraten eine langsame Dänisierung bzw. Schwedisierung der norwegischen Adelsgeschlechter eintrat. Zusätzlich forderte die Pestepidemie von 1349/50 dem norwegischen Adel einen hohen Blutzoll ab.

Geistlichkeit Nach dem Aufbau einer norwegischen Kirchenhierarchie an der Spitze der jeweiligen Bistümer während des 11. Jahrhunderts ermöglichten die unter Sigurðr Jorsalfare im Jahre 1130 eingeführten Zehntenabgaben die Gründung zahlreicher neuer und die Stabilisierung bereits existierender Pfarreien. Die meisten (rund 300) befanden sich zunächst im Bistum Oslo. Das hierarchisch höher stehende Erzbistum von Nidaros zählte hingegen nur rund 280 Pfarreien. Auch Stiftungen, Hospize, Krankenhäuser, Pilgerherbergen, Schulen u. a. m. verweisen ab dem 12. Jahrhundert auf eine stärkere Durchdringung der Bevölkerung mit kirchlichen Institutionen. Im Rahmen dieses Strukturbildungsprozesses entstand während des Hochmittelalters eine neue soziale Gruppe, die Geistlichkeit, die neben dem Adel zur wichtigsten Stütze der Monarchie wurde. Aus der Geistlichkeit rekrutierten die norwegischen Könige des Mittelalters zahlreiche Vorleser, Schreiber und Berater. Bekannt ist zum Beispiel, dass sich König Hákon IV. Hákonarson von den Erzbischöfen in vielen wichtigen Angelegenheiten beraten ließ und die Kanoniker als königliche Sendboten im In- und Ausland einsetzte. Darüber hinaus vermittelte die Geistlichkeit europäische Entwicklungen in Architektur, Literatur und Bildender Kunst nach Norwegen. Norwegische Theologiestudenten studierten an den Universitäten Paris und Bologna, später auch in Rostock, und brachten die neuesten Erkenntnisse aus Wissenschaft und Theologie in ihre Heimat mit.

Stabkirchen in Norwegen

Stabkirchen sind Holzkirchen mit einer Konstruktion aus «Stäben» (Holzpfeilern), die auf liegenden Schwellen ruhen und die Dachkonstruktion tragen. Sie existierten nicht nur in Norwegen, sondern in ganz Nordwesteuropa und zählen zu den wichtigsten Typen mittelalterlicher Kirchenarchitektur. Mit der Stabkirche von Urnes (Sogn) sind sie sogar Teil des UNESCO-Weltkulturerbes geworden. In Norwegen gab es während des Mittelalters rund 1000 Stabkirchen. Die meisten verschwanden zwischen 1350 und 1650 infolge der nach Pest und Reformation veränderten baulichen Bedürfnisse. Heute sind nur noch 28 erhalten, von denen die meisten in der Zeit zwischen 1150 und 1350 errichtet worden sind. Zur Entstehung und Herleitung der Holzpfeilerkirchen aus früheren Bautypen gibt es im Wesentlichen zwei architekturgeschichtliche Theorien: die «Basilika-Theorie» und die «Hof-Theorie». Keine hat bisher vollständig überzeugen können. Konsens ist aber, dass die Stabkirchen eine nordeuropäisch-lokale Grundlage besitzen.

Die «Hof-Theorie» führt die Stabkirchen auf die Bauweise der nordeuropäischen Bauernhöfe, auf nordeuropäische Runensteine oder – alternativ – den keltischen Ornamentstil zurück. Die «Basilika-Theorie» interpretiert sie als eine in die Holzbauweise übersetzte Variante der römischen Basilika.

Literatur: Claus Ahrens: Die frühen Holzkirchen Europas, Stuttgart 2001. Leif Anker: Midddelalder i tre, Oslo 2005 (= Stavkirker i Kirker i Norge 4). Erla Bergendahl Hohler: Norwegian Stave Church Sculpture, 2 Bde., Oslo 1999.

Über die mittelalterliche norwegische Geistlichkeit als Stand und soziale Schicht ist allerdings wenig bekannt. Berechnungen für das Bistum Bjørgvin (Bergen) haben für die erste Hälfte des 14. Jahrhunderts 200–300 Geistliche ergeben, die in der Diözese arbeiteten. Für andere Bistümer fehlen verlässliche Zahlen. Die Priester sollten nicht unehelich geboren, körperlich ohne Makel und dem Zölibat unterworfen sein. In der Praxis fand das Zölibat in Norwegen jedoch keine Anwendung. Die Priesterausbildung erfolgte zu großen Teilen in den Domschulen der jeweiligen Bistümer (z. B. in der Domschule Nidaros, die seit 1152 bestand), zu einem gewissen Teil aber auch an den großen Universitäten im Ausland. Die Kandidaten mussten lesen, Latein, Homilien vortragen und die Messe singen können. Ordiniert wurden sie durch den Bischof.

Grundsätzlich lassen sich zwei Gruppen von Geistlichen unterscheiden: die Pfarrgeistlichen und die Klostergeistlichen. Die Pfarrgeistlichen wirkten in einer Pfarrei (*prestegjeld*) oder einer einzelnen Kirche. Ihre materielle Grundlage (lat. *beneficium*) bestand aus dem Recht, zur Pfarrei gehörende Ländereien (Mensalgüter) selbst zu nutzen oder zu verpachten, sie erhielten ein Viertel des Kirchenzehnten, außerdem Gebühren für bestimmte Dienste und Exklusivrechte für Fischerei und Waldnutzung (sog. «Akzidentien») und Opfergaben. Die Pest von 1349/50 und spätere Pestepidemien reduzierten jedoch die Einkünfte der Kirche erheblich. Auch sank die Zahl der Priester durch Todesfälle so dramatisch, dass die Bischöfe den Papst bitten mussten, Kandidaten einsetzen zu dürfen, die noch keine vollständige Ausbildung absolviert hatten.

Eine Sondergruppe der Pfarrgeistlichkeit bildeten die königlichen Kapellengeistlichen. Sie kamen im 13. Jahrhundert auf und dienten als Seelenhirten für Mitglieder der königlichen Familien an den königlichen Kapellen oder Kirchen, von denen es im Mittelalter insgesamt 14, davon allein sechs im Bistum Bjørgvin gab. Seit Hákon V. bildeten sie eine eigene Statusgruppe, die 1308 von Papst Clemens V. (1305–1314) anerkannt wurde und unter der Aufsicht des Propstes der Apostelkirche in Bergen stand, der den Titel eines Kapellmagisters erhielt. Nicht zuletzt war die Einrichtung einer Hofgeistlichkeit auch eine politische Angelegenheit. Die Kapellgeistlichkeit fungierte im Mittelalter, als die Verwaltungstätigkeit des Hofes stark zunahm, als schreibkundige und gut ausgebildete Dienstgruppe, die vom König und seinem Unterhalt abhängig war. Sie stärkte auf diese Weise die Stellung der Könige gegenüber dem Adel und dem Episkopat.

Besser als über die Pfarrgeistlichkeit sind wir über die Klostergeistlichkeit unterrichtet. Ihr Lebensmittelpunkt war das Kloster, sie konnte aber auch außerhalb des Klosters tätig werden. Die ersten Mönche kamen aus England nach Norwegen. Der älteste Klosterorden war der Benediktinerorden, der sich um 1100 mit drei Klöstern – auf der Insel Selja südlich von Stad, in Holm (heute Munkholmen) im Trondheimsfjord und in Munkeliv außerhalb von Bergen – niederließ. In den 1140er Jahren gründete der Zisterzienserorden (reformierte Benediktiner) Klöster bei Lyse außerhalb von Bergen, auf Hovedøya im Oslofjord und auf Tautra im Trondheimsfjord, möglicherweise auch in Munkeby bei Levanger.

Während Benediktiner und Zisterzienser die Abgeschiedenheit suchten, ließen sich andere Orden mitten in den größeren Bevölkerungszentren nieder. Der Lehrorden der Augustiner beispielsweise besaß Klöster in Kongehelle, Utstein, Halsnøy, das Johnsklosteret bei Bergen sowie Helgeseter bei Trondheim.

Mittelalterliche Klöster in Norwegen

Orden	Kloster	Gründungszeit
Benediktiner	Selja (südl. von Stad)	ca. 1100
	Holm (heute Munkholmen)	ca. 1100
	Munkeliv (bei Bergen)	ca. 1100
Augustiner	Lyse (bei Bergen)	1140er Jahre
	Hovedøya (im Oslofjord)	1140er Jahre
	Tautra (im Trondheimfjord)	1140er Jahre
Augustiner (?)	Munkeby (bei Levanger)	12. Jh.
Franziskaner	Kongehelle	1230er Jahre
	Tønsberg	1230er Jahre
	Bergen	1230er Jahre
Dominikaner	Nidaros	1230er Jahre
	Bergen	1230er Jahre
	Oslo	1230er Jahre
Benediktinerinnen	Oslo	?
	Gimsøy (bei Skien)	?
	Bakke (bei Trondheim)	?
(Nonnenorden)	Nonneseter (bei Bergen)	?
(Nonnenorden)	Rein (in Rissa)	?

Bettelorden erschienen erstmals im 13. Jahrhundert. In den 1230er Jahren kamen die Franziskaner, und zwar nach Kongehelle, Tønsberg und Bergen. Ungefähr gleichzeitig tauchten Dominikaner in Nidaros, Bergen und Oslo auf. Auch fünf mittelalterliche Nonnenklöster sind in Norwegen belegt. Die Nonnenklöster in Nonneseter bei Bergen und Rein in Rissa lassen sich hinsichtlich ihrer Ordenszugehörigkeit nicht bestimmen. Die drei anderen – Oslo, Gimsøy bei Skien und Bakke bei Trondheim – sind mit Sicherheit Benediktinerabteien gewesen.

Die norwegischen Klöster waren Zentren der Bildung, des Handwerks, der Landwirtschaft, der Literatur und Bildenden Kunst. Sie dienten als Vorbilder und Wirkungsstätten für ein tieferes Eindringen christlicher Vorstellungen und Lebenspraktiken in Norwegen. Mönche und Nonnen kümmerten sich um Arme, Kranke, Alte und Waisen, boten Herberge und dienten so als Zentren mittelalterlicher Fürsorge, für die der Krone in dieser Zeit noch die Mittel fehlten.

Stadtbürger Städte waren im mittelalterlichen Norwegen kein neues Phänomen, wohl aber die rechtlich-soziale Gruppe der Stadtbürger. Die ersten Städte Norwegens waren bereits in der Wikingerzeit entstanden. Als älteste Stadt gilt Kaupang (auch: Skiringssal) bei Trondheim. Im 9. Jahrhundert wohnten dort ca. 400–600 Menschen. Ausgrabungen der 1950er und 1960er Jahre sowie von 2000 bis 2002 haben jedoch den Eindruck erhärtet, dass Kaupang um 900 seinen Stadtcharakter verlor. Über die Gründe kann man nur spekulieren: Veränderte Handelsrouten, Verlegung des politischen Machtzentrums wie im Falle des zeitgenössischen Sigtuna in Svealand (Schweden) oder eine Verlandung des Hafens sind einige der möglichen Ursachen.

Neben Kaupang gehört die Stadt Tønsberg zu den ältesten Städten des Landes. Anders als Kaupang diente sie jedoch nicht allein dem Handel, sondern gewann schon bald eine hohe Bedeutung für die Krone und die Kirche. 1207 war die Stadt Schauplatz einer Belagerung der Birkebeiner gegen die Bischofspartei (*baglar*), deren Vertreter sich hierher geflüchtet hatten. Mehrere norwegische Könige residierten auf der Festung Tunsberghus neben Tønsberg, die unter Magnús Lagabœtir in der zweiten Hälfte des 13. Jahrhunderts stark ausgebaut wurde. Die Stadt war zudem Sitz des *lensman*, bis die Festung 1503 von den Schweden niedergebrannt wurde. Der Kirche diente Tønsberg als religiöses Zentrum mit nicht weniger als acht Kirchen sowie Klöstern der Prämonstratenser und Franziskaner. Die Funktion Tønsbergs als politisches und kirchliches Zentrum Norwegens fand jedoch mit dem großen Brand von 1536, der den größten Teil der Stadt vernichtete, ein jähes Ende. Die Stadt sollte mehrere Jahrhunderte nicht mehr aufgebaut werden.

Die dritte Stadt, die noch während der Wikingerzeit entstand, war Nidaros (Trondheim). Sie gilt als die älteste heute noch existierende Stadt Norwegens. Trondheim wurde mit der Grabstätte Olavs des Heiligen, dem Sitz des Erzbistums und mehreren Klöstern in der Stadt und der näheren Umgebung zum kirchlichen Zentrum des Königreiches. Darüber hinaus diente Trondheim bis ca. 1070 als Reichshauptstadt und bildete in der Zeit der Kalmarer Union das einzige politische Zentrum des Reiches.

Das um 1000 gegründete Oslo wurde im 12. Jahrhundert Residenz der norwegischen Könige. Der königliche Hof (*Kongsgården*), der in der Nähe entstand, war zugleich Festung und königlicher Palast. 1299 wurde Oslo Hauptstadt des Reiches. Hier wurde das Reichssiegel aufbewahrt, und hier befand sich die königliche Kanzlei. Wirtschaftliche Bedeutung erlangte die Stadt mit der Entwicklung eines Hafens und eines Marktes. Zum geistlichen Zentrum wurde die Stadt mit der Einrichtung des Bistums Oslo und mehrerer Klöster.

Mittelalterliche Städte in Norwegen

Gründungsjahr (ca.)	Name	Heutige Kommune
800	Kaupangen in Skiringssal	Vestfold
871	Tønsberg	Vestfold
997	Nidaros (Trondheim)	Sør-Trøndelag
1000	Oslo (Christiania, Kristiania)	Oslo
1000	Hamar	Hedmark
1000	Skien	Telemark
1016	Borg (Sarpsborg)	Østfold
1070	Bergen (Bjørgvin)	Hordaland
1100	Vágar (Vågar)	Nordland
1125	Stavanger	Rogaland
1500	Arendal	Aust-Agder

Das um 1125 gegründete Stavanger hatte Bedeutung vor allem als Bischofsstadt und kirchliches Zentrum für den Südwesten des Landes. 1425 erhielt die Stadt Handelsprivilegien. Die Einwohnerzahl und der Handel blieben während des Mittelalters jedoch gering.

Eine Sonderstellung unter den mittelalterlichen Städten Norwegens nahm das 1070 gegründete Bjørgvin (Bergen) ein. Bjørgvin entwickelte sich gemessen an der Einwohnerzahl bis zum Ende des Mittelalters zur größten Stadt Norwegens und sollte es bis zum 19. Jahrhundert bleiben. Zeitweise vereinigte sie in sich die Funktionen einer königlichen Residenz-, Fern- (*ladestad*) und Binnenhandelsstadt (*kjøpstad*). Zwischen 1070 und 1299 übernahm sie auch die Funktion der Reichshauptstadt. Gleichzeitig war Bjørgvin

mehrere Jahrhunderte lang Verwaltungsstadt für West- und Nordnorwegen. Zentrale Bedeutung für das Gesamtreich gewann Bjørgvin jedoch durch den Fernhandel. Vom 14. Jahrhundert bis ca. 1650
unterhielt die Hanse ein Kontor in Bergen, das die Stadt mit mehreren anderen Hansestädten verband. Bergen wurde dadurch zum
wichtigsten Exporthafen des Königreiches. Bergener Kaufleute
standen in Handelsverbindungen mit so weit entfernten Städten
wie Reval, Brügge, London und den norwegischen Siedlungen auf
Grönland. Eine wichtige Einnahmequelle der Stadt war auch der
Nordlandhandel (v. a. Trockenfisch), für den die Stadt ein Monopol
besaß.

Deutsche und andere «Gäste» im mittelalterlichen Bergen

Spätestens Ende des 12. Jahrhunderts kamen ausländische Kaufleute,
sog. «Gäste», nach Bergen (auch nach Oslo und Tønsberg), um dort Handel zu treiben. Sie blieben zunächst nur für die Sommersaison. Ab den
1250er Jahren gab es immer mehr ganzjährig ansässige ausländische
Kaufleute, sog. «Wintersitzer» (*vintersittere*). Sie hatten ursprünglich die
gleichen Rechte und Pflichten wie die norwegischen Stadtbewohner.
1278 erließ Magnús Lagabœtir Bestimmungen für die deutschsprachigen
Kaufleute. Diese markierten den Beginn eines speziellen «Gästerechts».
Mit Hilfe der Hanse errangen die Sommer-«Gäste» Privilegien, die
Rechtssicherheit im Handel und die Ausnahme von einzelnen Stadt-
bürgerpflichten garantierten. Um auch für die «Wintersitzer» weitere
Privilegien zu erhalten, stürzte sich die Hanse (v.a. Lübeck) in einen
Streit mit dem norwegischen König und den norwegischen Kaufleuten
von Bergen, der zu zahlreichen Restriktionen führte. 1293/94 verbot
der König Gilden und andere Zusammenschlüsse von Kaufleuten mit
eigenen Statuten. In den 1290er Jahren weigerten sich die «Wintersitzer», den Kirchenzehnten zu bezahlen, worauf Bischof Arne von Stavanger (1277–1303), ein Interdikt, d.h. den Ausschluss der Deutschen
von den Gottesdiensten, verhängte. 1311 reagierten die Hansekaufleute
mit einem Handelsboykott gegen den Bischof und andere Geistliche in
der Stadt. Aus diesem Konflikt entstand aus Sicht der Hansekaufleute
die Notwendigkeit, sich zu organisieren und zusammenzuschließen. Dies

waren die Ursprünge des Bergener Hansekontors und der «deutschen Brücke».

Literatur: Christian Koren Wiberg: Hanseaterne og Bergen. Forholdet mellem de kontorske og det bergenske bysamfund, Bergen 1932 (= Det Hanseatiske Museums Skrifter 6). Knut Helle: Kongssete og kjøpstad, Bergen 1982 (= Bergen bys historie, Bd. I). Sissel Hamre: Bryggen Guide (dt. Ausg.), Bergen 2004. Das Hansische Kontor zu Bergen und die Lübecker Bergenfahrer. International Workshop Lübeck 2003 (hg. v. Antjekathrin Graßmann), Lübeck 2005 (= Veröffentlichungen zur Geschichte der Hansestadt Lübeck. Reihe B, 41). Marco Trebbi: Bryggen. The heart of Bergen, Oslo 2007.

Von den übrigen Städten des mittelalterlichen Norwegen verdient besonders Vágar in Hålogaland, die erste nördlich von Trondheim entstandene Stadt, genannt zu werden. Sie ist vor allem durch den Handel mit Trockenfisch berühmt geworden und bildete dadurch eine Art Pendant zum Bergener Nordlandhandel. Vágar war eine Saison-Stadt, in der sich um Mittsommer bis zu 1000 Menschen – Hålogaländer, nordnorwegische Großbauern, Bjørgviner Kaufleute, *hirðmenn*, Geistliche u. a. – zum Handel trafen. Während des übrigen Jahres sank die Zahl der Stadtbewohner auf rd. 100 Personen. Die Stadt besaß ein eigenes *ting* und einen eigenen Gesetzeskodox, das sog. *Vágabóki*, das bis 1282 in Kraft war.

Die Städte erhielten ähnlich wie z. B. die Hansestädte oder die Städte des Magdeburger Stadtrechts eine weitgehende Selbstverwaltung, standen aber im Unterschied zu diesen unter einer direkteren Kontrolle der Krone, bildeten also keine quasi eigenen Staaten. Dies spiegelte sich schon in den ältesten Rechtsdokumenten für die Städte Nidaros und Bjørgvin, dem sog. Bjarkøy-Recht (an. *biarkeyiarréttr*, 12./13. Jh.), wider und bestätigte sich auch in Magnús Lagabœtirs Stadtrecht für Bergen (1276), das zum Modell für die Stadtrechte von Oslo, Nidaros und Tønsberg wurde. Die Stellung der norwegischen Städte zwischen Landstadt und Stadtstaat zeigte sich vor allem in der Ämterstruktur der Stadtregierung. An deren Spitze stand der städtische Rat (ab 1660: «Magistrat»), der die städtische Gerichtsbarkeit und Verwaltung in sich vereinte – allerdings unter Aufsicht eines königlichen Kommissars, des sog. *lagman.* Ab den 1430/40er Jahren erhielten manche Städte zwar einen oder mehrere Bürgermeister. Sie hatten jedoch rein administrative, keine regierende Funktion.

In ökonomischer Hinsicht lebten die Städte von Handel und Handwerk. Wer sich diesen Tätigkeiten widmete, in der Stadt besitzlich und bereit war, bürgerliche Pflichten wie Abgaben an den Stadtkasten, Dienst in der städtischen Miliz oder Mitarbeit in der städtischen Selbstverwaltung auf sich zu nehmen, konnte als Stadtbürger im rechtlichen Sinne gelten. Daneben bestanden je besondere Rechte für Kaufleute und Handwerker, die in Gilden bzw. Zünften organisiert waren. Außerdem hatten Fern- und Kleinkaufleute sowie die verschiedenen Handwerke jeweils ihre eigenen Stadtviertel. Für den Handel galt grundsätzlich, dass mit Ausnahme des Handels zwischen den Bauern Kaufleute nur in den Städten handeln durften, ganz gleich, ob es sich um den lokalen Handel zwischen Kaufleuten und Bauern oder den Fernhandel zwischen norwegischen (Bjørgvin, Tønsberg, Oslo) und ausländischen Städten handelte. Auch kommerzielles Handwerk (wobei übrigens ein bedeutender Anteil der Handwerker aus eingewanderten Deutschen bestand, besonders in Bjørgvin) durfte nur in den Städten betrieben und seine Produkte durften nur in der jeweils eigenen Stadt verkauft werden.

Für die Krone hatte die Konzentration von Handel und Handwerk in den Städten den Vorteil, dass sie die entsprechenden Aktivitäten besser kontrollieren konnte, dass Zoll und andere Abgaben leichter eingezogen und deren staatlicher Anteil schneller an die Krone abgeführt werden konnten, weil auch die königliche Verwaltung meist in den Städten konzentriert war.

Der Begriff «Stadt» für das mittelalterliche Norwegen darf nicht dazu verleiten, sich große Agglomerationen vorzustellen. Das äußere Erscheinungsbild von Stadt und Dorf unterschied sich, abgesehen von Zollgrenzen, eventuell Stadtmauern und einer Verdichtung der Baustrukturen, in dieser Zeit kaum. Auch die Einwohnerzahlen entsprachen durchaus nicht europäischen Standards. Bjørgvin als größte Stadt Norwegens besaß am Ende des Mittelalters zwischen 6000 und maximal 10 000 Einwohner. Die Haupt- und Residenzstadt Oslo konnte hingegen nur mit gerade einmal 2000 bis 3500 Einwohnern aufwarten.

Bauern Neben den neuen sozialen Gruppen des Adels, der Geistlichkeit und der Stadtbürger blieb die Masse der Bevölkerung während des Mittelalters Teil derjenigen sozialen Gruppe, die in der Wikingerzeit und wahrscheinlich auch schon davor die dominante gebildet hatte: der Bauern. Dabei kann man davon ausgehen, dass in der Periode zwischen 800 und 1300 freie Bauern ihr eigenes Land bewirtschafteten und deren wichtigste Hilfsarbeitskraft Sklaven und Familienmitglieder waren. Dies änderte sich um 1300, als Magnús Lagabœtirs Landrecht (1274), das die alten Landschaftsrechte abschaffte, einen großen Teil der freien Bauern in Lehnsbauern (an. *leiglendingar,* nnorw. *leilendinger*) verwandelte und die Sklaverei bannte. Viele ehemalige Sklaven wurden nun ebenfalls Lehnsbauern. Nach den Verordnungen des Landrechts hatten die Lehnsbauern Abgaben und Fron zu leisten, den Bauernhof zu versorgen und alle Steuern, die auf dem Hof lagen, zu bezahlen. Auf der Gegenseite stand das Recht, für die Fron eine Quittung zu erhalten und seine Landwirtschaft so zu betreiben, wie es einem beliebte (allerdings wurde der Wald zu einem Konfliktthema zwischen Bauern, Krone und Adel). Nicht gesetzlich geregelt war die Stellung der Hofknechte.

Außerhalb der genannten rechtlich-sozialen Gruppen existierte eine Vielzahl anderer Personen, die entweder als Gefolge oder Gesinde ihrer Rechtsherren fungierten oder aber keinem besonderen Recht unterlagen. Dazu zählten alles «fahrende Volk» und Ausländer, aber auch die Samen («Finnen»), die der Krone gegenüber Abgabenpflichten zu erfüllen hatten, jedoch keinen besonderen Schutz der Krone genossen – etwa wenn es zu gleichzeitigen Abgabenforderungen der schwedischen Krone oder der Stadt Novgorod kam.

Die «Finnensteuer»

Die «Finnensteuer» (auch: Finnsteuer, Finnkauf, Lappensteuer, Samensteuer) bestand aus Abgaben, die die Samen (früher: «Finnen») in der Nordkalotte (Lappland) an die norwegische Krone zu entrichten hatten. Die ältesten Dokumente, die die «Finnensteuer» belegen, stammen bereits aus dem 9. Jahrhundert, als nur lokale Häuptlinge im äußersten

---

Norden herrschten. Die Abgaben wurden auf sog. «Finnenreisen» der nordnorwegischen Wikingerhäuptlinge eingetrieben, die gleichzeitig als Handelsreisen zu den Samen zu interpretieren sind. Sie bestanden in der Regel aus Naturalien wie Fellen oder Wal- und Robbenhaut. Mit dem Aufkommen einer königlichen Zentralregierung ging die «Finnensteuer» an die Krone über, die das Recht auf die «Finnenreisen» an Personen ihres Vertrauens verlehnte. Mit dem Vertrag von Novgorod (1326) einigten sich der norwegische König und Novgorod darauf, dass sie beide in einem Gebiet, das von Lyngen-Balsfjord bis zur Kola-Halbinsel reichte, Abgaben eintreiben durften.

Literatur: Bertil Marklund: Skogssamiska studier. Möten i kultur och näringar 1650–1800, Umeå 1999 (= Kulturens frontlinjer. Skrifter från forskningsprogrammet Kulturgräns norr 16).

Das Zeitalter der Kalmarer Union
(1355–1537)

Das Spätmittelalter war in Norwegen eine Periode des Niedergangs. Die Pest von 1349 brachte einen massiven Verlust von Arbeitskraft, Steuern und politischem Einfluss. Ein großer Teil der norwegischen Adelsgeschlechter starb aus, darunter die norwegische Königsdynastie (1387). Die Hanse übernahm den norwegischen Außenhandel und die damit verbundenen Einkünfte. Die einzige politische Kraft im Lande verblieb der Erzbischof von Nidaros (Trondheim). 1397 ging Norwegen in die Personalunion der drei skandinavischen Königreiche, die «Kalmarer Union» ein. Diese litt jedoch von Anfang an unter dem dänischen Zentralismus und der fiskalischen und militärischen Ausbeutung Norwegens und Schwedens.

Hákons V. Nachfolger, Magnús VII. Eiríkarson (in Norwegen 1319–1355, in Schweden 1319–1364; *1316, †1374), wurde 1319 zum König von Schweden gewählt. Damit wurden Norwegen und Schweden bis 1355 durch eine Personalunion miteinander verbunden. Dieser äußere Machtzuwachs stand in einem eigenartigen Gegensatz zur zunehmenden Schwäche der Krone in Norwegen.

Während Magnús' Unmündigkeit hatte ein adliges Gremium die Regierung übernommen, das der König auch mit Erreichen seiner Volljährigkeit nicht wesentlich in seinen Kompetenzen zu beschneiden vermochte. Den logischen Abschluss von Magnús' Regierungszeit bildete denn auch eine durch die Großen des Reiches erzwungene Abdankung. Dieser Trend zur schleichenden Entmachtung der Krone setzte sich unter Magnús' Nachfolger, Hákon VI. Magnússon (Mitregent seit 1343, König in Norwegen 1355–1380, in Schweden 1362–1364; *1340, †1380), fort. Die Krone verlor die Kontrolle über lokale Machthaber. Hochrangige Dienstleute und Geistliche, die der Pest zum Opfer gefallen waren, wurden nun durch Dänen und Schweden ersetzt. Nachdem Hákon 1363 Margrete, die Tochter des dänischen Königs Valdemar IV. Atterdag (1340–1375, *1320, †1375), geheiratet hatte, geriet Norwegen mehr und mehr unter den Einfluss der gesamtskandinavischen Entwicklung. Hákons Sohn Óláfr wurde 1375 zum König von Dänemark gewählt, folgte 1380 seinem Vater auf den Thron von Norwegen und vereinigte auf diese Weise Dänemark und Norwegen in einer Personalunion. Diese währte jedoch nur bis zu Óláfrs Tod 1387. Danach regierte Margrete, die schon in den Jahren zuvor die Regentschaft im Namen ihres noch unmündigen Sohnes übernommen hatte, allein. Sie adoptierte 1387 ihren sechsjährigen Großneffen Erich von Pommern (später Erik VII.) als ihren Erben. 1388 wurde sie zur Königin von Schweden gewählt. 1389 bestieg Erik den norwegischen Thron. Im Juni 1397 schließlich wurde Erik in Kalmar zum Unionskönig von Norwegen, Dänemark und Schweden gekrönt. Damit trat Norwegen in die Kalmarer Union (1397–1521) ein.

In der Unionszeit verlor Norwegen weiter an Bedeutung. Die politischen Hauptakteure waren Dänemark und Schweden. Im Gegensatz zu Schweden jedoch blieb Norwegen mit Dänemark bis ins Jahr 1814 uniert. Margrete und Erik regierten Norwegen von Kopenhagen aus. Die meisten norwegischen Ämter wurden mit Dänen und Deutschen besetzt. Während in Dänemark und Schweden eigene Reichsräte die Politik bestimmten, konnte sich ein norwegischer Reichsrat nicht etablieren. Nach Erik und bis zu Christian von Oldenburg (1450) residierte die Regierung noch einmal in

Norwegen, jedoch nur, um ab 1450 wieder nach Kopenhagen umzuziehen.

Die norwegischen Statusgruppen waren gegen diese Entwicklung offensichtlich völlig machtlos. Einzelne, isolierte Bauernaufstände bewirkten wenig. 1448 unterstützte Norwegen zwar den schwedischen Thronkandidaten Karl Knutsson Bonde (*1408 oder 1409, †1470), wurde jedoch vom Unionskönig Christian I. (in Norwegen 1450–1481, *1426, †1481) gezwungen, ihm zu huldigen und in der Union mit Dänemark zu verbleiben. Norwegen verlor während der Unionszeit nicht nur politischen Einfluss, sondern auch Territorien. 1469 verpfändete Christian I. die Orkney- und Shetland-Inseln an den König von Schottland als Mitgift für seine Tochter. Danach wurden die Inseln nie mehr zurückgefordert.

Eine der zentralen Ursachen für Norwegens Niedergang innerhalb der Kalmarer Union waren die demographischen Verluste durch die große Pestepidemie 1349. Die Bevölkerung wurde durch die Pest fast halbiert, große Teile des nutzbaren Landes lagen wüst. Norwegen brauchte mehrere Jahrhunderte, um wieder die Bevölkerungszahl aus der Zeit vor 1349 zu erreichen. Das Steueraufkommen sank dadurch dramatisch. Der zahlenmäßig ohnehin schwache norwegische Adel wurde durch die Epidemie relativ schwerer getroffen als der dänische Adel und sank aufgrund seiner durch die Pest und mangelnde Arbeitskräfte verursachten hohen Verschuldung teilweise in den Bauernstand ab. Handel und Schifffahrt des Adels gingen oft an Hansekaufleute über.

4. Union mit Dänemark
(16.–18. Jahrhundert)

Die letzte Bastion norwegischer Selbstverwaltung und Machtpolitik, das Bistum Nidaros/Trondheim, fiel im Zeitalter der Reformation, die der dänische König offiziell 1537 in Norwegen einführte. Damit verbunden waren die Einziehung der Hälfte des gesamten norwegischen Kirchenvermögens und die Entmachtung der Geistlichkeit als politischer Faktor. Außerdem wurde Norwegen 1537 einer Realunion mit Dänemark unterworfen, so dass es als eigenständiges Königreich aufhörte zu existieren.

Von der Reformation zum Absolutismus
(1537–1660)

Reformation Die Lutherische Kirche in der Gestalt, wie sie von Luthers Schüler und Freund Johannes Bugenhagen (*1485, †1558) in Dänemark eingeführt worden war, wurde 1537 auch in Norwegen Staatskirche. Oberhaupt der norwegischen Kirche war der dänische König als «oberster Bischof» (*summus episcopus*). Damit erhielt die Krone auch die Verfügungsgewalt über den gesamten Kirchenbesitz, der in Norwegen ca. 40% aller Güter ausmachte. An die Krone gingen zudem sämtliche Bußgelder, die Straffällige bei Verbrechen gegen die Kirchenordnung zu entrichten hatten. Die lutherischen Pastoren, die jetzt überall die Kirchen übernahmen, predigten zwar hauptsächlich das Wort Gottes, wurden aber auch zu Dienern des Staates, die die Untertanen zum Gehorsam gegen Gott und die nach lutherischer Lehre von Gott eingesetzte Obrigkeit erziehen sollten.

Die Reformation kam allerdings nicht nur als *Oktroi* nach Norwegen, wie dies von einer nationalbewussten norwegischen Reformationsgeschichtsschreibung oft behauptet wurde. Eine wichtige Quelle des religiösen Umbruchs waren auch die meist deutschen

Hansekaufleute in Bergen. Die deutsche Bevölkerung machte um 1500 rd. 50% der Bevölkerung der Stadt aus. Das bedeutete nicht unbedingt, dass alle Deutschen Lutheraner waren. Aber eine Mehrheit hing doch eher der Reformation als dem alten Glauben an, spätestens nachdem ein früherer deutscher Mönch namens Antonius um 1526 in der Bergener Hallvard-Kirche, der Kirche der Deutschen in Bergen, begonnen hatte, lutherisch zu predigen. Auch andere Kirchen in Bergen, die seit 1408 im Besitz der Hansekaufleute befindliche Marienkirche und die Martinskirche, wurden zu Zentren der Reformation. Die Forschung geht davon aus, dass die norwegischen Priester in beiden Kirchen spätestens 1529 durch evangelische Prediger ersetzt wurden. Gleichzeitig erhielten zwei evangelische Prediger, der Däne Jens Viborg (†1552) und der Deutsche Herman Fresze, von König Frederik I. (1523–1533, *1471, †1533) königliche Schutzbriefe, die es ihnen erlaubten, in Bergen ohne Behelligung durch katholische Instanzen zu predigen. Jens Viborg wurde später (1549–1552) Vikar der Bergener Kreuzkirche, die seit 1531 nur noch evangelische Gottesdienste abhielt.

Von den deutschen Kirchen war der Weg räumlich und sprachlich nicht weit zu den anderen Kirchen Bergens. Abgesehen davon, dass auch norwegische Bergener Kaufleute, die die deutschen Hansestädte besucht hatten, von der Reformation im Heiligen Römischen Reich beeinflusst waren, fanden die reformatorischen Ideen unter der nicht-kaufmännischen Bevölkerung Bergens rasch Anklang. Die Prediger der deutschen Kirchen hielten ihre Predigten in der Regel in niederdeutscher Sprache, die von einem Großteil auch der einfacheren Bevölkerung ohne größere Schwierigkeiten verstanden wurde.

Außerhalb Bergens war das soziale Klima der Reformation allerdings weniger günstig. Unter den norwegischen Bischöfen wuchs der Widerstand unter der Führung des Nidaroser Erzbischofs Olav Engelbrektsson (1523–1537, *ca. 1480, †1538). Als zwei königliche Verwalter außer Landes waren – Reichshofmeister Esge Bille (*ca. 1480, †1552) war von der Hanse gefangen genommen und in Lübeck inhaftiert worden, Reichsrat Vincens Lunge (*ca. 1486, †1536) hatte sich in Jütland auf die Seite von Engelbrektssons Antipoden Christian III. (*1503, †1559) geschlagen –, gelang es dem

Erzbischof 1536, die politische Macht in Norwegen (außer Bergen) zu übernehmen und damit die katholische Seite zu stärken. Bergen wurde dadurch vorübergehend zu einer Insel der Reformation im altkirchlichen Norwegen. Einige Adlige wie z. B. die Austraat-Familie, gingen zwar trotzdem zur Reformation über, blieben aber die Ausnahme. Überdies fehlten in Norwegen einige Grundvoraussetzungen, die im Heiligen Römischen Reich eine Selbstverständlichkeit und in Dänemark und Schweden zumindest vorhanden waren. Norwegen besaß keine eigene Universität, wo reformatorische Ideen einen Nährboden hätten finden können. Es gab keine Druckerei, die reformatorische Flugblätter und theologische Schriften hätte verbreiten können. Die Ausbreitung der Reformation war in Norwegen auf ausländische, ambulante Prediger aus den Hansestädten angewiesen.

Was der neuen Kirche letztendlich zum Durchbruch verhalf, war eine oktroyierte Reformation durch den dänischen König. Sie wurde in Norwegen offiziell unter Christian III. eingeführt, der sich als junger Mann zum Luthertum bekehrt hatte. Allerdings war die Reformation mit einem Thronfolgekonflikt zwischen dem altkirchlichen Christian II. (1513–1523, *1481, †1559) und Christian III. verbunden, der Dänemark-Norwegen 1533 bis 1536 in einen reichsinternen Krieg gestürzt hatte, an dem auch die norwegischen Bischöfe und insbesondere Erzbischof Olav Engelbrektsson auf der Seite Christians II. beteiligt gewesen waren. Nachdem sich Christian III. in Dänemark durchgesetzt hatte, galt es, das unter dem Erzbischof widerständig gebliebene Norwegen in die Knie zu zwingen. Auf diesem Hintergrund war die Einführung der Reformation 1536/37 nicht nur eine religiöse, sondern auch eine dynastische Frage.

Wie in den lutherischen Fürstenstaaten Europas üblich hob nun die Krone die Klöster weitgehend auf und überführte einen Teil der Kirchengüter an den Staat. Die Machtmittel der alten Kirche wurden in der Folgezeit systematisch zerschlagen. Symbolischer Akt dieser Entwicklung war die Verschiffung des Sargs Olavs des Heiligen von Trondheim nach Kopenhagen und seine Umschmelzung in Münzgold. Schwedische Hilfe, auf die die norwegischen Bischöfe gehofft hatten, blieb aus. Schweden wollte Dänemark nicht provozieren: einerseits, weil der schwedische König Gustav I. Vasa (1523–1560, *1496, †1560) 1521 bis 1523 selbst erfolgreich gegen Dänemark rebelliert, sich aus der Kalmarer Union befreit und in Schweden seit 1527 die Reformation eingeführt hatte, andererseits, weil er sich eine militärische Auseinandersetzung zu diesem Zeitpunkt nicht leisten konnte, sondern damit beschäftigt war, seine Herrschaft in Schweden zu konsolidieren. Die Folge war, dass der norwegische Episkopat isoliert blieb und kapitulieren musste. Erzbischof Olav Engelbrektsson verließ Norwegen im Frühjahr 1537 – im Gepäck den Schrein Olavs des Heiligen (den die dänische Krone später kassierte), das norwegische Reichssiegel und das norwegische Reichsarchiv. Der Verlust der norwegischen Reichssymbole sprach für sich. Die Einführung der Reformation war das Ende der norwegischen Selbständigkeit innerhalb der Kalmarer Restunion.

Die Kirchenschätze von Nidaros wurden nun nach Kopenhagen verfrachtet, die meisten altgläubigen Bischöfe entlassen und durch lutherische Superintendenten ersetzt. Erster Superintendent (für die Superintendentur Bergen) wurde der Pfarrer an der Bergener Marienkirche, Geble Pederssøn (1537–1550, *ca. 1490, †1557). Theologisch war er zu den gemäßigten Kräften zu rechnen und kann als Reformhumanist im Geiste des Erasmus von Rotterdam (*1465 od. 1469, †1536) oder Philipp Melanchthons (*1497, †1560) gelten. Für ihn war der Übergang zum Luthertum kein so großer Schritt wie für viele seiner Kollegen. Ähnliches trifft auch für den Osloer Superintendenten Hans Rev (1541–1545, *ca. 1489, †1545) zu, einen der wenigen, die – nach zweijähriger Umschulung – in ihr neues Amt übernommen wurden. Die meisten Superintendenten wählte der König in der Folgezeit allerdings unter den Dänen aus. Sie sollten nach und nach für die Durchsetzung des Luthertums im Sinne der Krone sorgen.

Die Reformation in Norwegen, wo weder Universität noch Druckereien für eine mitdiskutierende Öffentlichkeit sorgten, zeigte sich nicht als theologischer Kampf wie in vielen anderen Ländern des reformatorischen Europa. Auch die Tradition der irischen – stillen und auf Vorbilder setzenden – Christianisierung des frühen Mittelalters sprach nicht für hitzige Debatten und gewaltsame Glaubenskämpfe. Vielmehr sollten – entsprechend dem starken *Oktroi*-Charakter der norwegischen Reformation – die Superintendenten das sittliche und theologische Vorbild für die Bevölkerung abgeben. So jedenfalls sahen es die Krone und der dänische Episkopat.

Der andere Garant zur Bewahrung der Reformation sollte die Kirchenordnung sein. Diese kam allerdings als dänischer Export nach Norwegen und spiegelte die Verhältnisse in Dänemark mit seinen zahlreicheren, größeren und dichter bebauten Städten und besseren Kommunikationsstrukturen wider. Und die Hoffnung, der dänische König würde wie versprochen die besonderen Verhältnisse Norwegens auf irgendeine Weise in die Kirchenordnung einfließen lassen, erfüllte sich nicht, bis 1607 erstmals eine Synode in dieser Frage beriet.

Die Superintendenten sollten mit Hilfe der neuen Kirchenordnung eine Reformation nicht nur am Haupte, sondern auch an den Gliedern vollziehen. Als praktisches Mittel dienten Visitationen, deren erste – die «Generalvisitation» von 1537 – das Ziel verfolgte, die wirtschaftlichen Verhältnisse der Kirchen, der Geistlichkeit und der Schulen zu überprüfen, um die Kirchspiele in die Lage zu versetzen, die Mittel für den Unterhalt der Pastoren und Kirchen in Zukunft selbst aufbringen zu können. Um dies zu erreichen, wurden mehrere Kirchspiele zusammengelegt. Später fanden im Auftrag des Königs jährliche gemeinsame Visitationen des Superintendenten und des *lensherre* (s. S. 66) statt, die erneut die wirtschaftlichen Verhältnisse, aber auch die Lehre und Lebensführung der Pastoren in den Kirchspielen zu Tage fördern sollten. Auch Synoden innerhalb der Superintendenturen (ab 1672: «Stifte»; ab 1919: «Bistümer») sollten zur Festigung der reformatorischen Strukturen beitragen.

Die erste, speziell für Norwegen abgefasste Kirchenordnung (*kirkeordinans*) von 1607 war ein Kompromiss aus Vorschlägen der norwegischen Bischöfe und der dänischen Kirchenordnung von 1537. Die norwegischen Bischöfe wollten keine allzu scharfe Abgrenzung zum Katholizismus formulieren, dafür aber die Kirchenzucht stärken. Dem dänischen Episkopat hingegen war vor allem an der Bewahrung der alten Kirchenordnung von 1537 gelegen.

Jenseits der Kirchenhierarchie, an den «Gliedern» der Kirche, brauchte die Reformation sehr viel länger als am «Haupt» der Kirche, um sich durchzusetzen. Zwar gingen viele katholische Priester zur Reformation über, nicht wenige allerdings mussten dazu überredet werden. Andere konvertierten formal, blieben aber gegenüber der Reformation innerlich distanziert. Erst mit einer neuen Generation von Pastoren, die in Kopenhagen oder im Heiligen Römischen Reich studiert hatte (seit 1573 wurde von den Kandidaten mindestens ein Jahr Universitätsstudium gefordert), setzte sich die Reformation auch als innere Überzeugung durch. Bischofsvisitationen und Synoden taten mit der Zeit ein Übriges, um die Pastorenschaft auf Kurs zu bringen.

Schwieriger war es beim Kirchenvolk. Der Plan einer sanften Reformation für die Bevölkerung brachte eine lange Übergangszeit mit sich. Dazu gehörte, dass Gottesdienste nun nicht mehr in lateinischer, sondern in norwegischer oder in dänischer Sprache mit norwegischer Aussprache gehalten wurden. Dennoch hielten sich Formen des katholisch-lutherischen Synkretismus noch längere Zeit. Obwohl die königlichen Behörden die Verkündigung und das Praktizieren «falscher» Lehren hart bestraften, u. a. mit dem Scheiterhaufen, sprechen Visitationsberichte bis weit ins 17. Jahrhundert z. B. von Marienanrufungen unter dem Kirchenvolk.

Für die norwegische Bevölkerung brachte die Reformation also eine ambivalente Entwicklung mit sich. Einerseits verlor Norwegen seine politische Souveränität, andererseits stärkte die Reformation die norwegische Sprache und damit ein wichtiges Merkmal kultureller Identität in Norwegen. Davon abgesehen blieb Norwegen auch aufgrund der schwierigen Kommunikation zwischen der Regierung in Kopenhagen und den Untertanen in Norwegen bis zum Ende des Nordischen Siebenjährigen Krieges (1563–1570) ein de facto relativ selbständiger Teil des Unionsreiches.

Norwegens Stellung innerhalb des Unionsreiches Politischer Hintergrund der Einführung der Reformation war der erwähnte Thronfolgestreit in den Jahren 1533 bis 1536. Diese als «Grafenfehde» in die Geschichtsschreibung eingegangene Auseinandersetzung hatte zwei Parteien hervorgebracht, die um den dänisch-norwegischen Thron kämpften: auf der einen Seite den katholizismustreuen, aber wegen seiner angeblichen Tyrannei 1523 von Frederik I. vom Thron verjagten Christian II., der vom dänisch-norwegischen Episkopat, von Teilen des dänisch-norwegischen Adels und der Stadt Lübeck gestützt wurde; auf der anderen Seite den lutherisch gesinnten Christian (III., in Dänemark 1534–1559, in Norwegen 1537–1559, *1503, †1559), der den reformationsfreundlichen dänischen Adel hinter sich wusste. Einzelheiten dieses Konflikts auszuführen, würde hier zu weit gehen. Es genügt festzuhalten, dass sich Christian III. am Ende durchsetzte.

Um Christians III. Macht in Norwegen und Dänemark zu festigen, war die Reformation ein wichtiges Instrument. Mit dem aus den Kirchenenteignungen hervorgehenden Vermögen konnte der König zahlreiche Söldner bezahlen, die ihm zum Sieg in der Grafenfehde verholfen hatten, zum anderen beseitigte Christian III. mit dem katholischen Episkopat zugleich einen politischen Hauptgegner im Thronfolgestreit. Auch die Kalmarer Union konnte nun auf eine neue Grundlage gestellt werden. Da in Norwegen das katholische Erzbistum im späten Mittelalter die einzige noch verbliebene politische Macht gewesen war, die eine norwegische Selbständigkeit aufrechterhalten hatte, gab es aus dänischer Sicht nach der Flucht von Erzbischof Olav Engelbrektsson keinen Grund mehr, an einer gleichberechtigten Personalunion der beiden Königreiche festzuhalten. Die sog. «Handfeste» Christians III. von 1536 löste denn auch die Personalunion zwischen Norwegen und Dänemark auf und verwandelte Norwegen formal in einen integralen Bestandteil des Gesamtreiches (Realunion). Damit wurden auch die atlantischen Besitzungen der norwegischen Krone, die Färöer, Island und Grönland, realunierte Territorien. Die Handfeste schaffte weiter den norwegischen Reichsrat ab und sah keine politische Vertretung Norwegens in Kopenhagen vor (z. B. als Äquivalent zur «deutschen Kanzlei» für Schleswig und Holstein). Die souveräne Macht über Norwegen übten allein der König und der dänische Reichsrat aus.

In Wirklichkeit blieb Norwegen dennoch ein recht selbständiger Teil des Gesamtreiches. Das Königreich behielt sein Reichswappen mit dem Löwen und viele seiner überlieferten politischen Institutionen, Gesetze und Gerichte. Neue Gesetze mussten zudem in einer speziell für Norwegen abgefassten Version erlassen werden. Das berühmteste Beispiel dieser Art war das *Norske Lov* (Norwegische Gesetzbuch) von 1687. Damit bildete Norwegen innerhalb des Gesamtreiches zwar einen Teil des dänischen Konglomeratstaates, war aber keine Provinz, die in das dänische Verwaltungssystem integriert war. Ausdruck dieses Verhältnisses zu Dänemark war u. a. die Tatsache, dass Norwegen in diplomatischen Dokumenten immer als *«Norges rike»* (Norwegisches Reich) erschien und 1548, 1591 und 1610 gesonderte norwegische Königshuldigungen zum Thronantritt des Königs stattfanden.

Wirkliche Neuerungen nach der Reformation brachte zunächst die Landesverwaltung. Die Tatsache, dass der dänische König nunmehr der größte Grundbesitzer Norwegens war, führte zu einer deutlichen Expansion der königlichen Verwaltung. Für die Einkünfte aus den neuen Ländereien und für deren Kontrolle wurden die Krongebiete Norwegens in vier «Hauptlehen» (*hovedlen*) – Akershus, Båhus, Bergenhus und Trondheim – gegliedert. Jedes *hovedlen* wiederum bestand aus einzelnen «Lehen» (*len*). Die *len* wurden von «Lehensmännern» (*lensmenn*, auch: *lensherrer*) verwaltet, die überwiegend aus dem dänischen Adel stammten. Die *lensmenn* waren für die Einziehung verschiedener Schuldigkeiten, Lehnsabgaben, Zehnten, Strafgebühren, Steuern und Zölle zuständig, fungierten als Norwegens Hauptbefehlshaber im Krieg, setzten die Pastoren ein und waren Richter an den obersten Gerichtshöfen.

In den ersten Jahren war die *len*-Verwaltung der Krone unmittelbar verantwortlich. 1547 erhielt Norwegen jedoch eine eigene Kanzlei (*Norske kansliet*) mit der Aufgabe, Recht und Gerichte zu kontrollieren. Nach dem Nordischen Siebenjährigen Krieg (1563–1570), der gezeigt hatte, dass Feinde die Verbindungen zwischen Dänemark und Norwegen leicht blockieren konnten und Norwegen von Kopenhagen aus schon aufgrund der natürlichen Gegebenheiten (Fjorde, Berge, abgelegene Täler) und der langen Wege schwer zu regieren war, setzte Frederik II. (1559–1588, *1534, †1588) den *lensherre* von Akershus, Christen Munk (*1520, †1579) 1556 zum königlichen «Statthalter» in Norwegen ein. Er sollte eine

Kontrolle über die anderen *lensmenn* und nachgeordneten königlichen Bediensteten ausüben. Dieser Akt drückte eine ambivalente Haltung der dänischen Krone gegenüber Norwegen aus. Einerseits versuchte die Krone, Norwegen über das Kanzler- und Statthalteramt stärker an Dänemark zu binden, andererseits verhalf das im Gesamtreich einmalige Amt Norwegen zum Status eines quasi abgesonderten Teils des Gesamtreiches. Auch die «Herrentage» (*herredagene*), d. h. die Zusammenkünfte von zwei bis drei Abgesandten des dänischen Reichsrates mit dem norwegischen Kanzler und dem Statthalter, wiesen in diese Richtung. Sie fanden zunächst in großen Abständen, ab 1578 jedoch regelmäßig alle zwei bis drei Jahre statt und erstreckten sich oft über mehrere Monate. Sie fungierten als eine Art höchstes Gericht in Norwegen, besaßen aber daneben auch administrative Kompetenzen, indem sie Verordnungen und «Rezesse» verabschiedeten.

Außenpolitik und Konflikte

Der politische Druck, den die dänische Krone auf Norwegen und seine ehemaligen atlantischen Besitzungen ausübte, hing u. a. mit dem außenpolitischen Druck zusammen, unter dem die Krone selbst stand. Besonders der Zusammenbruch der Kalmarer Union mit dem Ausscheren Schwedens im Jahre 1523 belastete das Verhältnis der beiden Monarchien in der Folgezeit schwer.

Mit dem Zusammenbruch des Deutschen Ordens in Livland und Preußen und dem Kampf um die daraus hervorgehenden Territorien im Livländischen Krieg (1558–1583/84), an dem auch Schweden und Dänemark beteiligt waren, begannen die Zwistigkeiten. Die Ansprüche des schwedischen Königs Erik XIV. (1560–1568, *1533, †1577) und Frederiks II. auf Estland brachten Dänemark-Norwegen ab 1559 die Herrschaft über Wiek und Ösel; beide Territorien gingen jedoch 1588 bzw. 1645 an Schweden verloren. Der bald darauf folgende Nordische Siebenjährige Krieg (1563–1570) zwischen Dänemark-Norwegen, Schweden und Lübeck hatte u. a. den Hintergrund, dass Erik XIV. sich weigerte, auf das dänische und norwegische Wappen, das er in das schwedische Reichswappen integriert hatte, zu verzichten. Lübeck, das seine Handelsinteressen in Schweden zu wahren suchte, und Polen, das ganz Livland gewinnen wollte, schlossen daraufhin mit Dänemark-Norwegen eine Militärallianz. Nach einem zähen Krieg, der Schweden außenpolitisch völlig isolierte, gleichzeitig aber auch zur beiderseitigen Erschöpfung führte, wurde unter Vermittlung Kaiser Maximilians II. (1564–1576, *1527, †1576) der Friede von Stettin (1570) geschlossen, der Dänemark-Norwegen eine gewaltige Entschädigungssumme von Seiten Schwedens einbrachte. Außerdem verzichtete Schweden auf Skåne, Halland, Blekinge und Gotland, während Dänemark-Norwegen seine aus der Kalmarer Union herrührenden Ansprüche auf Schweden fallen ließ. Damit wurde die Auflösung der Kalmarer Union endgültig festgeschrieben. Als Schweden 1611 versuchte, Dänemark-Norwegens Monopol im Russlandhandel zu brechen und die Finnmark unter seine Kontrolle zu bringen, brach der sog. Kalmarer Krieg (1611–1613) aus, der sich hauptsächlich um die Stadt Kalmar und in Skåne abspielte. Der im Januar 1613 geschlossene Friede von Knærød, der den Krieg beendete und Schweden den Verzicht auf weitere Ansprüche in Troms und Finnmark abrang, machte Dänemark-Norwegen zur führenden Macht Nordeuropas. Schweden hatte außerdem eine horrende Abschlagsumme zu zahlen, um die von den Dänen seit 1612 besetzte Festung Älvsborg (dän./norw. Elfsborg) zurückzuerhalten (sog. *Älvsborgs lösen*).

Da gegen Dänemark einstweilen nichts auszurichten war, expandierte Schweden in den kommenden Jahren im Osten. 1617 erhielt es Ingermanland und Ladoga-Karelien von Moskau, 1629 große Teile Livlands von Polen. Dänemark-Norwegen betrachtete die schwedische Expansion mit Unruhe und versuchte, seine Machtstellung zu festigen. U. a. aus diesem Grund, aber auch aus persönlicher Überzeugung und in seiner Eigenschaft als deutscher Reichsfürst (in Schleswig, Holstein, Oldenburg und einigen anderen Territorien des Heiligen Römischen Reiches) trat der dänisch-norwegische König Christian IV. (1588–1648, *1577, †1648) als Oberst des niedersächsischen Reichskreises an der Seite der deutschen Protestanten in den Dreißigjährigen Krieg ein. Mehrere Niederlagen zwangen ihn jedoch zum Rückzug, sodass der schwedische König Gustav II. Adolf (1611–1632, *1594, †1632) 1630 Christians Rolle übernehmen konnte. Die militärischen Erfolge Schwedens auf dem deutschen Kriegsschauplatz verschoben das Mächtegleichgewicht immer mehr auf die schwedische Seite. Mit dem Westfälischen Frieden (1648) fielen Teile Pommerns und die früheren Bistümer Bremen und Verden in schwedische Hände. 1655 bis 1661 führte Schwedenkönig Karl X. Gustav einen Mehrfrontenkrieg gegen Polen-Litauen, das Heilige Römische Reich, Brandenburg und das Moskauer Großfürstentum. Angesichts dieser dramatischen Lage sah der dänische König Frederik III. (1648–1670, *1609, †1670) eine Chance auf Rückeroberung der verlorenen Gebiete und erklärte 1657 Schweden den Krieg, der jedoch mit einer erneuten Niederlage endete. Im Frieden von Roskilde (1658) verlor Dänemark-Norwegen weitere Territorien (Skåne, Blekinge, Halland, Bohuslän, Bornholm, Trondheims len). Dadurch wurde Norwegen faktisch territoriell geteilt: Schweden besaß nun einen Landstreifen (Herjedalen, Jemtland, Trondheims len), der mitten durch ehemals norwegisches Gebiet bis an die Nordsee reichte. Als Dänemark die praktische Umsetzung der Friedensvereinbarungen blockierte, begann Schweden den Krieg erneut, der jedoch bald wegen des Todes des schwedischen Königs Karl X. Gustav (1654–1660, *1522, †1660) abgebrochen werden musste. Im Frieden von Kopenhagen (1660) erhielt Dänemark-Norwegen Trondheims len und Bornholm zurück, doch blieb Schweden die dominierende Macht in Nordeuropa.

Die beiden Kriege ruinierten Dänemark-Norwegen finanziell. Der Steuerdruck auf die reichen Kopenhagener Bürger wuchs im Verlauf der Kriege so stark an, dass diese vom König verlangten, auch der Adel solle Steuern zahlen. Diesen Konflikt und seine Popularität bei Bürgertum und Geistlichkeit nutzte Frederik III., um während der Ständeversammlung von 1660 die Erbmonarchie durchzusetzen, die Handfeste abzuschaffen und den Absolutismus (*Enevelde*) einzuführen.

Für Norwegen hatte die Außenpolitik der Krone erhebliche innenpolitische und territoriale Konsequenzen. Seit den 1560er Jahren musste die Krone ständig damit rechnen, dass Schweden Norwegen eroberte, um die Kontrolle über dessen natürliche Ressourcen (Fisch, Schnittholz, Eisenerz, Kupfer u. a.) in die Hand zu bekommen, die nicht nur für Schwedens Versorgung wichtig, sondern auch auf den europäischen Märkten stark nachgefragt waren und auf diese Weise ein einträgliches Handelsprodukt darstellten. Diese Tatsache stärkte einerseits das norwegische Stadtbürgertum und insbesondere die Stadt Bergen. Gleichzeitig achtete die Krone nun darauf, den Norwegern ein Gefühl der Gleichwertigkeit innerhalb der Union zu vermitteln. Deutlichstes Zeichen dieser neuen Zuwendung waren zahlreiche Reisen Christians IV. nach Norwegen, wo er u. a. eine Reihe von Städten gründete (Kristiansand zur Kontrolle des Skagerrak, Kongsberg für den Silberbergbau und das nach einem Brand neu erbaute Oslo [seit 1624: Christiania]). 1599 unternahm Christian eine Reise nach Vardø in Nordnorwegen, um das Eismeer als (dänisch-norwegisch) «königliche Gewässer» zu proklamieren – und entsprechenden schwedischen Ansprüchen zuvorzukommen.

Das Zeitalter des Absolutismus (1660–1814)

Mit der Einführung des Absolutismus im Unionsreich war eine konsequente Zentralisierung und Systematisierung der Königsmacht in Kopenhagen, die massive Ausweitung der Reichsverwaltung und des Militärapparats verbunden. Diese Maßnahmen waren jedoch wirtschaftlich und staatsfinanziell unzureichend abgesichert. Der in der Folge zunehmende Ausverkauf königlicher Güter an die Bauern führte in Norwegen gegen Ende des 18. Jahrhunderts zur Entstehung eines Großbauerntums, das zunehmend politischen Einfluss forderte, und einer Intelligenz, die sich publizistisch Gehör verschaffte und frühe Formen einer norwegischen Nationalbewegung begünstigte.

Reformen und Kriege   Der Absolutismus brachte eine völlig veränderte Rechtsordnung mit sich – mit einschneidenden Konsequenzen für das politische, wirtschaftliche, soziale, religiöse und kulturelle Leben Dänemark-Norwegens. Der König erhielt weit reichende Machtbefugnisse, die Privilegien des Adels wurden beschränkt, die der Bürgerschaft und Geistlichkeit hingegen ausgeweitet.

Der Reichstag von 1660, der von einem heftigen Ständestreit über die Kosten des Krieges und die Finanzierung künftiger Staatsaufgaben geprägt war, brachte Reformen, die dem König eine fast unbeschränkte Macht verliehen, die Rechte des Adels beschränkten und Bürgerschaft und Geistlichkeit eine Ausweitung ihrer Privilegien bescherten. Eingeführt wurden 1660 das Erbkönigtum und ein Kollegiensystem nach schwedischem Vorbild, zu dem auch ein Königliches Obergericht gehörte. Die Kollegien bestanden aus acht bis zwölf Mitgliedern mit einem Präsidenten an der Spitze. Sie behandelten Gesetzesinitiativen des Königs oder der Kollegien selbst und besaßen ein Vorschlagsrecht gegenüber dem König.

Am 10. Januar 1661 publizierte der König ein Dokument, das die «Eingewalt» offiziell einführte (*enevoldsarveregeringsakten*). Es verpflichtete die Stände, dem König freiwillig zu huldigen und zu schwören, zu versichern und zu unterschreiben, dass der König «ein absoluter und souveräner Erbherr» sei. Obwohl einige Ständevertreter ihre Unterschrift verweigerten, wurde die «Eingewalt» (*enevold*) die Staatsform, die Dänemark-Norwegen für die kommenden 187 Jahre bestimmen sollte und die auf dem Papier schärfste Form des Absolutismus in ganz Europa darstellte.

Am 24. Juni 1661 veröffentlichte Frederik III. neue Ständeprivilegien. Der Adel behielt seine Gutsrechte und seine Herrschaftsrechte über die auf den Gütern befindlichen Bauern, musste jedoch eine Beschneidung seiner politischen Rechte in Kauf nehmen. Die Privilegien der Geistlichkeit blieben unverändert. Der Bürgerstand genoss künftig Steuerparität mit dem Adel und Zugang zu ehedem adlig besetzten königlichen Ämtern. Dafür jedoch wurden alle Provinzstädtetage und die städtische Autonomie abgeschafft. Außerdem setzte der König Bürgermeister und die Mitglieder des städtischen Rates nun selbst ein. Auch die Privilegien der Stadt Kopenhagen wurden stark beschnitten. Die Stadt behielt im Wesentlichen nur das Stapelrecht. Bald fasste auch eine neue Verwaltungs- und Regionalpolitik Fuß. 1662 wurde die *len*-Verwaltung aufgehoben und durch «Ämter» (dän./norw. *amt*) mit einem vom König ernannten und mit staatlichen Mitteln entlohnten Amtmann an der Spitze ersetzt.

Den vorläufigen Abschluss der absolutistischen Akte bildete das «Königsgesetz» (dän./norw. *Kongeloven*) von 1665, vorbereitet von dem königlichen Sekretär Peder Schumacher (1671 geadelt: Griffenfeld, *1635, †1699). *Kongeloven* bestimmte, dass der König «das oberste und höchste Haupt auf dieser Erde über alle menschlichen Gesetze» und allein Gott verantwortlich sei. Die einzige Einschränkung seiner Machtvollkommenheit bestand darin, dass er Mitglied der Evangelisch-Lutherischen Kirche sein musste und das Reich nicht verkleinern durfte – zwei Bestimmungen, die noch heute eine Grundlage der dänischen Monarchie bilden. Weiter enthielt das «Königsgesetz» eine genaue Beschreibung der Thronfolge. Es bildete das einzige Dokument absolutistischer Herrschaft, das Europa zu dieser Zeit besaß. Überall sonst war der Absolutismus eine Praxis, ohne schriftliche Ausformulierung. Gedruckt und veröffentlicht wurde der Text allerdings erst 1709. Erste praktische Auswirkungen hatte das «Königsgesetz» mit der Krönung des Nachfolgers Frederiks III.: Christian V. (1670–1699, *1646, †1699) setzte sich, als absoluter und souveräner Herrscher, die Krone selbst aufs Haupt und musste für seine Herrschaft um keinerlei Bestätigung bei den Ständen anfragen, wurde allerdings noch vom Bischof von Seeland gesalbt.

Christian V. führte weitere Reformen zur Stärkung des absolutistischen Anspruchs durch. Die führenden Männer neben dem König waren nun der Statthalter von Norwegen, Ulrik Frederik Gyldenløve (1664–1699, *1638, †1704), der Statthalter von Schleswig und Holstein, Frederik Ahlefeldt (1663–1686, *1623, †1686) und Peder Schumacher.

Außenpolitisch ging der Konflikt mit Schweden auch nach den nahezu vernichtenden Niederlagen der 1650er Jahre weiter. Christian V. versuchte verzweifelt, die an Schweden verlorenen Territorien zurückzugewinnen. Ein erneuter Krieg zwischen 1675 und 1679, der mit dem Frieden von Fontainebleau am 23. August 1679 endete, zwang Dänemark, sämtliche im Krieg eroberten Gebiete an Schweden zurückzugeben und den territorialen *status quo ante* wiederherzustellen. Ein Separatfrieden, geschlossen in Lund (25.–26. 9. 1679) und aus schwedischer Sicht notwendig geworden, weil Frankreich sich im Frieden von Fontainebleau angemaßt hatte, die

schwedische Seite zu vertreten, erbrachte dann sogar ein dänisch/
norwegisch-schwedisches Verteidigungsbündnis und das Verspre-
chen, sich künftig nicht in die inneren Angelegenheiten des anderen
Staates einzumischen.

Der Krieg kostete in Dänemark-Norwegen erneut viele Menschen das Leben und brachte Zwangseinquartierungen, Seuchen
und gigantische Steuerbelastungen, die sich in den 1680er Jahren
fortsetzten. Die Konsolidierung des Absolutismus ging unter diesen und letztlich auch aufgrund dieser Bedingungen erfolgreich
weiter. Viele der Reformarbeiten der Nachkriegsjahre waren kriegs-
bedingt. Um beispielsweise eine einheitliche Bodensteuer einführen
zu können, erarbeiteten die königlichen Behörden 1688 eine Boden-
matrikel, auf deren Grundlage eine jährliche Steuer auf Bodenbesitz
festgesetzt werden konnte. Eine Regierungskommission legte 1683
ihren Vorschlag für ein neues Gesetzbuch vor. Daraus entstand das
«Dänische Gesetzbuch» (*Danske Lov*), eine Zusammenstellung ge-
eigneter Teile der früheren Landschaftsgesetze. Christians V. Sohn,
Frederik IV. (1699–1730, *1671, †1730), ließ das Militär neu ord-
nen, indem er eine Landmiliz einführte, die die immensen Aufwen-
dungen für die bisherigen Söldnerheere senken sollte.

Norwegens Position im Gesamtreich Obwohl Norwegen spätestens mit der Einführung des Absolutismus als integraler Bestandteil
des Königreiches angesehen wurde, erreichten die im dänischen
Reichsteil eingeführten Reformen und die außenpolitischen Ereignisse Norwegen nur teilweise oder verspätet. In der Nachfolge des
Danske Lov erließ der König 1687 ein *Norske Lov* («Norwegisches
Gesetzbuch»), das Christians IV. *Norske Lov* von 1604 ersetzte,
aber ähnlich wie dieses und *Danske Lov* auf den mittelalterlichen
(norwegischen) Landschaftsgesetzen und Magnus Lagabøtes *Lands-
lov* basierte. Es galt formell bis 1842. Im politischen Alltag wurde
Norwegen im absolutistischen Machtspiel teilweise zum Instrument einer königlichen *divide et impera*-Politik. Um den dänischen
Adel in Schach zu halten, erhielt Norwegen ab den 1640er Jahren
mehr politische Freiheiten, die Machtbasis der Krone unter der Bevölkerung des Unionsreiches zu verbreitern. Diese Umarmungs-
politik stieß in Norwegen allerdings auf ein geteiltes Echo. Eher

separatistische Tendenzen verfolgte beispielsweise der königliche Statthalter von Norwegen und Schwiegersohn Christians IV., Hannibal Sehested (1642–1651, *1609, †1666). Sehested schuf 1643 ein eigenständiges norwegisches Heer und bis 1647 eine eigene norwegische Finanzverwaltung. Außerdem sorgte er dafür, dass die gesamte Verwaltung Norwegens unter seine Kontrolle gelangte. Diese Maßnahmen können allerdings auch so gedeutet werden, dass Sehested zu Gunsten des Absolutismus und gegen die antiabsolutistische Politik des dänischen Adels arbeitete. In der Bevölkerung existierten jedenfalls keine erkennbaren separatistischen Tendenzen. Auch wurde die norwegische Finanzverwaltung nach Sehesteds Absetzung 1647 wieder von Kopenhagen aus gesteuert.

In den Jahren zwischen 1651 und 1664 fiel Norwegen gegenüber dem Kopenhagener Hof zurück in die Rolle eines bloßen Befehlsempfängers. Erst unter der Statthalterschaft Ulrik Frederik Gyldenløves (1664–1699), des natürlichen Sohnes Frederiks III., gewann Norwegen als besondere politische Einheit innerhalb des Reiches wieder Profil. Gyldenløve wurde 1666 Oberkommandant des norwegischen Heeres und zeichnete sich durch mehrere Siege im Skåne-Krieg (1675–1679), in Norwegen «Gyldenløve-Fehde» (*Gyldenløvefejden*) genannt, aus. Da er seit 1670 zum engeren Kreis des königlichen Hofes unter Christian V. gehörte, besaß er für seine Politik in Norwegen relativ große Spielräume. Innenpolitisch betrieb er in Fortsetzung der Politik Sehesteds Reformen im Steuerwesen, in der Militärpolitik und in der Rechtspflege. Zudem verfolgte er eine bauernfreundliche Politik, vergab Monopole für Handel und Holzexporte an einige wenige Kaufleute. 1665 bis 1669 ließ er einen norwegischen Kataster anlegen. Dies war eine Möglichkeit, das nach der Abtretung der Skåne-Landschaften an Schweden auf dem Landweg praktisch nicht mehr zu erreichende Norwegen stärker an Dänemark zu binden. Andererseits wurden in seiner Amtszeit auch Gesetze und Maßnahmen der Zentralregierung umgesetzt. Beispielsweise gewann *Kongeloven* 1665 auch in Norwegen Gültigkeit.

Zu Beginn des 18. Jahrhunderts wurde Dänemark-Norwegen in den Großen Nordischen Krieg hineingezogen. Ein kurzer Schlagabtausch im Jahre 1700 mit Schweden führte aber zu nichts weiter als zur Wiedererrichtung des *status quo ante* im Frieden von Traventhal (1701). Auch ein weiteres Eingreifen Dänemark-Norwegens in den Großen Nordischen Krieg ab 1709 brachte keine territorialen Gewinne. Der am 3. Juni 1720 in Stockholm geschlossene Friede zwischen Dänemark-Norwegen und Schweden bestätigte nur den Zustand von vor 1709. Die Periode zwischen 1720 und 1788 war von einer Neutralitätspolitik bestimmt, die auf die von Russland verfolgte außenpolitische Konzeption einer «Ruhe des Nordens» reagierte. Nachdem jedoch Dänemark-Norwegen 1773 ein Bündnis mit Russland geschlossen hatte, sah es sich 1788 gezwungen, in den zwischen Schweden und Russland ausgebrochenen Krieg (1788–1790) einzugreifen, und schickte ein norwegisches Heer ins schwedische Bohuslän. Zu bedeutenden Kriegshandlungen kam es in diesem sog. «Preiselbeerkrieg» (*Tyttebærkrieg*) jedoch nicht (der Name kommt von der Unwilligkeit der Angegriffenen, die einquartierten norwegischen Soldaten zu versorgen, sodass diese sich quasi von den Früchten des Waldes ernähren mussten). Erst im Rahmen der napoleonischen Kriege wurde Dänemark-Norwegen ab 1807 wieder in die europäischen militärpolitischen Entwicklungen hineingezogen.

1751 bestätigten Dänemark-Norwegen und Schweden in einem Vertrag die 1660 im Friedensvertrag von Stockholm festgesetzte Grenze für das südliche Norwegen. Gleichzeitig legte der Vertrag erstmals eine gemeinsame Grenze im äußersten Norden fest, wobei das nördliche Küstenhinterland, die Finnmarksvidda, Norwegen zugesprochen wurde. Nach der Pyräneengrenze zwischen Frankreich und Spanien ist dies die zweitälteste vertraglich gesicherte Grenze Europas. Außerdem erlaubte ein Zusatzabkommen, der sogenannte Lappencodicill, die freie Überschreitung der Grenze für die Samen («Lappen») und ihre Rentierherden. Die heutige Grenze gegenüber Russland am Varangerfjord wurde hingegen erst durch ein Abkommen zwischen dem König von Norwegen und dem Kaiser von Russland im Jahre 1826 festgelegt.

Der Lappencodicill

Der Lappencodicill (wörtl. «Erster Codicill und Zusatz zum Grenzvertrag zwischen den Königreichen Norwegen und Schweden, die Lappen
betreffend»), auch die «Magna Charta der Samen» genannt, wurde
am 21.September 1751 zwischen den Königreichen Schweden(-Finn-
land) und Dänemark-Norwegen vereinbart. Er wurde notwendig, nachdem Norwegen und Schweden einen Grenzvertrag für die Nordkalotte
geschlossen hatten – ein Gebiet, das bis dahin als dänisch-norwegisch-
schwedisch-finnisch-russisches Steuerkondominium gemeinsam genutzt,
bisweilen auch umkämpft worden war. Der Lappencodicill regelte die
rechtliche Situation der samischen Bevölkerung, deren teilweise noma-
dische Lebensweise durch die Ziehung von Staatsgrenzen bedroht war,
und bestimmte, dass die Samen das uneingeschränkte Recht besaßen,
das von ihnen für die Rentierzucht benötigte Land zu nutzen. Im Falle
eines Krieges zwischen Dänemark-Norwegen und Schweden genossen
sie Neutralität. Außerdem wurde ihnen eine weitgehende Verwaltungsautonomie einschließlich eines eigenen Rechtswesens mit weit-
reichenden Zuständigkeiten zugesprochen. Diese Bestimmungen galten
bis 1852, als die Grenze für den Rentiertrieb gesperrt und es den finnischen Samen verboten wurde, in norwegischen Seen zu fischen. Seit
dieser Zeit wuchs auch eine historiographisch und rassentheoretisch
angestachelte Diskriminierung der Samen im Rahmen der norwegischen
Nationalbewegung.Während die finnländischen Behörden Initiativen er-
griffen, die alten Rechte der Samen wiederherzustellen, und sogar bereit
waren,Teile des finnländischen hohen Nordens an Norwegen abzutreten, stießen solche Maßnahmen in Norwegen auf heftige Ablehnung.

Literatur: Steinar Pedersen: Lappekodisillen i nord 1751–1859. Fra grenseav-
tale og sikring av samenes rettigheter til grensesperring og samisk ulykke,Tromsø
2006. Lappekodisillen: den første nordiske samekonvensjon? (hg. v. Steinar Pedersen), Guovdageaidnu 1998 (= Dieðut. Sámi instituhtta 3).

Die außenpolitische Entwicklung hatte erneut starke Rückwirkun-
gen auf die Innenpolitik in Norwegen. Wurde der dänisch-norwegische Absolutismus im 17. Jahrhundert von (auch militärisch)

starken Persönlichkeiten sowohl im Königsamt wie auch im norwegischen Statthalteramt geprägt, so erwies sich das 18. Jahrhundert als Epoche eines schwachen Zentralstaates und der Diversifikation der Macht unter die Amtsträger der Krone. Die eigentliche politische Führung lag nun in Kopenhagen beim Geheimen Rat. Das norwegische Statthalteramt war zwar bereits 1703 durch ein «Schlossgesetz» (*Slottloven*) gestärkt worden. Dadurch erhielt Norwegen jedoch nicht automatisch größere politische Spielräume. Zwischen 1660 und 1720 hatte die Krone Norwegen als Hinterland für seine zahlreichen Kriege ausgenutzt, gleichzeitig aber auch Rücksicht nehmen müssen, um die kriegswichtige Loyalität der Norweger nicht zu verlieren. Die Friedens- und Neutralitätspolitik nach 1720 führte dazu, dass die Krone nun ohne außenpolitische Rücksichten eine von der Geschichtsschreibung sogenannte Gesamtstaatspolitik (*helstatspolitikk*) betrieb, die darauf abzielte, die Territorien der Krone administrativ und rechtlich zu zentralisieren und zu vereinheitlichen und die norwegische Wirtschaft im Geiste des Merkantilismus auf die Bedürfnisse des Zentralstaats auszurichten. Tatsächlich gelang dies aber nur teilweise. Besonders in der Wirtschaftspolitik brachte ein wechselseitiger Ergänzungshandel (z. B. lieferte Norwegen Eisen an Dänemark, Dänemark seinerseits Getreide an Norwegen) eine Konvergenz der beiderseitigen wirtschaftlichen Interessen, nicht so sehr aber eine Vereinheitlichung und Zentralisierung auf Kopenhagen hin.

Finnmarken, Färöer, Island, Grönland: Norwegische Außenposten unter dänischer Regie

Die norwegischen Rand- und Inselterritorien gerieten während der Unionsperiode immer stärker unter dänischen Einfluss, obwohl sie formal Teil des Königreichs Norwegen blieben.

Finnmark Die Finnmark war seit dem Friedensvertrag von Nöteborg (1323) zwischen Schweden und Novgorod ein Kondominium der nordeuropäischen Reiche. Da Grenzverträge zwischen den Monarchien nicht existierten, wurde die indigene Bevölkerung, die Samen, durch russische, schwedische, norwegische und dänische

Raub- und Kontributionszüge oft mehrfach besteuert und erpresst. Mit dem Aufkommen der Vasa-Dynastie in Schweden (seit 1523) versuchte die schwedische Monarchie, sich die Steuerpächter und ihre Einnahmen systematisch zu unterwerfen, indem sie eine «gerechte» Steuer forderte und bald auch ihre eigenen Steuereintreiber, die Vögte, einsetzte. Nach dem Kalmarer Krieg (1611–1613), der u. a. die Kontrolle über Lappland zum Ziel hatte und den Schweden verlor, musste Schweden im Frieden von Knærød (1613) auf jeden Anspruch hinsichtlich der Lappmarken im Bereich der Küstenlappen verzichten.

Spätestens seit dem Frieden von Knærød war Lappland also unter dänisch-norwegischer Kontrolle. Abgesehen von der bereits erwähnten Reise Christians IV. interessierte sich die Krone außer in fiskalischer Hinsicht zunächst kaum für ihr Steuerdominium im äußersten Norden. Erst die Einrichtung einer Schiffspostlinie zwischen Trondheim und Vardø im Jahre 1663 auf Initiative des *lensherre* von Nordnorwegen, Preben von Ahnen (*1606, †1675), band Lappland enger an das übrige Norwegen. 1680 erhielten Bergener Kaufleute ein Handelsmonopol für Finnmarken. Dies führte zum Rückgang der Posttätigkeit und zur Nichteinsetzung von königlichen Lokalbeamten, zur Ausbeutung und Verschuldung der lokalen Bevölkerung sowie zu einer allgemeinen Entvölkerung unter den norwegischen Einwohnern in Lappland. Erst als das Bergener Handelsmonopol 1715 einstweilen aufgehoben wurde und Hammerfest und Vardø 1789 Handelsstadtrechte erhielten, änderte sich dies zum Besseren,

Das Handelsmonopol begünstigte die Samen, weil diese anders als die in der Finnmark lebenden Norweger nicht von Mehl und anderen Gütern, die aus Bergen in die Finnmark exportiert wurden, abhängig waren. Zudem hörte die Mehrfachbesteuerung der Samen mit dem dänisch/norwegisch-schwedischen Grenzvertrag von 1751 auf und verschaffte der samischen Bevölkerung größere wirtschaftliche Spielräume. Die Samen von Kautokeino und Karasjok bezahlten ihre Abgaben nach 1753 nur noch an die Steuerpächter der dänisch-norwegischen Krone. Auf ähnliche Weise sollten die Samen des Sør-Varanger-Gebiets entlastet werden, nachdem Dänemark-Norwegen 1826 einen Grenzvertrag mit dem Russländischen Reich (einschl. Finnland) geschlossen hatte. Neben den Samen lebten seit den 1740er Jahren auch Finnen in der Finnmark, die vor allem nach Alta einwanderten und sich dort niederließen.

Färöer Anders als in der Finnmark, wo die mittelalterlich-frühneuzeitlichen Kontinuitäten überwogen, bedeutete die Reformation auf den nordatlantischen Besitzungen Norwegens ähnlich wie im norwegischen Mutterland einen tiefen Einschnitt. Auf den Färöern wurde die Reformation 1538, also ein Jahr später als auf dem norwegischen Festland, eingeführt. In administrativer Hinsicht blieb die färöische jedoch zunächst Teil der norwegischen Kirche, bildete aber nun kein eigenes Bistum mehr, sondern nur noch eine Propstei der Superintendatur Bergen. Dennoch bildete die Einführung der Reformation auf den Färöern den Anfang einer langsamen Dänisierung der Inseln. Auch hier war die Reformation mit einer Einziehung der Kirchengüter durch die Krone verbunden, die sich dadurch zwei Drittel aller färöischen Güter sicherte, und auch hier fungierte der König als *summus episcopus*. Dänisch wurde Amts- und Kirchensprache. Schließlich wurden die Färöer 1620 kirchlich-administrativ von Norwegen getrennt und der Diözese Seeland unterstellt. Auch wirtschaftlich versuchte die Krone, die Inseln an sich zu binden. Nach einem kurzen Intermezzo, das dem färöischen Seehelden Magnus Heinason (*1548, †1589) ein färöisches Handelsmonopol eingebracht hatte, erhielt zunächst Bergen, ab 1619 dann Kopenhagen das Handelsmonopol für die Färöer. Nach einem weiteren Zwischenspiel in den Jahren 1689 bis 1699, als der dänische Amtsträger Frederik Gabel (*1640er, †1708) sowohl als *lensherre* wie auch als Pächter des Handelsmonopols fungierte und die Färöer quasi als Privatkolonie regierte, übernahm die dänische Krone zwischen 1709 und 1856 das Handelsmonopol. Gleichwohl galten die Färöer in nichtkirchlicher und nichtwirtschaftlicher Hinsicht weiterhin als Teil des Königreiches Norwegen.

Island Island war das Land, das der Einführung der Reformation den heftigsten Widerstand im ganzen Unionsreich leistete. 1541 wurde der Bischof von Skálholt, Gissur Einarsson (*ca. 1512, †1548), vom dänischen Gouverneur inhaftiert. Damit war die Reformation offiziell eingeführt. Im nordisländischen Bistum Hólar leistete der amtierende Bischof Jón Arason (1524–1550, *1484, †1550) noch zehn Jahre lang Widerstand, bis er 1550 inhaftiert und enthauptet wurde. Mit Jóns Tod endet nach etablierter Auffassung der isländischen Geschichtsschreibung das Mittelalter auf Island.

Nach der Einführung der Reformation zog die königliche Kammer alle Ländereien der isländischen Klöster ein. Deutsche Kaufleute wurden im Laufe des 16. Jahrhunderts aus dem Land gejagt, und der gesamte Außenhandel Islands wurde 1602 zu einem von der Krone verpachteten Monopol dänischer Kaufleute erklärt. Dabei blieb es für fast zwei Jahrhunderte, mit der Folge, dass die Außenbeziehungen Islands sich ausschließlich auf Dänemark erstreckten. Der frühere Einfluss der Engländer und der Deutschen verschwand fast völlig. 1787 wurde das Monopol für die Kaufleute abgeschafft. Dennoch durften nur Untertanen der dänischen Krone Außenhandel betreiben. Diese Beschränkung blieb bis 1855 in Kraft.

Auch rechtlich band die dänische Krone Island an sich. Nachdem Dänemark 1661 zum Absolutismus übergegangen war, wurde ein Jahr später auch auf Island der Absolutismus eingeführt; zunächst allerdings nur formal. De facto übten die lokalen Beamten, meist Isländer, die politische Macht auch weiterhin aus. Dänische Beamte der Krone kannten sich in der isländischen Verwaltung kaum aus und hatten auch zu wenige Kenntnisse, um sich einzumischen.

Der absolutisch-administrative Staat schlug trotzdem mit der Zeit Wurzeln auf Island. Reykjavík entwickelte sich in dieser Zeit zu einer Stadt. Die beiden alten Bischofssitze wurden aufgelöst und hierher zusammengelegt. 1800 wurde das *Alþingi* aufgelöst und stattdessen ein Appellationshof in Reykjavík eingerichtet. Einige Jahre später erhielt die 300 Einwohner zählende Stadt (und Island) einen dänischen Gouverneur.

1703 wurde die erste Volkszählung durchgeführt. Sie ergab 50 358 Bewohner für Island. Deren Haupterwerbsquelle war die Landwirtschaft, ergänzt durch Fischerei. Das 18. Jahrhundert war eine Periode des wirtschaftlichen Niedergangs und steigender Armut. Nach einem Vulkanausbruch und mehreren Jahren kalten Wetters, die daraus folgten, hungerten und starben viele Isländer in den

1780er Jahren. Als der dänische Politabenteurer Jørgen Jørgensen 1809 Island für zwei Jahre von Dänemark abkoppelte, indem er sich selbst zum Herrscher einsetzte, erhielt er keine Unterstützung von der Inselbevölkerung. Und als sich Norwegen 1814 von Dänemark trennte und ein eigenes Königreich wurde, war dies in den Augen der Isländer kein Grund, dasselbe zu tun.

Grönland Eine Reformation fand auf Grönland nicht statt. Sämtliche Kontakte zwischen Norwegen und Grönland waren im späten 15. Jahrhundert abgebrochen. Niemand wusste, ob dort überhaupt noch Nachfahren norwegischer Wikinger lebten. 1581 segelte Magnus Heinason nach Ostgrönland, wurde aber durch Treibeis davon abgehalten zu landen. In den 1660er Jahren nahm Dänemark einen Eisbären in den Wappenschild auf, um seinen Herrschaftsanspruch über Grönland zu manifestieren. Während des 17. Jahrhunderts kamen immer wieder englische, niederländische, französische, baskische und deutsche Walfänger nach Grönland, ließen sich aber nie dort nieder. Gerüchteweise war der Regierung zu Ohren gekommen, die Grönländer hätten sich dem Heidentum oder dem Katholizismus zugewandt. Sicher wusste jedoch niemand, was überhaupt mit der grönländischen Bevölkerung passiert war, seit die Vereisung des Nordatlantik während der «Kleinen Eiszeit» die Verbindungen zwischen Norwegen und Grönland unterbrochen hatte. 1721 entsandte die dänische Krone eine Expedition unter der Leitung des «königlichen Missionars» Hans Egede (1686–1758), die Handel und Mission auf Grönland neu organisieren sollte. Da man keine Nachkommen der wikingischen Bevölkerung des Mittelalters fand, wurden nun die Inuit zu Objekten für Handel und Mission. Besonders die Inuit, die in der Nähe der dänisch-norwegischen Handelsplätze wohnten, waren der Mission ausgesetzt. In der Folgezeit galt Grönland als Kolonie des dänisch-norwegischen Gesamtstaates und wurde für andere Handelsgesellschaften gesperrt. Das politische und wirtschaftliche Zentrum für die Belange des Gesamtstaates wurde die von Egede gegründete Kolonie und Stadt Godthåb (inuit: Nuuk) an der Südwestküste Grönlands. Ein zweites Zentrum entstand an der Südspitze mit Julianehåb (inuit: Angmagssalik). Egede war dabei Gouverneur, Handelskompagniechef und Missionar in einem.

Die Inuitmission war Teil größerer Missionsunternehmen im Reich, die von einem speziell für diesen Zweck eingerichteten und unter dem Einfluss des Pietismus stehenden «Missionsministerium» organisiert wurden. Dabei flossen Erfahrungen der Samenmission in Lappland und der Indienmission in der dänischen Kolonie Tranquebar (Südindien) in die Inuitmission ein. 1741 wurde Egede zum Superintendenten von Grönland ernannt. Auch mit Gegenmissionen hatte man sich auseinanderzusetzen. 1733 gründeten die Herrnhuter einen Missionsposten in Südgrönland, der vor allem Südostgrönländer anzog.

Wirtschaftliche und soziale Entwicklungen vom 16. bis 18. Jahrhundert

Demographie und Sozialstruktur Demographische Angaben für die frühe Neuzeit in Norwegen sind mit zahlreichen Unsicherheiten behaftet. Dennoch lassen sich mit Hilfe von Kirchenbüchern, Steuerlisten und – seit dem 18. Jahrhundert – Volkszählungen Näherungswerte angeben, die einen groben Einblick in die wichtigsten Entwicklungen geben. So geht die Forschung für das 16. Jahrhundert von einem Durchschnittswert von etwa 150 000 Einwohnern in den Grenzen des heutigen Norwegen aus. Dazu kamen 20 000–30 000 Einwohner in den Städten und auf Territorien, die heute nicht mehr zu Norwegen zählen. 1665 kann man insgesamt von rund 440 000 und 1701 von knapp über 500 000 Einwohnern ausgehen. 1765, im Jahr der ersten Volkszählung des Gesamtreiches, erhält man erstmals ein Bild der norwegischen Bevölkerung im Vergleich zu den anderen Teilterritorien des norwegisch-dänischen Gesamtreichs. Von den insgesamt rund zwei Millionen Einwohnern lebten in Norwegen 723 000, in Dänemark 786 000 (die tatsächliche Zahl dürfte jedoch bei 810 000 gelegen haben), im Herzogtum Holstein 244 000, im königlichen Schleswig 135 000, im herzoglichen Schleswig 144 000, in der Grafschaft Oldenburg 79 000, auf den Färöern knapp 5000 und auf Island ca. 46 000 Einwohner. Dazu kamen weitere Einwohner auf Grönland, in der Finnmark und den dänischen Kolonien in Asien, Afrika und der Karibik. Die Volkszählung von 1801 wies 883 000 Einwohner für Norwegen und 926 000 Einwohner für Dänemark aus. Weniger Kriege, günstigere Wirtschaftskonjunkturen, eine verbesserte medizinische Versorgung und neue Agrartechniken, die die Lebensmittelversorgung erleichterten, waren die Hauptgründe für diese demographische Entwicklung. Im 18. Jahrhundert bestand die norwegische Bevölkerung fast ausschließlich aus Bauern und Fischern. Eine dünne Beamten- und Bürgerschicht überwiegend dänischer Herkunft existierte nur in den größeren Städten. Es gab jedoch auch keine Stadt mit mehr als 15 000 Einwohnern. Acht verschiedene Sprachen (Dänisch, Norwegisch, Deutsch, Friesisch, Samisch, Färöisch, Isländisch, Inuit) und ungezählte Dialekte wurden im Gesamtreich gesprochen, davon mindestens sechs Sprachen auf dem Territorium Norwegens (Norwegisch, Deutsch, Samisch, Färöisch, Isländisch, Inuit). Die quantitative Zunahme und soziale Differenzierung der norwegischen Bevölkerung im 18. Jahrhundert hatte politische Konsequenzen für das 19. Jahrhundert, als Norwegen mehr und mehr politische Unabhängigkeit erringen konnte.

«Kleine Eiszeit» Eines der Hauptprobleme in der frühen Neuzeit in Norwegen war die Ernährung der Bevölkerung, basierend auf einer dafür geeigneten Wirtschaftsstruktur. Die während der gesamten frühen Neuzeit herrschende «Kleine Eiszeit», die in Nordeuropa zu sehr kalten Wintern, kühlen und nassen Sommern, häufigen Missernten, einer stets kritischen Ernährungslage und Seuchen für die Bevölkerung führte, machte die Einfuhr von Getreide und damit die Sicherung der Getreidemärkte zu einer unabdingbaren Notwendigkeit. Getreideimporte mussten jedoch teuer bezahlt werden und basierten auf dem Handel. Nachdem Norwegen 1537 ein integraler Bestandteil des Gesamtreiches geworden war, ging der direkte Handel mit dem Ausland stark zurück. Stattdessen entwickelte sich ein ausgeprägter Binnenhandel, und zwar einerseits mit dem dänischen Reichsteil, aus dem v. a. Getreide kam, andererseits mit Nordland und Finnmarken, wo Fisch das dominierende Handelsprodukt bildete. Bezahlt wurde v. a. mit Rohstoffen, von denen Eisenerz und Holz für die Versorgung der königlichen Flotte und die Rüstungsindustrie des Reiches die wichtigsten waren.

Gutswirtschaft Neben diesen durch die klimatischen Bedingungen ausgelösten Prozessen bildete der durch den zentralisierenden und systematisierenden Staat begünstigte soziale Wandel, der zur Entstehung einer Schicht dänischer Staatsbediensteter und des norwegischen Großbauerntums führte, die Grundlage einer norwegischen Landwirtschaft unter veränderten Eigentumsverhältnissen. Die Reformation, die die Krone mit rund 55 % des Bodens zum größten Grundbesitzer Norwegens gemacht hatte, war der Auslöser für ein frühneuzeitliches Lehnswesen, das nun nicht mehr vom norwegischen, sondern vom dänischen König ausging. Bereits Christian III. (in Norwegen 1537–1559, in Dänemark 1534–1559, *1503, †1559) verlehnte nach seiner Machtübernahme in Norwegen ausgedehnte Ländereien an in der Grafenfehde bewährte Weggefährten des dänischen Adels. Die dadurch in Gang gesetzte Dänisierung norwegischer Güter wurde außerdem dadurch beschleunigt, dass der norwegische Reichsrat bereits 1524 bestimmt hatte, dass eingeheiratete dänische die gleichen Rechte wie norwegische Adlige erhielten, sodass ein gewisser Teil der Güter auch auf diesem Wege in die Hände Adliger dänischer Herkunft gelangte. Die Verfügung über das Land sicherte dem dänischen Adel in Norwegen also materielle Vorteile und auf längere Sicht einen wachsenden Vorsprung gegenüber dem norwegischen Adel. Auch die politisch bedeutenderen Posten gingen in der Regel an den dänischstämmigen Adel. Das wichtige Amt des *lensherre* von Akershus beispielsweise besetzte der König mit einem seiner dänischen Schwiegersöhne.

Die Dänisierung der Güter bezog sich allerdings nur auf die Gutsbesitzer selbst. Die Strukturen der norwegischen Gutswirtschaft wurden dadurch kaum berührt. Die Interventionen des Staates machten eine Güterbewirtschaftung, wie sie in Dänemark betrieben wurde, in Norwegen nahezu unmöglich. Zwar hatten auch in Norwegen, vor allem in Østlandet, Adlige mit einigem Erfolg versucht, das dänische Modell der Gutsherrschaft mit Bauernlegen und Fronarbeit einzuführen. Das übrige Norwegen folgte diesem Muster jedoch nicht.

Auf andere Weise profitierte der norwegische Adel. 1582 erhielt er Privilegien, die ihm persönliche Steuerfreiheit für die Höfe, auf denen er wohnte, zubilligte. Dieses Zugeständnis war wohl deshalb notwendig, weil der König auf die Loyalität des norwegischen Adels zur Sicherung der monarchischen Herrschaft nicht verzichten konnte. Gleichzeitig verminderte diese Maßnahme aber auch Einnahmen der Krone und wurde auf lange Sicht zu einem ernsten Problem der königlichen Kammer und ihrer Finanzwirtschaft.

Die norwegischen Bauern Gutswirtschaft war in Dänemark viel stärker verbreitet als in Norwegen, wo sie in Form größerer Waldgüter mit Holzproduktion und -handel nur im Osten des Landes und in der Gegend um Trondheim vorkam; daneben bestanden in Norwegen relativ viele mittelgroße Bauernhöfe fort. Allerdings machte sich infolge des allgemeinen Bevölkerungswachstums im 16. Jahrhundert eine Tendenz zur Teilung der Höfe, zur Neurodung und zur dichteren Besiedelung breit. Die besitzlichen Bauern besaßen im 16. Jahrhundert nach der Reformation rund 30–32 % des Bodens. Die Masse der norwegischen Bauern bestand jedoch bis ins späte 18. Jahrhundert aus Pachtbauern, die das Land der Krone oder des Adels bestellten. Die Grenze zwischen beiden Gruppen konnte jedoch fließend sein. Nicht selten beispielsweise kam es vor, dass besitzliche Bauern Land ihres Hofes an Familienmitglieder verpachteten, sodass der Gesamthof ein Gemisch aus Pacht und Besitz darstellte. Die Pachtbauern der Krone wurden oft zu Fronarbeiten verpflichtet, sei es, dass der königliche *lensherre* sie zum Bau von Festungen oder Bergwerken abkommandierte oder dass er seine Stellung als Repräsentant der Krone ausnutzte, um sie als Arbeiter auf seinen Baustellen einzusetzen. Die Pachtbauern des Adels hingegen wurden nur zu Pachtabgaben (*bygsel*) verpflichtet, weil der Adel in Norwegen nicht die gleichen Freiheiten gegenüber seinen Hintersassen besaß wie in Dänemark.

Eigene oder Pachthöfe sicherten in der Regel das Auskommen der Bauernfamilien. Der Handel mit Agrarprodukten war nur schwach ausgeprägt. Der wenige Hafer, der in Norwegen angebaut wurde, sowie eine bescheidene Viehzucht lohnten oft nicht der

Mühe, meist weit entfernte Marktorte aufzusuchen und den kargen Überschuss zu verkaufen.

Ertragreich war dagegen der Handel mit Holz und Fisch. Die Höfe, die diese Produkte erzeugten, gehörten jedoch meist der Krone oder dem Adel. Dennoch gab es bereits im 16. Jahrhundert auch einen florierenden Holzhandel norwegischer Bauern mit den Niederlanden, Dänemark, Schottland und England, wo Holz Mangelware war und besonders für den Schiffsbau gebraucht wurde. Die Fischereiwirtschaft wuchs im 16. Jahrhundert ebenfalls rasant an. In Nordland und Troms dominierten sogar «Fischbauern», die neben ihrer Land- und Vieh- auch Fischereiwirtschaft betrieben. Die Wirtschaft der Finnmark-Küste basierte ausschließlich auf dem Fischgeschäft. Holz- und Fischerei-Unternehmer verkauften ihren Fang einerseits lokal, andererseits an Aufkäufer aus dem In- und Ausland, zwischen 1560 und 1715 aufgrund des bestehenden Handelsmonopols für die Finnmark jedoch nur noch an Kaufleute aus Bergen.

Merkantilismus und Städte Wie viele andere europäische Staaten, so verfolgte auch der dänisch-norwegische Staat ab dem 17. Jahrhundert eine Wirtschaftspolitik, die über die mittelalterliche Hof- und Domänenwirtschaft hinauswuchs und darauf abzielte, alle sozialen Kräfte, insbesondere aber das Stadtbürgertum für die fiskalischen Ziele und Bedürfnisse der Krone einzuspannen. Der Merkantilismus, wie diese staatlich initiierte Wirtschaftspolitik seit dem 19. Jahrhundert genannt werden sollte, nahm seinen Aufschwung in Dänemark-Norwegen während der Regierungsperiode Christians IV. (1588–1648) und erlebte bis ins 19. Jahrhundert unterschiedliche Konjunkturen, prägte also die gesamte frühe Neuzeit im Doppelreich. Im Rahmen der merkantilistischen Idee vom Vorrang des Handels vor der Landwirtschaft verlieh die Krone immer mehr Manufaktur- und Handelsprivilegien. Die Produktion und der Verkauf von Handelsgütern wurden für wenige Gesellschaften monopolisiert. Der Staat förderte insbesondere den Export, gleichzeitig unterlagen Importe scharfen Restriktionen. Die wirtschaftsphilosophischen Thesen, die solchen Maßnahmen zu Grunde lagen, waren eng mit einer fehlenden Vorstellung von

Wirtschaftswachstum verbunden: Die Gesamtsumme aller wirtschaftlichen Tätigkeiten und Profite weltweit blieb vermeintlich immer gleich, und der Einzelstaat konnte sich Vorteile nur dann sichern, wenn er sich ein möglichst großes Stück vom Gesamtkuchen abschnitt. Das Ende des dänisch-norwegischen Merkantilismus wurde im 19. Jahrhundert mit einer Reihe von wirtschaftspolitischen Maßnahmen eingeleitet, die die Wirtschaft aus ihrer staatlichen Zwangsjacke befreien und zu mehr Wirtschaftswachstum führen sollten. Für Norwegen ist hier insbesondere die Aufhebung des Monopols auf den Export von Schnittholz in den 1860er Jahren zu nennen.

Die merkantilistischen Zielvorstellungen konnten am ehesten von den Städten umgesetzt werden. Dies erklärt auch, warum der Merkantilismus während des 16. Jahrhunderts noch keine dominante Rolle spielte. Die norwegischen Städte waren zu dieser Zeit noch sehr klein. Die größte Stadt, Bergen, hatte um 1550 ca. 6000–7000, Oslo und Trondheim hatten jeweils rd. 1500 Einwohner. Alle anderen Städte rangierten zwischen 500 und 1500 Einwohnern. Zusammengenommen kam Norwegen in dieser Zeit auf eine städtische Bevölkerung von rd. 12000–15000 Menschen. Hauptbeschäftigungen der Stadtbürger waren Handel und Handwerk. Ein lukrativer Handel wurde in Bergen abgewickelt, wo Hansekaufleute über Fischexporte und Getreideimporte bedeutende Vermögen anhäuften. Im 16. Jahrhundert schwand jedoch die Macht der Hanse, das hansische Handelsmonopol ging aufgrund einer Reihe neuer städtischer Privilegien in Norwegen verloren. Niederländische und bald auch englische Kaufleute machten den Hansekaufleuten Konkurrenz. 1538 erhielten die Bürger von Oslo und Tønsberg ihre alten Handelsprivilegien restituiert. Dasselbe galt für die nichthansischen Bürger Bergens kurze Zeit später. Außerdem erlangten Bergener Kaufleute 1560 das Recht auf den direkten Fischhandel mit Nordnorwegen (Troms, Nordland, Finnmark). 1580 schließlich hob die Krone das Hansemonopol auf den Trockenfischhandel auf.

Die Bergener deutschen Handwerker wurden 1559 vor die Wahl gestellt, sich entweder norwegischem Stadtrecht zu unterstellen oder die Stadt zu verlassen. Allgemein wurden Handwerker nun mehr und mehr zu einer sozialen Gruppe in den Städten. Gegen

Ende des 16. Jahrhunderts entstanden die ersten Schneider-, Gold-schmiede-, Schmiede- und Schuhmacherzünfte. Eng mit den neuen Stadtprivilegien und dem sozialen Wandel in den Städten verbun-den war eine neue Einwanderung deutscher Handwerker in die Städte. Sie folgte einem gut rekonstruierbaren Muster. Deutsche Einwanderer in Bergen stammten in der Regel aus Bremen, in Trondheim meist aus Flensburg und in Oslo und Østlandet vor allem aus Rostock. Sie unterlagen jeweils den Handwerkerrechten der Stadt, in der sie lebten und arbeiteten.

Ein wichtiger Teil des frühen dänischen (wie auch gesamteuro-päischen) Merkantilismus waren Stadtgründungen und eine dezi-diert stadtwirtschaftliche Politik der Krone. Christian IV. hat sich in dieser Hinsicht besonders ausgezeichnet. Neben einer Reihe anderer Städte im Gesamtreich gründete er in Norwegen Städte mit besonderen Handels- und Handwerkerrechten, z. B. Christia-nia (die frühere und spätere norwegische Hauptstadt Oslo, 1624), Konningsberg (Kongsberg, 1624) und Christiansand (1641). In ihren jeweiligen Stadtrechten spiegelte sich der absolutistische Wille zur Wirtschaftskontrolle, aber auch das Bedürfnis zur Übersicht und zur Teilhabe an den Einkünften des Handels. In von den Stadt-planungsidealen der Renaissance inspirierten schachbrettmuster-artigen Straßenanlagen kündigte sich symbolisch das Ende der mit-telalterlichen freien Stadt an.

Oslo verlor in der Unionszeit seinen Status als politische Haupt-stadt und Zentrum der katholischen Kirche und stagnierte u. a. des-wegen auch wirtschaftlich. 1624 zerstörte ein Brand die Stadt und machte eine Verlegung und einen Neubau notwendig. Nach dem Willen Christians IV. entstand nun die Stadt Christiania mit der nach damaligen Maßstäben modernen Festung Akershus und einem quadratischen (Renaissance-)Stadtgrundriss sowie Steinhäusern, die Brände verhindern sollten.

Das 1624 von Christian IV. gegründete Kongsberg und ein könig-liches Silberbergwerk entstanden, nachdem 1623 Silbervorkommen gefunden worden waren. Zur Ausbeutung engagierte der König Bergmänner aus Sachsen und dem Harz. Auch deutsche Bergleute aus anderen Bergwerken in Norwegen wurden eingeladen, sich in Kongsberg niederzulassen. Auf diese Weise war Kongsberg anfangs eine fast ausschließlich deutsche Stadt. Erst in den 1630er Jahren erreichte der norwegische Bevölkerungsteil die deutsche Bevölkerungszahl, und ab den 1640er Jahren schließlich waren die Norweger in der Mehrheit. Die Oberschicht und die kulturelle Prägung der Stadt blieben trotzdem lange Zeit deutsch. Bergwerke erhielten deutsche Namen, die Bergmeister arbeiteten nach deutschen Bergwerksordnungen, trugen deutsche Bergmannstracht, waren nach dem Muster deutscher bergmännischer Sozialordnungen (Knappschaften) organisiert mit u. a. freier ärztlicher Behandlung, Pensionsordnung, Krankheitslohn und freiem Samstag. Gottesdienste fanden zunächst nur in deutscher, erst später auch in norwegischer Sprache statt. Deutsch zu sein, galt als Vorzugsstatus. Verdeutschungen norwegischer Namen waren an der Tagesordnung. Kongsberg behielt seinen Bergwerksstadtstatus lange Zeit bei. Erst 1802 erhielt es Marktstadtrechte. Dennoch zählte Kongsberg während des 17. und 18. Jahrhunderts nicht zu den unbedeutenden Städten Norwegens. 1764 war es sogar die zweitgrößte Stadt des Landes nach Bergen.

1641 gründete Christian IV. Christiansand. Bewohner aus der Umgebung (Gebiet Agder) erhielten Ordre, in die Stadt überzusiedeln. Als Entschädigung dafür erhielten sie mehrere Handelsprivilegien und zehn Jahre Steuerfreiheit. 1666 wurde Christiansand Garnisonsstadt mit der neuen Festung Fredriksholm (1658), die 1672 durch die größere Festung Christiansholm ersetzt wurde. 1682 verlegte der König den Sitz des Bischofs von Stavanger nach Christiansand. Damit entstand das lutherische Stift Christiansand, das durch seine Verwaltung und sein Verwaltungspersonal viel zum wirtschaftlichen Wachstum und zur kulturellen Bedeutung der Stadt beisteuerte. Die Domschule bildete Kandidaten für den Pastorendienst und für juristische Ämter aus. Dadurch wurde Christiansand zu einem Zentrum der gelehrten und politischen Bildung. Diese Entwicklung währte bis 1734, als ein Stadtbrand große Teile der Stadt vernichtete. Die Folge war eine wirtschaftliche Depression während der folgenden Jahrzehnte.

Das 18. Jahrhundert Einige der für das 16. und 17. Jahrhundert konstitutiven wirtschaftlichen und sozialen Strukturen änderten sich im Laufe des 18. Jahrhunderts. Standen bis dahin Kriege, Außen- und Fiskalpolitik auf der politischen Agenda, so wandte sich der Staat nun angesichts einer langen Friedensperiode stärker der Innenpolitik zu. Dies wirkte sich unmittelbar in der sozioökonomischen Entwicklung aus.

Einen neuen Teilbereich merkantilistischer Politik bildete das Manufakturwesen: Die großen Manufakturen entstanden zuerst in Dänemark, darunter das Schießpulverwerk und die Kanonenfabrik (1756) in Friederichswerk. Norwegen blieb zunächst eher konservativ und konzentrierte sich in der ersten Hälfte des 18. Jahrhunderts auf einen sich konjunkturell langsam erholenden Handel. Erst seit den 1730er Jahren entstanden mit Unterstützung des Staates (Privilegien, günstige Zolltarife) oder vom Staat selbst betrieben auch in Norwegen mehrere Manufakturen, u. a. das staatliche Salzbergwerk «Christiansverk» in Valløy bei Tønsberg (1739–1860), die von *Det Norske Compani* betriebene erste norwegische Glashütte Nøstetangen bei Drammen (1744–1777), die von dem freien Unternehmer Peter Hofnagel (*1721, †1781) gegründete königliche Fayence-Manufaktur in Herrebøe bei Halden (1758–1771) sowie die königliche Kobolt-Blaufarbe-Manufaktur in Modum/Buskerud (1776), die 80% des weltweiten Bedarfs an Blaufarbe deckte. Diese Manufakturen brachten auch zahlreiche ausländische Meister, vor allem aus England, Böhmen und Sachsen ins Land.

Seit Mitte des 18. Jahrhunderts mehrten sich die Zeichen für eine wirtschaftsliberalere Politik der Krone. Die Bevölkerung wuchs stark an, besonders in der mittelbäuerlichen Schicht. Die weltweite Handelskonjunktur verbesserte sich von Jahrzehnt zu Jahrzehnt. Neue Wirtschaftstheorien kamen auf, die den Merkantilismus früherer Jahrzehnte obsolet machten. Unter dem Einfluss von Adam Smith' liberaler Wirtschaftstheorie (*An Inquiry into the Nature and Causes of the Wealth of Nations*, 1776) und der Initiative u. a. des norwegischen Juristen Christian Colbjørnsen (*1749, †1814) schaffte die Krone 1788 zuerst das Getreide- und 1797 das Eisenmonopol ab. 1795 lockerte sie die Bergwerksgesetze. Die größten Veränderungen erfuhr jedoch Nordnorwegen, indem die Regierung die alten Privilegien der Bergener und Trondheimer Kaufleute für Nordland und der Kopenhagener Kaufleute für

Troms und Finnmark aufhob und den Handel 1787 gänzlich frei-gab. Gleichzeitig gründete sie im Norden drei neue Städte: Vardø (1787), Hammerfest (1787) und Tromsø (1794), die kein Hinterland und keine monopolistischen Rechte mehr erhielten. Klein- und Bauernhandel waren hier erstmals ausdrücklich erlaubt.

Von den günstigen Handelskonjunkturen gegen Ende des 18. Jahrhunderts profitierte ein Wirtschaftszweig, der bisher weniger in Erscheinung getreten war. Während des 17. und 18. Jahr-hunderts hatte sich die norwegische Schifffahrt zu einer der be-deutendsten Europas entwickelt. Als sich die USA 1776 von Groß-britannien lossagten und Dänemark-Norwegen seine Neutralität erklärte, schlug die große Stunde der norwegischen Schiffsunter-nehmer: Britische Schiffe waren im Krieg gebunden, und ein be-deutender Teil des Frachtvolumens ging nun an norwegische Reeder. Die Hochkonjunktur der norwegischen Schifffahrt, die besonders norwegisches Holz transportierte, währte bis 1807, als Dänemark-Norwegen an der Seite Frankreichs in den Strudel der napoleonischen Kriege geriet.

In der Landwirtschaft hingegen waren die Veränderungen gering. Maßnahmen wie in Dänemark (Flurbereinigungen) fanden in Nor-wegen kaum Anwendung. Dafür war die bewirtschaftete Fläche in der Regel zu klein. Trotzdem wurden die Bauern durch ihre wachsende numerische Überlegenheit während des 18. Jahrhun-derts zu einem immer stärkeren politischen Faktor. Dies machte sich in Bauernaufständen der 1760er und 1780er Jahre und in der Erweckungsbewegung der Haugianer um 1800 (s. S. 127) bemerk-bar und hatte praktische politische Folgen, indem die Bauern im-mer mehr politische Vorteile und Rechte erringen konnten. Die bei-den anderen sozialen Großgruppen – die Amtsträger der Krone und das Stadtbürgertum – gerieten durch das wachsende Selbstbe-wusstsein der Bauern noch nicht in Bedrängnis, mussten aber nach und nach auf das veränderte soziale Gefüge reagieren.

Kulturelle Tendenzen des Zeitalters

Die kulturelle Entwicklung Norwegens in der frühen Neuzeit stand unter dem Vorzeichen der Reformation und dem sich aus ihr entwickelnden protestantischen Habitus.

Lutherische Orthodoxie Die Reformation war, wie beschrieben, nicht als Bewegung «von unten», sondern hauptsächlich als *Oktroi* der dänischen Krone entstanden. Es ist daher wenig verwunderlich, dass die Krone ein starkes Interesse daran zeigte, die Reformation in Gestalt des Luthertums auch nach ihrer Einführung als Staatskirche zu erhalten und als wirksamen Faktor zur Aufrechterhaltung der Untertanenerziehung und -disziplin zu instrumentalisieren. Während des 16. und 17. Jahrhunderts entwickelte sich unter dem maßgeblichen Einfluss des Königs als *summus episcopus* und der Superintendenten nicht nur eine Kirchenadministration und eine rituelle Ordnung, die mit Visitationen, Katechismusunterricht, Zwangsgottesdiensten, der Aufsicht über Geburten, Todesfälle, Eheschließungen und andere wichtige Ereignisse des Lebens eine dichte Kontrolle des Bevölkerungsalltags gewährleistete, sondern auch eine Theologie, die all diese Maßnahmen begründete, legitimierte und stabilisierte. Die Historiographie spricht in diesem Zusammenhang vom Zeitalter der lutherischen Orthodoxie, die im Übrigen nicht nur in Norwegen, sondern auch in vielen anderen protestantischen Ländern Europas vorherrschte.

Krone und Staatskirche führten dabei einen Kampf sowohl gegen innere wie auch äußere Feinde. So erschien 1629 eine Verordnung über eine verschärfte Kirchenzucht gegen falsche Lehren und Unmoral, von denen es hieß, dass ihretwegen Christian IV. im Dreißigjährigen Krieg den katholischen Mächten unterlegen gewesen sein soll. Als konkrete Bedrohung galten der Katholizismus und die nichtchristlichen Religionen. 1606 wurde der Jesuit Laurits Nilssønn («Kloster-Lasse») ausgewiesen, weil er versucht hatte, gegenreformatorische Lehren in Dänemark und Norwegen zu verbreiten. 1616 erschien eine Verordnung, die strengere Strafen gegen die «Papisterei» (Katholizismus) forderte und auf deren Grundlage vier Pastoren des Landes verwiesen wurden.

1606 schrieb Christian IV. an einen hohen königlichen Vertreter (*høvedsmann*) in Vardø, er solle die Todesstrafe über samische Schamanen («Zauberer») verhängen, um die Kolonisation des Samenlandes endlich voranzutreiben. 1641 erhielt der Pastor von Snåsa Ordre, die Samen seines Kirchspiels zu christianisieren. 1714 wurde der Pastor und Missionar Thomas von Westen Leiter des Missionskollegiums in Kopenhagen, führte 1716 bis 1721 drei Forschungs- und Missionsreisen ins Samenland durch und gründete eine Samenschule. 1717 rief er in Trondheim das *Seminarium Lapponicum*, eine Ausbildungsstätte für norwegische Geistliche, die in der Samenmission eingesetzt werden sollten, ins Leben. Die Pastoren sollten die samische Sprache lernen, Westen ließ samische Grammatiken und Wörterbücher veröffentlichen und religiöse Schriften in die samische Sprache übersetzen. Zwischen 1748 und 1768 gab der norwegische Pastor und Sprachforscher Knud Leem (1697–1774) Grammatiken und Wörterbücher des Fjell- und Finnmark-»Lappischen« heraus, die vor allem für die Missionstätigkeit der lutherischen Pastoren unter den Samen Norwegens gedacht waren.

In diesen Zusammenhang gehört auch der verschärfte Kampf gegen «Hexerei» und «Magie». In den Jahren 1610 bis 1650 wurden rund 300 «Hexen» auf dem Scheiterhaufen verbrannt, viele davon in der Finnmark (samische Schamaninnen). Unter der Bevölkerung von Stavanger führte die Hexenverfolgung 1611 zu einer solchen Hysterie, dass der König selbst eingreifen musste, um die Verbrennung von Frauen der höheren sozialen Schichten zu verhindern.

Pietismus Einen neuen religiösen Impuls brachten die pietistischen Tendenzen des 18. Jahrhunderts. Nach Meinung einiger Historiker war Norwegen vor dem Aufkommen des Pietismus nicht wirklich reformiert. Eine pietistisch geprägte Volksfrömmigkeit zeigte sich bereits zu Beginn des Jahrhunderts. Seit 1735 beeinflusste jedoch der sogenannte Staatspietismus Christians VI. (1730–1746, *1699, †1746) das norwegische Kirchen- und Geistesleben durch mehrere Gesetze und Verordnungen. So verpflichtete die Feiertagsordnung von 1735 die Bevölkerung zum regelmäßigen

Kirchgang am Sonntag und stellte die Missachtung dieses Gebots unter Strafe. Die Konfirmationsordnung von 1736 verlangte von jedem künftigen Konfirmanden die Kenntnis und Beherzigung des lutherschen Kleinen Katechismus. Das Konventikelplakat von 1741 verbot jede Art von Gottesdienst außerhalb der Kirche und ohne kirchliche Autoritäten. Damit sollte in Dänemark-Norwegen außerkirchlichen Laienbewegungen ein Riegel vorgeschoben werden.

Der Pietismus war jedoch nicht auf die Regierungszeit Christians VI. beschränkt, sondern kam in verschiedenen Formen immer wieder zum Vorschein. Insbesondere der Kommentar zu Luthers Kleinem Katechismus im pietistischen Geist von Bischof Erik Pontoppidan (*1698, †1764) von 1737 (*Sannhet til gudfryktighet*, «Von der Wahrhaftigkeit zur Gottesfurcht»), der mit der Konfirmationsordnung eingeführt wurde und den Katechismusunterricht in Norwegen bis tief ins 20. Jahrhundert prägte, sorgte für sein Überleben. Eine pietistische Erweckungsbewegung unter dem Laienprediger und Bauernsohn Hans Hauge erfasste Norwegen in den Jahren zwischen 1797 und 1804. Obwohl Laienprediger nach dem Konventikelplakat verboten waren, gelang es Hauge, im ganzen Land zu predigen und Bruderschaften und Hausbibelkreise zu gründen. Hauges Erweckungsbewegung blieb aber trotz des Widerstandes von Teilen der lutherischen Geistlichkeit und mehrerer Inhaftierungen Hauges Teil der Kirche und übte dort einen erheblichen Einfluss aus. Auch im 19. und 20. Jahrhundert kamen immer wieder religiöse Erweckungsbewegungen auf, die auf pietistischen Vorstellungen basierten.

Bildung und Sozialkontrolle Entgegen den reformatorischen Bildungsbemühungen in anderen protestantischen Ländern Europas fasste ein flächendeckendes Bildungswesen für alle Bevölkerungsschichten in Norwegen erst relativ spät Fuß. Nach der Reformation waren die mittelalterlichen Domschulen zunächst die einzigen höheren Bildungsstätten des Landes. Dass diese zumindest für die Pastorenbildung als nicht zureichend angesehen wurden, mag aus einer 1569 formulierten Forderung der Krone und der Superintendenten hervorgehen, dass lutherische Pastoren im Regelfall an der 1479 gegründeten Universität in Kopenhagen studiert haben sollten. 1629 wurde diese Forderung obligatorisch. Dieser dänische Zentralismus im norwegischen höheren Bildungswesen blieb erhalten, bis in Norwegen, nachdem der König noch 1795 die Gründung einer eigenen Universität abgelehnt hatte, 1811 endlich die Universität Christiania gegründet wurde. Die nichthumanistischen Fächer konnten auf die bereits 1750 gegründete Freie Mathematische Schule (*Den frie mathematiske skole*) in Christiania zurückgreifen. Probleme der Landwirtschaft wiederum wurden im Geiste der Physiokratie in der 1769 gegründeten Königlich Dänischen Landwirtschaftsgesellschaft (*Det kongelig danske landhusholdingsselskab*) behandelt.

Die Einführung einer breitflächigen Elementarbildung ging auf die Initiative des «obersten Bischofs», König Frederik IV. (1699–1730, *1671, †1730), zurück. Dieser ließ während seiner Regierungsperiode insgesamt 240 «Ritterschulen» einrichten, in denen die Kinder der Kronbauern lesen lernen und zu nützlichen Untertanen erzogen werden sollten. Dem Beispiel des Königs folgend ließ der Bischof von Akershus und frühere Hofprediger Peder Hersleb (1730–1737, *1689, †1757) 1732 zunächst in seinem eigenen Bistum, 1736 im ganzen Reich die Konfirmation einführen, um ein Minimum an Kenntnissen der lutherischen Lehre unter der Bevölkerung zu gewährleisten. Dazu gehörte ein vorbereitender Unterricht, der von den Pastoren und Küstern durchgeführt wurde und auf Pontoppidans Kommentar zu Luthers Kleinem Katechismus basierte. 1739 folgte der Plan zur Einrichtung eines flächendeckenden Bauernschulwesens in Norwegen, der jedoch nicht umgesetzt werden konnte. Stattdessen entwickelten sich in den meisten Kirchspielen «Gelegenheitsschulen», die ein ambulanter Lehrer mehr oder weniger regelmäßig betreute.

Ein anderes Feld staatlich-kirchlicher Sozialkontrolle bildeten das Fürsorgewesen und die Zuchthäuser. 1741 wurden in allen Städten und Landgemeinden des Stifts «Armenkommissionen» eingerichtet. Auf dem Lande sollten die Bauern die Armen auf Grundlage des sog. *legd*-Systems, einer rotierenden Zuständigkeit mehrerer Höfe, versorgen. In den Städten wurde eine Sondersteuer zur Deckung der Kosten für das Armenwesen eingeführt. Die seit dem Mittelalter in Deutschland und Dänemark bekannten «Dorenkisten», spezielle Zellen für Geisteskranke, hatten Norwegen um das Jahr 1550 erreicht. Seit dieser Zeit wurden Geisteskranke in Norwegen von anderen Gefangenen getrennt. Weitere Dorenkisten entstanden in Bergen (1676) und im «Zuchthaus» von Christiania (1741). 1736 ordnete die Krone an, spezielle Zimmer für geisteskranke Patienten in den Armenhospitälern einzurichten. Gegen Ende des 18. Jahrhunderts galten «die Verrückten» als eigene soziale Gruppe innerhalb des Armenwesens und wurden in sogenannten Tollhäusern untergebracht, die in Bergen (1772), Oslo und Trondheim (1779) geschaffen wurden. Diese wiederum wurden in der zweiten Hälfte des 19. Jahrhunderts durch «Asyle» ersetzt.

Eine eigene Kategorie der Sozialkontrolle bildeten die Zuchthäuser. Das erste «Zuchthaus» des Gesamtreiches war unter Christian IV. 1605 in Kopenhagen eingerichtet worden, wo es als Textilmanufaktur fungierte. In Norwegen entstand das erste Zucht- und Manufakturhaus 1733 in Christiania. Die Krone schickte Handwerker aus Dänemark dorthin, um die Zuchthaus-Aufseher in das Textilhandwerk einzuführen. Diese wiederum sollten den Insassen – «Trunkenbolden», Arbeitslosen, Bettlern, «losen Frauen», «untreuen Bediensteten», Dieben und anderen Delinquenten sowie behinderten Kindern – ihr Wissen weitervermitteln. Die Woll-, Leinen- und Baumwollprodukte wurden verkauft. Außer dem Zucht- und Manufakturhaus existierten in Christiania auch Spinnereien, die ursprünglich für Frauen und Kinder eingerichtet worden waren, die dort gegen Bezahlung arbeiteten. 1796 übernahm das staatliche Armenwesen die Spinnereien. Die Klientel verbreiterte sich. Die Spinnereien erhielten 1809, nachdem eine Gruppe wohlhabender Bürger sie gekauft hatte, den Namen «Zum Gedenken an Prinz Christian August» (*Prinds Christian Augusts Minde*). Die Arbeit sollte im Prinzip freiwillig sein, aber es kam auch zu Zwangseinlieferungen. Sie bestand hauptsächlich aus Steinmetzerei, Spinnen und Weben sowie der Aufdröselung von alten Tauen. Auch die Verleihung billiger Arbeitskraft an Dritte kam vor. Sinn der Anstalten war die Prävention gegen Bettelei, aber auch eine Ausbildung der Armen.

Sprache Die Sprache der Kirche und Verwaltung, der Bildungs- und Fürsorgeeinrichtungen war nach der Reformation das Dänische. Die Einführung der dänischen Bibelübersetzung in Norwegen bewirkte eine Dänisierung der gesamten norwegischen Kirchensprache, die zusammen mit der dänischen Verwaltungssprache zu einer Veränderung des Norwegischen überhaupt beitrug. Nur dort, wo Kirche, Verwaltung und Bildungseinrichtungen nicht präsent waren oder schwach blieben, überlebte das alte Norwegisch. Das Auseinanderdriften von mündlicher und schriftlicher, von Staats- und Volkssprache war freilich nicht ganz neu. Dieser Prozess hatte schon während des 14. Jahrhunderts eingesetzt, weil ein administratives und schriftkundiges Zentrum in Norwegen fehlte – im Gegensatz zu Island übrigens, wo das Neue Testament 1540 und die gesamte Bibel 1584 in isländischer Sprache veröffentlicht wurden und das Isländische überhaupt stärker in Gebrauch blieb.

Kirche, Verwaltung und Bildungsinstitutionen waren nicht die einzigen Faktoren, die während der frühen Neuzeit das kulturelle Leben Norwegens prägten. Nachdem im Zeitalter der Kalmarer Union das norwegische kulturelle Eigenleben fast völlig zum Erliegen gekommen war, mehrten sich seit der Reformation die Anzeichen für ein Wiedererwachen spezifisch norwegischer Themen und Bewegungen in Kunst und Literatur. Hierbei nahmen die Geschichtsschreibung und die Geographie einen besonderen Platz ein.

Geschichtsschreibung und Landeskunde Im Reformationszeitalter ist besonders der norwegische Reformator Absalon Pedersson Beyer (*1528, †1575) wichtig geworden. Beyer war ein Schüler Philipp Melanchthons (*1497, †1560), unterrichtete seit 1553 als Lektor an der Bergener Domschule, wurde 1560 Notarius am Bergener Domkapitel und 1566 Schlosspastor auf Bergenhus. Er versuchte in der ersten Geschichte Norwegens der Neuzeit, *Om Norgis rige* («Über das Königreich Norwegen», 1567, gedr. 1781), die politische Eigenständigkeit Norwegens in der Vergangenheit nachzuweisen und daraus Argumente für eine stärkere Selbständigkeit Norwegens in seiner eigenen Gegenwart abzuleiten. Gleichzeitig gilt *Om Norgis rige* als ein Hauptwerk des sogenannten Bergener Humanismus, der eine ganze Reihe historischer und topografischer Werke über Norwegen hervorbrachte. Außerhalb des Kreises der Bergener Humanisten schrieb der Pastor Peder Claussøn Friis (*1545, †1614) erstmals umfassende historisch-topografische Darstellungen über Island (1580), die Färöer (1592), Grönland (1596) und Norwegen (1599). 1609 folgte eine Beschreibung Stavangers, 1613 schließlich sein topografisches Hauptwerk *Norriges Beskrivelse* («Beschreibung Norwegens»). Friis' Werke wurden ins Deutsche und Lateinische übersetzt und in die großen geografischen Darstellungen und Atlanten Europas der damaligen Zeit aufgenommen. Für das späte 17. Jahrhundert sind die Werke des Pastors im nordnorwegischen Alstahaug Petter Dass (*1647, †1707) zu erwähnen: *Den nordske Dale-Viise* («Das norwegische Dale-Lied», 1683) und *Nordlands Trompet* («Die Trompete von Nordland», ca. 1678–1700, gedruckt 1739) gewähren einen lebendigen Einblick in das Dasein eines norwegischen Pastors in dieser Zeit und boten erste Hinweise auf ein kulturell selbstbewusstes und in Zukunft auch wieder eigenständigeres Norwegen.

Das 18. Jahrhundert brachte zahlreiche Neuerungen in der gelehrten und kulturellen Welt Norwegens im Geiste der Aufklärung. Ludvig Holberg (Pseudonym: Hans Mikkelsen, *1684, † 1754), der sowohl in Norwegen als auch in Dänemark als «Vater» der jeweils nationalen Literaturgeschichte gefeiert wird und so einen literarisch-nationalen Erinnerungsort ersten Ranges in den beiden Ländern darstellt, war die überragende literarische Figur des Aufklärungszeitalters in Norwegen, ja in ganz Skandinavien. Er verfasste eine *Introduction til de fornemste europæiske rigers historie* («Einführung in die Geschichte der vornehmsten Reiche Europas», veröffentlicht 1711) und eine *Introduction til natur- og folke-rettens kundskab* («Einleitung in das Natur- und Völkerrecht», veröffentlicht 1716). Seine Parodie über Virgils *Aeneas, Peder Paars*, wurde der erste Klassiker dänischer Sprache. Nachdem 1722 das erste dänischsprachige Theater in Kopenhagen eröffnet worden war, produzierte Holberg zahlreiche Komödien im Geiste Plautus' und Molières, jedoch mit dänischen und norwegischen Charakteren, was ihm den Ruf eines «Molière des Nordens» einbrachte. Seine bekannteste und lange Zeit beliebteste Komödie war *Jeppe på bjerget* («Jeppe vom Berge», 1723). In späteren Jahren erschien der satirische Roman über menschliche Eitelkeiten *Nicolai Klimii Iter Subterraneum* («Niels Klims Wallfahrt in die Unterwelt», 1741). Neben seiner belletristischen Berufung war Holberg auch als Gelehrter tätig. 1717 erhielt er eine Professur für Metaphysik und Logik, 1720 für lateinische Literatur und 1730 für Geschichte an der Universität Kopenhagen.

Die zweite Hälfte des 18. Jahrhunderts war die Hoch-Zeit norwegischer gelehrter Gesellschaften im Geiste der Aufklärung. 1760 entstand die vom Trondheimer Bischof Ernst Gunnerus (*1718, †1773), dem norwegischen Historiker Gerhard Schøning (*1722, †1780) und dem dänischen Staatsrat, Buchsammler und Historiker Peter Frederik Suhm (*1728, †1798) gegründete Königliche Norwegische Wissenschaftsgesellschaft in Trondheim (*Det kongelige norske Videnskabers Selskab oder Det trondhiemske Selskab*). Sie stand in der Tradition der frühneuzeitlichen europäischen Antiquitätswissenschaft und Naturgeschichte, fragte aber auch schon nach den Besonderheiten der norwegischen Geschichte. 1774 folgte die «Norwegische Gesellschaft» (*Det Norske Selskab*) um Johan Herman Wessel (*1742, †1785) und Johan Nordahl Brun (*1745, †1816), die aus einer Gruppe in Kopenhagen ansässiger Norweger, vor allem Studenten der Universität Kopenhagen, bestand und das Ziel verfolgte, die norwegische Literatur zu pflegen. Keine gelehrte Gesellschaft im engeren Sinne, aber ein Treffpunkt bildungshungriger Norweger war die 1785 gegründete erste öffentliche Bibliothek in Norwegen, *Deichmanske bibliotek* in Christiania. Als Informationsorgan unter der entstehenden norwegischen «Intelligenz» diente Norwegens erste Zeitung, die seit 1763 erscheinenden *Norske Intelligenz-Seddeler* (Norwegische Intelligenz-Blätter).

Thematisch dominierten im 18. Jahrhundert lokale, regionale und nationale Beschreibungen der Natur, Wirtschaft und Gesellschaft Norwegens. So sandte beispielsweise der neue Bischof von Trondheim, Johan Ernst Gunnerus (1758–1773, *1718, †1773), 1758 ein Rundschreiben an die Pastoren seines Sprengels und forderte sie auf, gelehrte Schriften über ihre jeweiligen Kirchspiele zu verfassen. Das Ergebnis war eine Vielzahl von Dorfchroniken,

lokalen Kirchengeschichten, sozialen und wirtschaftlichen Beschreibungen und Anekdotensammlungen über die norwegischen Kirchspiele.

5. Union mit Schweden
(1814–1905)

Während des 19. Jahrhunderts wurden in Norwegen die entscheidenden Weichen für den heutigen souveränen Staat gestellt. Die Trennung von Dänemark und die Auseinandersetzung mit dem Unionspartner Schweden gaben wichtige Impulse zur Entstehung eines norwegischen Nationalbewusstseins. Die Integration Norwegens in die großen politischen und sozioökonomischen Wandlungsprozesse Europas führte zu einer Umwälzung des gesamten gesellschaftlichen Systems, an deren Ende die politische Unabhängigkeit und die Entwicklung Norwegens zu einer modernen Industrienation standen.

Die napoleonischen Kriege und das Ende
der dänisch-norwegischen Union

Während der napoleonischen Kriege (1792–1815) blieb Dänemark-Norwegen in Fortsetzung seiner Außenpolitik des 18. Jahrhunderts lange Zeit neutral. Eine neue Situation ergab sich erst aus einem Neutralitätspakt des Jahres 1800 zwischen Dänemark-Norwegen, Schweden, Russland und Preußen. Als Russland 1801 eine Koalition mit Frankreich schloss und die beiden Koalitionspartner die Kontinentalblockade gegen Großbritannien durchsetzten, geriet Dänemark-Norwegen in den Strudel der europäischen Großmachtpolitik. Großbritannien verlangte von Dänemark-Norwegen den sofortigen Austritt aus dem Verbund der neutralen Mächte des Jahres 1800. Als Dänemark-Norwegen dieser Forderung nicht nachkommen wollte, entsandte Großbritannien ein Eskader unter Admiral Hyde Parker (*1739, †1807) und seinem Adjutanten Horatio Nelson (*1758, †1805) nach Kopenhagen, das in der sog. «Schlacht auf der Reede» (*Slaget på Reden*) am 2. April 1801 zwar keinen eindeutigen britischen Sieg herbeiführen, die politischen

Forderungen jedoch im Waffenstillstand vom 9. April und dem nachfolgenden Friedensvertrag vom 23. Oktober 1801 durchsetzen konnte.

Endgültig in die napoleonischen Kriege hineingezogen wurde Dänemark-Norwegen nach dem Frieden von Tilsit (7./9. Juli 1807). Als Großbritannien von dem einzigen noch verbliebenen neutralen Staat Europas die Auslieferung der dänisch-norwegischen Kriegsflotte forderte, um zu verhindern, dass sie in französische Hände fiel, Dänemark-Norwegen sich aber weigerte, belagerte die britische Flotte Kopenhagen («Bombardement von Kopenhagen» 2.–5. September 1807) und erzwang die Auslieferung. Damit verlor Dänemark-Norwegen nicht nur seinen militärischen Schutz zur See, sondern auch die Möglichkeit, seine Handelsschiffe zu eskortieren. Ein massiver Einbruch des Seehandels war die Folge. In der politischen Konsequenz schloss Dänemark-Norwegen einen Allianzvertrag mit Frankreich am 31. Oktober 1807 in Fontainebleau, der einen jahrelangen, mit Hilfe kleinerer Schiffe und königlich autorisierter Freibeuter ausgefochtenen «Kanonenbootkrieg» (*Kanonbådskrigen*) gegen Großbritannien und das mit Großbritannien verbündete Schweden nach sich zog (1807–1814). Die 1807 von Napoleon verhängte Kontinentalblockade gegen Großbritannien und die britische Konterblockade schadeten dem dänisch-norwegischen Allianzpartner in den Kriegsjahren erheblich. Für Norwegen war sie schlicht eine Katastrophe. Fisch- und Holztransporte nach Großbritannien kamen ebenso zum Erliegen wie Getreideexporte von Dänemark nach Norwegen. Norwegen geriet zwischen 1807 und 1814 in eine politische und wirtschaftliche Isolation, die eine Wirtschaftskrise und Hungersnöte zur Folge hatte. Zwar lockerte Großbritannien in den Jahren 1810 bis 1813 seine Konterblockade gegenüber Norwegen, doch reichte dies nicht aus, um in Norwegen das Gefühl zu dämpfen, man müsse künftig politisch auf eigenen Beinen stehen.

Der Friede von Kiel (14. 1. 1814) zwischen Dänemark-Norwegen und der sechsten Koalition (u. a. Großbritannien und Schweden) verpflichtete Dänemark-Norwegen zur Abtretung Helgolands an Großbritannien und Norwegens an Schweden. Als Ausgleich erhielt das Königreich Dänemark Schwedisch-Pommern mit Rügen. Außerdem übernahm es die Herrschaft über die historisch mit Norwegen verbundenen nordatlantischen Territorien (Island, Färöer, Grönland). Gleichzeitig arbeitete England einer Expansion Schwedens im Nordatlantik entgegen.

Die Norweger akzeptierten die Bedingungen des Kieler Friedens keineswegs. Der königliche Statthalter Christian Frederik (1813–1814, *1786, †1848, später Christian VIII. von Dänemark) schloss sich der norwegischen Unabhängigkeitsbewegung an, unterzeichnete am 17. Mai 1814 die Verfassung von Eidsvoll (s. S. 103–105), ließ sich zum König von Norwegen ausrufen und erklärte die volle Souveränität des Landes. Dabei war ihm die Unterstützung der dänischen Krone sicher, nicht jedoch diejenige anderer europäischer Mächte. Schweden beharrte auf der Erfüllung des Kieler Friedensvertrages. Die Weigerung Norwegens, sich den Bestimmungen von Kiel zu fügen, führte zu Schwedens «Norwegischen Feldzug» (*Norska fälttåget*) zwischen dem 26. Juli und 14. August 1814, der mit einem Waffenstillstand und der «Konvention von Moss» in Østfold (*Mossekonvensjonen*, 14. 8. 1814) endete. Gemäß der Konvention von Moss verlor Norwegen seine Unabhängigkeit. Christian Frederik musste auf alle Thronansprüche verzichten und dankte am 4. November 1814 ab. Andererseits sagte der schwedische König Karl XIII. (*1748, †1818, reg. in Schweden 1809, 1814–1818, in Norwegen als Karl II. 1814–1818) den Norwegern die Beibehaltung der Verfassung von Eidsvoll (mit einigen Anpassungen an die neue Situation) zu.

Die Unionsfrage (1814–1905)

Die Verfassung von Eidsvoll war unter Einfluss zweier unterschiedlicher politischer Kräfte in Norwegen zustande gekommen: einer zahlenmäßig stärkeren Fraktion, die aus Staatsbediensteten und Bauern bestand und sich dem dänischen König gegenüber loyal zeigte, traditionell jedoch gegen eine zentralistische Politik der Krone opponierte; und einer zahlenmäßig schwächeren, wirtschaftlich und politisch aber sehr einflussreichen Gruppe, die hauptsächlich aus Holz-Händlern in Ostnorwegen bestand und v. a. wegen ihres Handels mit Westeuropa Unabhängigkeit von Dänemark forderte. Diese letztere Gruppe hatte sich bereits 1809 für eine Union mit Schweden eingesetzt.

Letztlich hatte der Krieg Schweden begünstigt. Der schwedische Kronprinz Jean Bernadotte (*1763, †1844) akzeptierte gleichwohl die Eidsvoll-Verfassung (und verlor damit die Basis des Friedens von Kiel als rechtliche Grundlage für die künftige Politik gegenüber Norwegen). Am 4. November 1814 wählte das norwegische Parlament (*Storting*), nachdem es die Verfassungsänderungen infolge der «Konvention von Moss» angenommen hatte, den König von Schweden, Karl XIII., als Karl II. (ab 1818: Karl III. Johan) zum König von Norwegen.

Die modifizierte Eidsvoll-Verfassung war stark von den Freiheitsrechten der amerikanischen und französischen Verfassung beeinflusst, basierte aber auch auf der norwegischen Rechtstradition. Sie überließ Norwegen die volle Verwaltungsautonomie in inneren Angelegenheiten, sah ein norwegisches Parlament und einen Vertreter Norwegens in Stockholm vor. Nur der Thron sowie die gemeinsame Außen- und Militärpolitik fielen in die Zuständigkeit des schwedischen Königs. Dies bedeutete z. B. auch, dass die norwegische Armee, deren Oberbefehlshaber der König war, nicht ohne Zustimmung des norwegischen *Storting* außerhalb Norwegens eingesetzt werden durfte.

Das Inkrafttreten der Eidsvoll-Verfassung löste die Bestimmungen des Friedens von Kiel ab. Dies war für das künftige schwedisch-norwegische Verhältnis von hoher Bedeutung. Norwegen bildete nunmehr eine konstitutionelle Monarchie – und zwar noch bevor die Union mit Schweden offiziell zustande kam. Die Eidsvoll-Verfassung verlieh dem norwegischen Parlament außerdem mehr Macht als in jedem anderen Land Europas (nur in den USA besaß es mehr Zuständigkeiten). Zwar fungierte der König als Exekutive und setzte die Minister ein, doch die Legislative, die Aufsicht über die Steuern und die zentrale Frage des Staatsbudgets lagen beim *Storting*. Der König besaß hier nur ein Ausschlussveto (d. h. eine Gesetzesinitiative konnte vom *Storting* bis zu zweimal erneut vorgelegt werden, dann musste der König unterzeichnen). Als der neue König, Karl III. Johan (1818–1844), 1824 ein absolutes Vetorecht forderte, verweigerte sich das *Storting* trotz militärischer Drohungen des Königs. Dies war der Auftakt zu einer langen Reihe von Konflikten zwischen König und *Storting*. Als 1829 eine Volksmasse in Christiania den Jahrestag der Eidsvoll-Verfassung (17. Mai) beging, der sich in den 1820er Jahren zu einer Art Nationalfeiertag entwickelt hatte, ließ der schwedische Statthalter die Menge von Soldaten auseinandertreiben. Letztlich aber sah sich der König gezwungen, die Feier des Eidsvoll-Tags in den 1830er Jahren wieder zuzulassen. 1836 löste Karl III. Johan das *Storting* wegen seiner, aus Sicht der Krone, allzu unabhängigen Stellung auf. Die norwegische Regierung stellte darauf ihrerseits das eigenmächtige Handeln des Königs in Frage und brachte den norwegischen Ministerpräsidenten (*statsminister*), der den König unterstützt hatte, vor das Reichsgericht. Im Ergebnis musste der König das *Storting* wieder einsetzen. Das *Storting* ging aus solchen Konflikten also auf längere Sicht gestärkt hervor, sodass sich z. B. 1844, als Karl III. Johan gestorben war und in Oscar I. (1844–1859, *1799, †1859) einen Nachfolger erhielt, der König bei seinem Regierungsantritt gezwungen sah, einige alte Forderungen des *Storting* zur formalen Gleichstellung Norwegens mit Schweden umzusetzen.

Die nächste Thronfolge brachte Norwegen weitere Bewegungsfreiheit. Als Karl IV. (1859–1872, *1826, †1872) die Regierung übernahm, sollte er nach dem Willen des *Storting* das Besetzungsrecht für den königlichen Statthalter in Norwegen verlieren. Der König war zunächst gewillt, dieser Forderung nachzugeben, doch knüpfte der schwedische Reichstag das Zugeständnis an die Bedingung, dass eine Verfassungsänderung eingeführt würde, die Schweden zum führenden Part des Unionsreiches machte. Am 4. April 1860 verweigerte der König die Unterschrift. Am 7. April erklärte er, dass dies auf Anraten des schwedischen Reichstags geschehen sei. Gegen diese Einmischung in eine rein norwegische Angelegenheit von Seiten des schwedischen Reichstags protestierte das *Storting* am 21. April desselben Jahres. Zwei Tage später nahm es eine Resolution an, nach der das *Storting* in Sachen der norwegischen Verfassung allein zuständig war. Eine revidierte Verordnung der schwedischen Regierung von 1871, die eine stärkere Verbindung Norwegens mit Schweden zum Ziel hatte, wurde vom *Storting* folgerichtig abgelehnt.

Die Thronbesteigung Oscars II. (1872–1905) brachte schließlich den Durchbruch zugunsten der Norweger. Der König bestätigte die Aufhebung des seit 1856 vakanten Statthalteramtes mit Wirkung vom 1. Januar 1873. Der schwedische Reichstag nahm dies stillschweigend zur Kenntnis. Stattdessen wurde ein norwegischer Ministerpräsident (*statsminister*) mit Sitz in Christiania eingesetzt. Dieses Amt übernahm der bisherige norwegische «Oberstaatsrat» (*førstestatsråd*) Frederik Stang (*1808, †1884).

1872 beschloss das *Storting* eine weitere Verfassungsänderung, die den Staatsräten (Ministern der Regierung) die Teilnahme an den Sitzungen des *Storting* erlauben sollte. Die konservative norwegische Regierung riet dem König jedoch ab, den Beschluss zu sanktionieren. Dies führte zu neuen Konflikten mit der Krone in den Jahren 1877 bis 1884, die von norwegischer Seite unter Führung des bürgerlich-liberalen *Storting*-Abgeordneten Johan Sverdrup (*1816, †1892) ausgefochten wurden. Bis 1880 reichte das *Storting* die sog. «Staatsratssache» (*statsrådsaken*) beim König dreimal zur Bestätigung ein, jedoch ohne Erfolg. Schließlich rief Sverdrup als Führer der *Storting*-Opposition das Reichsgericht an, weil sich die Regierung nicht an die Beschlüsse des *Storting* hielt. Das Reichsgericht zögerte den Fall bis nach den Wahlen von 1882 hinaus. Schließlich wurden die konservativen Staatsminister aber doch verabschiedet. Am 1. Juli 1884 bestätigte Oscar II. das Gesetz und ernannte Sverdrup nach dem vergeblichen Versuch, erneut einen konservativen Regierungschef durchzusetzen, zum neuen Ministerpräsidenten von Norwegen. Im Rahmen der «Staatsratssache» spielte auch der sog. «Vetostreit» (*vetostriden*) eine Rolle, in dem es erneut um die Frage ging, welche Befugnisse der König gegenüber dem *Storting* besitzen sollte. Oscar II. machte nämlich während seiner Regierungszeit viermal von seinem prinzipiellen Vetorecht Gebrauch, um den Zugang und die Verantwortungspflicht von Staatsräten und Ministerpräsidenten im *Storting* zu verhindern.

Mit dem Sieg in der «Staatsratssache» hatte sich das *Storting* als entscheidende politische Instanz in Norwegen durchgesetzt. Die norwegische Geschichtsschreibung interpretiert deshalb das Jahr

1884 als Beginn des Parlamentarismus in Norwegen. Gleichwohl wurde das Land außenpolitisch weiterhin durch den König und einen schwedischen Außenminister vertreten. Dieses Faktum wurde zum nächsten Streitpunkt der unierten Reiche. Während der 1880er Jahre forderte das *Storting* immer wieder einen eigenen norwegischen Außenminister. 1891 gewannen die bürgerlichen Liberalen (*Venstre*) u. a. mit diesem Thema die Wahlen. Trotzdem entschärfte die *Venstre*-Regierung unter Johannes Steen (*1827, †1906) die Frage in den Jahren 1891 bis 1893 und verlangte nur norwegische Konsulate im Ausland. Aber selbst diese Forderung wurde von der Krone 1892 und 1893 zurückgewiesen. Als das *Storting* daraufhin erneut versuchte, die Frage allein zu entscheiden, zwang Schweden Norwegen unter Androhung von Waffengewalt, die Unionsfrage noch einmal grundsätzlich mit Schweden zu diskutieren. Die Verhandlungen der Folgejahre brachten jedoch keine Lösung und wurden 1898 aufgegeben. Im gleichen Jahr entfernte Norwegen gegen das Veto des Königs das Unionsemblem von seiner Handelsflagge. Neue Verhandlungen, die sich nun wieder allein um die Konsulatsfrage drehten, scheiterten ebenfalls. Daraufhin entschied das *Storting* einseitig die Einrichtung eines norwegischen Konsulatswesens. Als der König wiederum ablehnte, trat zwar die Sammlungsregierung unter Christian Michelsen (*1857, †1925) 1907 zurück, doch gelang es Oscar II. nicht, eine neue norwegische Regierung einzusetzen. Daraufhin erklärte das *Storting* die Union mit Schweden am 7. Juni 1905 für beendet, weil der König sich offensichtlich als unfähig erwies, seinen verfassungsmäßigen Pflichten nachzukommen. Der schwedische Reichstag lehnte es jedoch ab, eine einseitige Entscheidung zu akzeptieren. Unter Androhung militärischer Maßnahmen und einer Teilmobilisierung in beiden Reichen nahm Norwegen noch einmal Verhandlungen mit Schweden auf, um über die Rahmenbedingungen zur Auflösung der Union zu sprechen. Ein Kompromiss kam im September 1905 in Karlstad (Schweden) zustande. Kurze Zeit später wurde in einer Volksabstimmung Prinz Karl von Dänemark unter dem Namen Håkon VII. zum König von Norwegen gewählt.

Innenpolitik

Die Erfolge in der Unionsfrage fanden in der norwegischen Innenpolitik kein Gegenstück. Der Krieg von 1814, der zu großen Teilen
durch eine vermehrte Ausgabe von Banknoten finanziert worden
war, hatte zu einer Abwertung der Währung auf 1/15 ihres Vor-
kriegswertes geführt. Um die Inflation in den Griff zu bekommen,
wurde eine harte Sterling-Steuer eingeführt. 1816 sollten die Gründung einer eigenen norwegischen Bank, *Norges Bank*, mit Sitz in
Trondheim, die ein Monopol auf die Herausgabe von Banknoten
erhielt, und eine Währungsreform mit der Einführung der norwegischen *Speciedaler*–Münzen mehr Stabilität bringen. Trotzdem
gelang es der norwegischen Regierung bis 1842 nicht, die Staats-
finanzen zu stabilisieren. 1875 hob Oscar II. das *Speciedaler*-Sys-
tem auf und ersetzte es durch die *Krone*-Währung, die an den Gold-
standard geknüpft wurde und so tatsächlich eine größere Stabilität
brachte. Diese Internationalisierung wurde begleitet von der Einführung der metrischen Maße und Gewichte in Norwegen.

Auch Veränderungen der sozialen Zusammensetzung im *Storting*
riefen Probleme hervor. Die Eidsvoll-Verfassung gestand den Bauern stark erweiterte Wahlrechte zu. Dies führte zwar anfangs noch
nicht dazu, dass die Bauern eigene Abgeordnete entsandten. Vielmehr wählten sie in der Regel die alten Amtsleute zu ihren Repräsentanten. Um 1830 änderte sich dies jedoch, als Forderungen der
Bauern laut wurden, die Staatsausgaben deutlich zu senken. 1832
wurde eine große Zahl bäuerlicher Repräsentanten ins *Storting*
gewählt. Unter der Führung von Ole Gabriel Ueland (*1799,
†1870) gewannen die Bauernabgeordneten seither immer mehr an
Einfluss.

Parteienbildung Die Wahl von 1882 wird von der norwegischen
Historiographie als erste Parteienwahl der Geschichte Norwegens
angesehen, wobei die Anhänger Sverdrups gegen die königlichen
Beamten standen. Zu diesem Zeitpunkt existierten noch keine for-
malisierten Parteien, aber die Begriffe *Venstre* (links) und *Høyre*
(rechts) waren bereits im Gebrauch. Die Einführung des Parlamentarismus im Jahre 1884 führte zur formalen Parteienbildung von

Høyre unter Führung von Emil Stang d. Ä. (*1834, †1912) und *Venstre* unter Johan Sverdrup (*1816, †1892). *Høyre* vertrat den traditionellen Beamtenstaat, zeigte sich schwedentreu und setzte bis zum Ersten Weltkrieg hauptsächlich auf eine moderne Verkehrspolitik (danach dann stärker auf eine solide Wirtschaftspolitik). *Venstre*, die stark sozialliberal ausgerichtet war, kämpfte für den Parlamentarismus, für Religionsfreiheit, die Geschworenengerichtsbarkeit und das allgemeine Stimmrecht. Sie repräsentierte bis zur Gründung jeweils eigener Parteien vor allem die Bauernopposition sowie die Sprachbewegung (S. 130f.) und die Arbeiterbewegung. *Venstre* spaltete sich jedoch nach den Ereignissen von 1884. Sverdrup konnte seither nicht mehr auf eine gesammelte Anhängerschaft im *Storting* zählen. Als *Høyre* 1889 ein Misstrauensvotum stellte, musste Sverdrup sogar seinen Hut nehmen. Gleichzeitig benutzte *Høyre* nun den Parlamentarismus, den sie zuvor so heftig bekämpft hatte, um ihre eigene Macht zu konsolidieren.

Neben *Høyre* und *Venstre* bildeten sich bald andere Parteien. 1888 entstand *Moderate Venstre* (Die Gemäßigte Linke) unter Lars Oftedal (*1838, †1900). Sie vertrat die Laienkirchen-Bewegung innerhalb der *Venstre* und wurde zur drittgrößten *Storting*-Partei. Als ostnorwegischer Ableger von *Moderate Venstre* wurde oft die *Centrum*-Partei unter Frits Hansen (*1841, †1911) gesehen, die sich in den Jahren 1894 bis 1900 zur Wahl stellte. Ideologisch stand sie allerdings Teilen der Volkshochschulbewegung nahe.

Die Arbeiter organisierten sich 1887 in *Det norske Arbeiderparti* (Die norwegische Arbeiterpartei), der ältesten norwegischen sozialdemokratischen Partei, unter Anders Andersen (*1846, †1931). In ihrem ersten Parteiprogramm vertrat sie vier Hauptziele: das allgemeine Stimmrecht, den gesetzlich geregelten Arbeitstag, direkte Steuern und die Unterstützung legaler und gerechtfertigter Streiks. Sie konnte 1903 erstmals vier Abgeordnete ins *Storting* entsenden. Seither war die Arbeiterpartei parlamentarisch recht erfolgreich; u. a. setzte sie die Einführung des Stimmrechts für Frauen im Jahre 1913 durch.

Die Bauern fanden ihre politische Vertretung in *Norges Landmandsforbund* (Norwegens Bauernverband), gegründet im Jahre 1896. Es handelte sich dabei allerdings formell nicht um eine Partei, sondern um einen Interessenverband, der die Anliegen der Bauern in Zusammenarbeit mit den beiden stärksten *Storting*-Parteien, *Høyre* und *Venstre*, im *Storting* vertreten sollte.

Bei der *Storting*-Wahl vom Herbst 1903 schien eine politische Front gegen die Arbeiterbewegung und gegen den sozialen und unionspolitischen Radikalismus der *Venstre* geboten. Deshalb taten sich *Høyre* und *Moderate Venstre* zu einer Sammlungspartei (*Samlingspartiet*) zusammen, die jedoch zusammen mit den Unionsverhandlungen von 1905 scheitern sollte.

Stimmrecht Die zentralen innenpolitischen Themen des 19. Jahrhunderts hatten in der Mehrheit mit den durch den demographischen Wandel ausgelösten Verschiebungen und Neuerungen im sozialen und wirtschaftlichen Gefüge zu tun (s. S. 122 ff.). Die dominierende Frage des politischen Systems jedoch war die Stimmrechtsfrage. Auf der Grundlage der Eidsvoll-Verfassung von 1814 waren Beamte, Besitzer und Pächter, die mehr als fünf Jahre lang matrikulierten Grund pachteten, Bürger der Handelsstädte sowie Grund- oder Hausbesitzer ab einem gewissen Vermögenswert ab 25 Jahren wahlberechtigt. Frauen waren jedoch ausgenommen. Der Anteil der Wähler an der Gesamtbevölkerung betrug zu diesem Zeitpunkt 7,5 %. 1821 erhielten auch Samen, die Rentierzucht betrieben und Steuern bezahlten, Stimmrecht.

1884 wurde ein neues Zensuswahlrecht eingeführt. Wahlrecht erhielten nun alle Männer ab 25 Jahren mit einem Jahreseinkommen von mindestens 800 Kronen in den Städten und 500 Kronen auf dem Lande. Außerdem galt nun geheimes Wahlrecht. Dadurch erhielten insgesamt 12 % der Bevölkerung Stimmrecht. 1888 verloren die Kvenen (eine finnische Minderheit) ihr Stimmrecht, weil nur noch Schweden und Norweger (darunter auch Samen) das Recht besaßen, Grund zu erwerben.

1898 wurde das allgemeine Stimmrecht für Männer ab 25 Jahren durchgesetzt. Es erfasste rund 20 % der Bevölkerung. 1901 erhielten Frauen, die entweder selbst Geld verdienten oder verheiratet waren (bei einem Jahresmindesteinkommen von über 500 bzw. 300 Kronen des Mannes), ein kommunales Wahlrecht. Damit konnten nun insgesamt 33 % der Bevölkerung wählen. 1907 errangen

Frauen auch das Wahlrecht für das *Storting*. 1912 erhielten sie Zugang zu den Ämtern, mit Ausnahme der geistlichen und militärischen Ämter, der Gerichtsämter und des Staatsratspostens. Ab 1913 schließlich galt das allgemeine Wahlrecht für Frauen. Nun waren rund 50% der Bevölkerung wahlberechtigt. (1920 wurde das Wahlrechtsalter für Frauen wie das der Männer auf 23, 1946 auf 21, 1967 auf 20 und 1978 auf 18 Jahre gesenkt.)

Anfänge der norwegischen Nationalbewegung

Die Unionspolitik und die Versuche, innenpolitische Fragen und Probleme des politischen Systems in den Griff zu bekommen, waren nur zwei Aspekte einer Geschichte Norwegens, die im 19. Jahrhundert mehr und mehr von der Vorstellung geprägt wurde, dass man auf eigenen Füßen stehen müsse. Eine wichtige Rahmenbedingung für den Erfolg der Unionspolitik war das Entstehen einer norwegischen Nationalbewegung, die ihrerseits stark in den Künsten und im norwegischen Wissenschaftsleben verankert war. Sie interessierte sich vor allem für die Frage, wie die alte norwegische «Größe» der Wikingerzeit und des Mittelalters wiederhergestellt werden konnte. Dabei richtete sie ihr Augenmerk zum einen auf die Sprache, die in Gestalt der innernorwegischen Dialekte nach Meinung der Sprachforschung des 19. Jahrhunderts die Kontinuität zwischen norwegischem Altertum und Gegenwart wahrte; zum anderen auf die norwegische «Kultur», die im Sinne des Herderschen «Volksgeistes» ein angeborenes Merkmal des norwegischen Volkes sei. Die soziale Gruppe, die nach Meinung der national Bewegten sowohl die Kontinuität der norwegischen Sprache als auch der norwegischen Kultur verkörperte, waren die Bauern. Die sog. norwegische Nationalromantik ist deshalb in vielerlei Hinsicht mit einer parallel dazu aufkommenden Bauernromantik verbunden.

Sprache und Dichtung Die sprachliche Entwicklung Norwegens hatte während des Spätmittelalters und der frühen Neuzeit unter starken dänischen und niederdeutschen Einflüssen gestanden. Im 18. Jahrhundert war die Schriftsprache praktisch gleichbedeutend mit Dänisch gewesen. Doch hatten bereits im 18. Jahrhundert Bemühungen um die Literarisierung der norwegischen Sprache eingesetzt. Entscheidend war in diesem Zusammenhang die bereits erwähnte, auf Initiative des norwegischen Schriftstellers Ove Gjerløw Meyer (*1742, †1790) 1772 gegründete literarische Vereinigung *Det Norske Selskab* (Die Norwegische Gesellschaft), die in Madame *Juels Kaffehus* in Kopenhagen zusammentrat und eine Reihe norwegischer Literaten, die meisten von ihnen Theologiestudenten, um den Dichter Johan Herman Wessel (*1742, †1785) versammelte. Klassizismus und eine auffällige Holberg-Verehrung prägten diese Vereinigung, aber auch ein norwegischer Patriotismus (im alten Sinne des Wortes), der unter dem Eindruck der dänischen Schwäche während der napoleonischen Kriege schon bald in ein nationales Fahrwasser geriet. Nachdem die norwegische Regierung 1811 die Gründung einer eigenen Universität (in Christiania) durchgesetzt hatte, verlor *Det Norske Selskab* zwar vorübergehend an Gewicht und löste sich 1813 sogar auf. 1818 jedoch wurde in Christiania *Det Nye Norske Selskab* (Die Neue Norwegische Gesellschaft) gegründet, die sich in den folgenden Jahrzehnten zu einem Zentrum der norwegischen Nationalbewegung entwickeln sollte.

Die Sprachenfrage blieb in den folgenden Jahrzehnten ein zentrales Thema der norwegischen National- und Selbständigkeitsbewegung. In den 1840er Jahren schuf der Philologe Ivar Aasen (*1813, †1896) nach einer vier Jahre währenden Forschungsrundreise durch Norwegen eine neue Schriftsprache auf Grundlage der lokalen Dialekte, die er *landsmål* (Land(es)sprache) nannte. 1848 erschien *Det norske Folkesprogs Grammatik* («Grammatik der norwegischen Volkssprache»), 1850 folgte das *Ordborg over det norske Folkesprog* («Wörterbuch der norwegischen Volkssprache»). 1853 schließlich veröffentlichte er *Prøver af Landsmaalet i Norge* («Kostproben der Landsprache in Norwegen») als Vorschlag für eine neue norwegische Schriftsprachennorm auf der Basis der (inner-)norwegischen Dialekte von Vestlandet, des inneren Østlandet, des Trøndelag und des südlichen Teils von Nordland. Süd-Østlandet und Sørlandet kamen weniger zum Zug, weil sie Aasens Einschätzung nach zu sehr dänisiert waren. Aasen ging davon aus, dass die ursprüngliche norwegische Sprache auf den politisch und verkehrstechnisch isolierten Dörfern im Inneren Norwegens besser überlebt hatte als an der über das Meer gut erreichbaren Küste. *Landsmål* fasste die gemeinsamen Züge der innernorwegischen Dialekte zusammen. Wo die Dialekte stark voneinander abwichen, wandte Aasen die historisch-etymologische Methode an, d. h. er suchte nach den gemeinsamen Wurzeln der jeweiligen Sprachvarianten. In einigen Fällen stieß er dabei auf bereits ausgestorbene Sprachformen. In späteren Normierungen wurden diese Historismen entfernt oder dem Gutdünken des Sprechers/Schreibers überlassen.

Andere Sprachforscher gingen nicht vom historischen Norwegischen aus, sondern versuchten die dänisierte norwegische Schriftsprache behutsam zu «renorwegisieren». Daraus entwickelte sich eine Variante des Norwegischen, die zunächst *riksmål* (Staatssprache), ab dem 20. Jahrhundert dann *bokmål* (Buch-/Schriftsprache) genannt wurde. Außerdem existierte während des 19. Jahrhunderts das marginale und inoffizielle *høgnorsk* (Hochnorwegisch), eine Fortentwicklung von Aasens *landsmål*, die schließlich zum heute neben *bokmål* gebräuchlichen *nynorsk* (Neunorwegisch) führte. *Samnorsk* schließlich nannte sich seit den 1910er Jahren ein Versuch, *bokmål* und *nynorsk* zu einer Synthese zu vereinen – der jedoch nicht glückte.

Zur Sprachsammlung und -pflege gehörte auch, dass man alte Volkssagen und -lieder sammelte oder Erzählversatzstücke zu größeren Erzählungen zusammenfasste. Dieses Verfahren ist in Deutschland vor allem mit den Brüdern Grimm verbunden, hatte aber auch Pendants in Nord- und Nordosteuropa: so etwa in Finnland Elias Lönnrots (*1802, †1884) *Kalevala* (1835–1836, 1849), in Schweden Gunnar Olof Hyltén-Cavallius' (*1818, †1889) und George Stephens' (*1813, †1895) *Svenska Folksagor och äventyr* («Schwedische Volkssagen und Märchen», 1844–1849), in Russland Aleksandr Nikolaevič Afanas'evs (*1826, †1871) *Narodnye russkie skazki* («Russische Volksmärchen», 1855–1863), in Estland Friedrich Reinhold Kreutzwalds (*1803, †1882) *Kalevipoeg* (1857–1861) oder in Livland Krišjānis Barons' (*1835, †1923) lettische *Dainas* (Volkslieder, 1894–1915). In Norwegen sind die bekanntesten Volksmärchensammler der Privatlehrer Peter Christen Asbjørnsen (*1812, †1885) und der Naturforscher Jørgen Engebretsen Moe

(*1813, †1882). Mit ihrer Sammlung *Norske folkeeventyr* («Norwegische Volksmärchen», 1841–1852) übten sie einen bedeutenden Einfluss auf die Entwicklung des *bokmål* aus. Sie folgten dem Beispiel der Gebrüder Grimm, indem sie statt der für ein bürgerliches Lesepublikum schwer oder gar nicht verständlichen Dialekte eine einfache Sprache benutzten und die traditionelle Form der (mündlichen) Erzählung zu verschriftlichen suchten.

Zur Volksdichtung gesellte sich bald die bürgerliche Nationaldichtung. Henrik Arnold Wergeland (*1808, †1845) war die führende Figur der sog. «Patrioten» und ist v. a. durch seine humanitären Aktivitäten, revolutionären Ideen, sein Freiheitsideal und seinen Einsatz in der norwegischen Volksbildung bekannt geworden. Er geriet durch seine norwegisch-nationale Attitüde in einen scharfen Gegensatz zum Anführer der pro-dänischen Fraktion Johan Welhaven (*1807, †1873). Dieser Konflikt, der im Übrigen noch in dänisch-norwegischer Sprache ausgetragen wurde, prägte mehrere Generationen von norwegischen Schriftstellern in den folgenden Jahrzehnten.

Die Nachfolgegeneration norwegischer Schriftsteller wandte sich dann schon einer Literatur in *landsmål* zu, deren Hauptvertreter Aasmund Vinje und Arne Garborg waren. Aasmund Olafson Vinje (*1818, †1870) gilt heute als einer der bedeutendsten Lyriker der norwegischen Literatur. Sohn eines armen Pachtbauern aus Telemark, gab er seit 1858 eine Zeitung, *Dølen* (Das Tal), heraus, in der er Themen der Philosophie, Literatur und Politik behandelte. Damit hob er *landsmål* auf die Stufe einer Literatursprache. In den 1860er Jahren begann er zu dichten, v. a. über Berge und die norwegische Natur. Seine bekanntesten Werke sind *Ferdaminni fraa sumaren 1860* («Reiseerinnerungen vom Sommer 1860», erschienen 1861) und *Storegut* («Großer Junge», 1866). Der Romancier, Dramatiker und Essayist Arne (auch: Aadne) Evesen Garborg (*1851, †1924) aus Undheim/Rogaland, auch er ein Bauernsohn, war Volksschullehrer, Journalist und *landsmål*-Autor wie Vinje, thematisch jedoch weniger naturverbunden. Vielmehr forderte er in seinen Werken soziale Reformen im christlichen Geist, schrieb dabei aber gleichzeitig gegen lutherische Orthodoxie und Pietismus an. Später vertrat er sozialistische und anarchistische Ideale, wandte sich aber auch hier gegen jede Dogmatik. Sein Roman *Bondestudentar* («Bauernstudenten», 1883) beschrieb die Dichotomie zwischen Land und Stadt und damit idealtypisch diejenige zwischen norwegischer und dänischer Kultur in Norwegen. Andere Werke behandelten mystische und ländlich-naturalistische Themen. Zusammen mit seiner Frau, der Schriftstellerin Hulda Garborg (*1862, †1934), gründete er ein *landsmål*-Theater, in dem er z. B. 1921 Holbergs *Jeppe på bjerget* aufführte.

Volkskunde Auch eine frühe Form der Folklore-Forschung setzte auf den innernorwegischen Bauern als autochthone Quelle des norwegischen «Volksgeistes». Die Suche nach den Vertretern «echten Norwegertums» war zunächst eine Angelegenheit individueller Sammlertätigkeit, bevor sie zu einer wissenschaftlichen Disziplin (*folkminne*/Volkskunde) wurde. Abgesehen von einer Reihe anderer Forscher müssen hier vor allem die Entstehung des ersten Freilichtmuseums der Welt, *Bygdøy* («Dorfinsel»), und die Sammeltätigkeit des Zahnarztes Anders Sandvik (*1862, †1950) genannt werden. 1881 ließ König Oscar II. auf dem königlichen Hof *Bygdøy* nahe Christiania eine Reihe von Gebäuden aufstellen, die einen Überblick über Norwegens ländliche Baugeschichte geben sollten. Den Mittelpunkt der Sammlung bildete die heute weltberühmte Stabkirche von Gol. 1907 wurde *Bygdøy* in die Sammlungen des *Norsk Folkemuseum* (Norwegisches Volksmuseum, gegr. 1894) integriert. Anders Sandvik hatte seit 1887 bäuerliche Gegenstände gesammelt und konnte seine Funde 1904 in einem nationalen Freilichtmuseum, *De Sandvikske Samlinger* (Die Sandvik-Sammlungen, heute: *Maihaugen*-Museum), unterbringen und damit ein Museum Volks-Norwegens nach dem Vorbild des Stockholmer *Skansen* (gegr. 1891) einrichten.

Im gleichen Sinne diente auch die Entstehung der Volkskunde als Fach in den 1870er Jahren der Erhaltung und Kartographierung des alten Norwegen durch das Sammeln von Volkserzählungen, -legenden, -sagen und -märchen, aber auch materiellen Gegenständen wie z. B. landwirtschaftlichen Geräten. Die 1851 gegründete *Selskabet for folkeoplysningens fremme* (Gesellschaft zur Förderung der Volksaufklärung), in der auch die bereits erwähnten Nationalakti-

visten Eilert Sundt, Ivar Aasen, Peter Christen Asbjørnsen mit-
wirkten, setzte sich ganz allgemein das Ziel, «den Volksgeist zu
wecken, zu entwickeln und zu veredeln», erteilte in ihrer Zeitschrift *«Folkevennen»* (1852–1900) aber auch zahlreiche praktische
Ratschläge zu Fragen der Landwirtschaft und Volksbildung.

Nationale Historiographie   Neben Sprache, Literatur und Volkskunde muss die Geschichtsschreibung als wesentlicher Bestandteil
der norwegischen Nationalbewegung angesehen werden. Als Weg-
bereiter der norwegischen nationalen Historiographie kann der
Pastorensohn Peter Andreas Munch (*1810, †1863) gelten. Er erhielt 1841 eine Professur an der Königlichen Frederiks-Universität
in Christiania, beschäftigte sich ausgiebig mit der mittelalterlichen
Geschichte Norwegens und veröffentlichte u. a. *Det norske Folks
Historie* («Geschichte des norwegischen Volkes») in acht Bänden
(1851–1863). Darüber hinaus hinterließ er ein umfangreiches Werk,
das ganz im Dienste der Volksaufklärung stand: Er zeichnete die
genauesten Karten Norwegens seiner Zeit, engagierte sich für die
Rekonstruktion der alten norwegischen Sprache im Geiste Aasens
und gab «nordische» Volks- und Heldensagen heraus. Seine natio-
nal-norwegische und gleichzeitig antiskandinavistische Haltung
machte ihn zu einer Galionsfigur der historisch angeleiteten Nationalbewegung in Norwegen.

Johan Ernst Sars (*1835, †1917), Historiker und eine der führenden Figuren der *Venstre*-Partei, der 1874 eine Professur für Geschichte in Christiania übernahm, veröffentlichte 1873 bis 1891 sein
Hauptwerk *Udsigt over den norske historie* («Überblick über die
norwegische Geschichte»), das im Sinne der hegelschen Freiheits-
und Fortschrittsgeschichte, die Sars besonders für Norwegen als
aktuell befand, einen prominenten Platz in der norwegischen Nationalbewegung einnimmt. Sars deckte damit die gesamte norwegische Geschichte von der Wikingerzeit bis in seine eigene Gegenwart ab. Das freie norwegische Bauerntum bildete seiner Auffassung
nach die Klammer zwischen Wikingerzeit und eigener Gegenwart
und hatte in universalhistorischer Perspektive über die fremde dänische Amtsmännerkultur der «Niedergangsperiode» (1387–1814)
gesiegt.

Malerei und Architektur In der bildenden Kunst wurde ein nationaler Geist seit Mitte des 19. Jahrhunderts deutlich, häufig von der schweizerischen Nationalromantik inspiriert. Die Schweiz hatte ihre Selbständigkeit ebenfalls am Ende der napoleonischen Kriege erhalten. Außerdem waren die Alpen ein beliebtes Motiv im Rahmen der damaligen *Grand Tour* des europäischen Adels und der Künstler. Mit der Alpenromantik wurde die «nordische» Landschaft (als Gegenstück zur klassisch-mediterranen Landschaft) gesellschaftsfähig. Vorgänger wie z. B. Jacob van Ruisdael (*um 1628/29, †1682), der bereits im 17. Jahrhundert «nordische» Landschaften malte, bildeten ebenfalls einen wichtigen Anknüpfungspunkt. Norwegische und Schweizer Maler fanden mit Landschaftsgemälden, die unberührte Natur, Berge, Gletscher, Wasserfälle, Bäche und Seen darstellten, eine gemeinsame Basis. Einige norwegische Maler wie z. B. Johan Gørbitz (*1782, †1853), Knut Baade (*1808, †1879) oder Thomas Fearnley (*1802, †1842) malten Schweizer Landschaftsmotive, bevor sie in Norwegen mit norwegischen Motiven zu Berühmtheiten wurden. Als Gründerfiguren der nationalromantischen Landschaftsmalerei fungierten Johan Christian Klausson Dahl (*1788, †1857) und dessen Schüler Peder Balke (*1804, †1887). Dahl unternahm mehrere Reisen durch Norwegen und hinterließ Landschaftsbilder (Küsten und Gebirgstäler) wie z. B. *Frogner Hovedgaard* (Der Haupthof von Frogner, 1842), *Bjerk i storm* (Birke im Sturm, 1849) sowie eines der Hauptwerke der norwegischen Nationalromantik *Fra Stalheim* (Aus Stalheim, 1842). Balke schloss sich dem Landschaftsideal Dahls an und wurde einer der wichtigsten Genremaler Norwegens im 19. Jahrhundert. Sein bekanntestes Werk, *Fyr på den norske kyst* (Leuchtturm an der norwegischen Küste, ca. 1860), diente als Hauptmotiv der Rückseite der norwegischen 1000-Kronen-Banknoten in den Jahren 1975 bis 1981. Die «nationale Kunst» erhielt erstmals 1842 eine Heimstätte in dem neu errichteten *Den norske stats sentralmuseum for billedkunst* (Norwegisches Zentralmuseum für Bildende Kunst; heute: *Nasjonalmuseet/Nationalmuseum*).

Der Maler Adolph Tidemand (*1814, †1876) hatte in den Jahren 1842 bis 1845 mehrere Reisen durch Norwegen unternommen und dabei die vom dänischen Einfluss kaum berührten Landschaften

Østerdalen, Gudbrandsdalen, Sogn, Hardanger und Telemark besucht. Mehrere bekannte Bilder entstanden im Zusammenhang mit diesen Reisen, darunter *Søndagskveld i en hardangersk røkstue* (Sonntagabend in einer Rauchhütte in Hardanger, 1843), *Eventyrfortellersken* (Die Märchenerzählerin, 1844), *Gudstjeneste i en norsk landsens kirke* (Gottesdienst in einer norwegischen Landkirche, 1845). Aber auch das in Düsseldorf entstandene Bild *Haugianerne* (Die Haugianer, 1846) und ein Bühnenbild für das Theater von Christiania *Brudeferd i Hardanger* (Brautfahrt in Hardanger, 1848) gehören in den nationalnorwegischen Kontext. Tidemands jüngerer Kollege und Malerwunderkind Hans Fredrik Gude (*1825, †1903) wurde im Gegensatz zu Tidemand, der Personen in den Mittelpunkt rückte, zum Beschwörer einer grandiosen norwegischen Landschaft, zunächst der Fjelle, in den späteren Jahren auch der Küsten. Werke wie *Høifjæld* (Hochfjell, 1857) und das gemeinsam mit Tidemand angefertigte *Brudeferd i Hardanger* (s. o.) sowie *Brenninger* (Brände, 1862) wurden zum Inbegriff der norwegischen nationalen Topographie.

Nicht nur in der Malerei, sondern auch in der Architektur galt der norwegischen Nationalromantik die Schweiz als Bezugsgröße. Zwischen ca. 1840 und 1920 war in der norwegischen Architektur der sog. «Schweizerstil» (*sveitserstilen*) populär. Dieser stammte ursprünglich aus Süddeutschland. Nach Norwegen übertragen wurde er von dem norwegischen Architekten Hans Ditlev Franciscus von Linstow (*1787, †1851), der damit der in Europa dominierenden neuklassizistischen Steinarchitektur eine norwegisch-nationale Holzbauarchitektur entgegenstellen wollte. Formvorbilder fand er außer in Süddeutschland (v. a. Bayern) auch auf dem norwegischen Land. Linstows eigene und die Villa Henrik Wergelands waren die ersten in diesem Stil errichteten Gebäude. Auch zahlreiche andere Künstler, darunter der Musiker Ole Bull (s. S. 119 f.), ließen sich Villen im Schweizerstil errichten. Darüber hinaus beeinflusste der neue Stil den Bau von Hotels, Bahnhofsgebäuden und anderen öffentlichen Bauten. Der «Schweizerstil» war aber nicht nur von der norwegischen ländlichen Architektur inspiriert, sondern wirkte gleichzeitig auf sie zurück. Der Volks- und Kulturforscher und «Vater der norwegischen Soziologie» Eilert Sundt

(*1817, †1875) beispielsweise, der die norwegischen Bauern oft besuchte und intensiv studierte, setzte sich dafür ein, dass der «Schweizerstil» auch bei den Bauern Einzug hielt, damit diese sich in einem gesünderen, von Luft und Licht erfüllten Wohnklima bewegen konnten.

Gegen Ende des 19. Jahrhunderts erhielt der «Schweizerstil» Konkurrenz durch den sogenannten Drachenstil (*dragestil*) und Einflüsse des Jugendstils. Der «Drachenstil» – so benannt nach Verzierungen mit Drachenköpfen vor allem an Giebeln – erlebte seine Hochphase in den Jahren 1880 bis 1910. Er war in der Nationalromantik verwurzelt, übernahm einige Elemente des «Schweizerstils» und war stark von J. C. Dahls Bemühungen um die Erhaltung norwegischer Stabkirchen und Lorentz Dietrichsons (*1834, †1917) Buch über ihre Architektur (*De norske Stavkirker*, 1891/92) beeinflusst. Weitere wichtige Einflüsse sind der Entdeckung und Bergung der Wikingerschiffe in Norwegen (Tune-, Gokstad- und Osebergschiff) zuzuschreiben. Bedeutende Bauwerke im Drachenstil waren das Restaurant *Frognerseteren* (1890) und *Holmenkollen Turisthotell* (1889–1895) von Holm Munthe (*1848, †1898) bei Oslo. Eine partielle Fortsetzung fand der «Drachenstil» im norwegischen Jugendstil, der einige Elemente des «Drachenstils» übernahm, wie sich beispielsweise an dem von Henrik Bull (*1864, †1953) entworfenen Osloer Regierungsgebäude aus dem Jahre 1904 nachweisen lässt.

Musik Auch in der Musik dominierten nationalromantische Tendenzen. Der bekannteste Musiker dieser Epoche ist bis heute Rikard Nordraak (auch: Nordraach, *1842, †1866), der Komponist der norwegischen Nationalhymne *Ja, vi elsker dette landet* («Ja, wir lieben dieses Land», 1864), nach einem Text seines Cousins Bjørnstjerne Bjørnson. Das musikalische Wunderkind Nordraak schloss sich in den 1850er Jahren der nationalen Bewegung an und wurde Mitglied von *Nye Norske Selskab*, in der auch sein Freund, der damals weltberühmte Violinist und Komponist Ole Bull (*1810, †1880), aktiv war. Zusammen mit Edvard Grieg und Emil Hornemann (*1840, †1891) gründete er 1865 in Kopenhagen die musikalische Gesellschaft *Euterpe*, die die Werke der jungen skandinavischen Komponisten fördern sollte. Nordraak war wie Bull ein fleißiger Sammler norwegischer Volksmusik, von der seine Werke entscheidend beeinflusst wurden.

Ähnliches trifft auch für den international bekannteren Edvard Grieg (*1843, †1907) zu, der als Gründer der nationalen Schule der norwegischen Musik gilt. Doch war seine nationale Attitüde eigentlich von Nordraak und dessen Vorliebe für Elemente der norwegischen Volksmusik inspiriert. Seine bekanntesten Werke im national-folkloristischen Stil sind die Suite zur Oper *Peer Gynt*, die *Holberg-Suite* und die «Lyrischen Stücke» für Klavier. Seine Liedproduktion enthielt außerdem Vertonungen von Vinje-Gedichten und Garborgs Werk *Haugtussa*. In der symphonischen Musik zeigte Johan Svendsen (*1840, †1911), der erste Symphoniker Norwegens überhaupt, nationalromantische Tendenzen. Das bekannteste Beispiel sind seine «Norwegischen Rapsodien».

Sportler und Entdecker Eine Art nationale Angelegenheit wurde auch der nordische Wintersport, als dessen «Erfinder» die Skikompagnien der norwegischen Armee gelten können. Sie entwickelten im 18. Jahrhundert als erste die Wettbewerbsidee. Ziel war die Gewinnung tüchtiger Soldaten zu Ski, die ausdauernd waren, über Hindernisse springen und schießen konnten, während sie auf Skiern bergab fuhren. Daraus entwickelten sich die späteren Disziplinen Langlauf, Skispringen und Biathlon. 1861 wurden in Oslo der «Zentralverband zur Verbreitung für Wehrübungen und Waffengebrauch» (*Centralforeningen for Udbredelse av Legemsøvelser og Vaapenbruk*) und in Trysilgutten der älteste norwegische Skiklub (*Trysil Skytte- og Skiløberforening*) gegründet. Weitere Skiklubs folgten in Christiania (1877) und Bærum (1885). Das erste Skirennen wurde 1868 in Evjebakken in Bærum organisiert. Das erste Husebyrennen fand 1879 statt, 1892 wurde es an den Holmenkollen verlegt. Anfangs handelte es sich um eine Kombination aus Skispringen und Langlauf, die als Nachweis eines guten Skiläufers galt. Bereits 1884 wurden auch Damen, ab 1903 erstmals Ausländer zugelassen. Dass das Holmenkollenrennen eine nationale Angelegenheit war, symbolisierte die Teilnahme König Olavs in den Sprungwettbewerben 1922 und 1923.

Zu guter Letzt sollte im Rahmen einer Darstellung der norwegischen Nationalbewegung auch die internationale Dimension nicht vergessen werden. Was die Norweger besonders am Ende des Jahrhunderts in der Welt bekannt machte, waren neben einzelnen Künstlern nicht zuletzt mehrere Entdecker und Polarforscher, darunter Roald Amundsen (*1872, †1928) und Fridtjof Nansen (*1861, †1930). Mit ihrer Eroberung des Südpols, der spektakulären Durchquerung Grönlands auf Skiern und anderen Schnee- und Eis-Abenteuern machten sie nicht nur Norwegen als Nation berühmt, sondern begründeten auch das ausländische Klischee von Norwegen als einer Nation von Wintersportlern und hartgesottenen Wikingernaturen.

Kleine Chronik Norwegens als Polarnation

1895	Carsten Egeberg Borchgrevink ist einer der ersten Menschen, die die Antarktis (Kap Adare) betreten
1888	Fridjof Nansen leitet die erste dokumentierte Expedition zur Durchquerung Grönlands (auf Skiern); unter den Teilnehmern: Otto Sverdrup
1893–1896	Nansen leitet eine Expedition auf der «Fram» (unter dem Kommando von Otto Sverdrup), die drei Jahre lang über das Eismeer treibt
1898–1902	Zweite «Fram»-Expedition (unter Leitung Otto Sverdrups) nach Nordwest-Grönland und Ostkanada
1903–1906	Roald Amundsen entdeckt auf der «Gjøa» die Nordwestpassage
1909	Der Norweger Christian Leden nimmt an Knud Rasmussens Grönlandexpedition teil
1910–1913	Der Norweger Tryggve Gran nimmt an Robert Scotts Südpolexpedition teil
1911	Roald Amundsen erreicht den Südpol
1914	Tryggve Gran fliegt als erster Mensch von Schottland über die Nordsee nach Jæren (Norwegen); Otto Sverdrup leitet eine erfolgreiche Expedition in die Karasee zur Rettung dreier russischer Expeditionen

1926	Amundsen leitet die erste Expedition, die den Nordpol mit einem Luftschiff («Norge») erreicht
1985	Daniel E. Pedersen führt die erste norwegische Expedition auf den Mount Everest
1990	Erling Kagge und Børge Ousland sind die ersten, die den Nordpol ohne fremde Hilfe erreichen
1992–1993	Erling Kagge erreicht als erster Mensch den Südpol alleine
1994	Erling Kagge besteigt den Mount Everest und ist damit der erste Mensch, der alle «drei Pole» bestiegen hat
1994	Liv Arnesen erreicht als erste Frau den Südpol alleine auf Skiern

Literatur: Tor Bomann-Larsen: Amundsen. Bezwinger beider Pole, Hamburg 2007 (norw. Orig. 2003). Norsk Polarhistorie, 3 Bde. (hg. v. Einar-Arne Drivenes, Harald Dag Jølle), Oslo 2004. Per Egil Hegge: Otto Sverdrup. Aldri rådløs, Oslo 1996.

Bevölkerungsdruck, Auswanderung und Industrialisierung

Das 19. Jahrhundert in Norwegen war eine Zeit intensiven und tiefgreifenden wirtschaftlichen und sozialen Wandels. Die Bevölkerung wuchs in dieser Zeit schneller als in allen anderen Jahrhunderten zuvor. Lebten im Jahre 1801 noch rund 883 000 Menschen in Norwegen, so überschritt die Bevölkerungszahl 1825 erstmals die Millionengrenze und erreichte im Jahre 1900 eine Höhe von rund 2,24 Mio. Menschen. Das größte Bevölkerungswachstum verzeichneten Vest- und Sørlandet, wo die Fischereiwirtschaft während des ganzen 19. Jahrhunderts boomte. Diese Bevölkerungsexplosion basierte auf verbesserten hygienischen Bedingungen, den Fortschritten in der Medizin, einem höheren Lebensalter und besseren Überlebenschancen für Babys und Kleinkinder. Sie war jedoch gleichzeitig mit schweren Versorgungsproblemen verbunden, die die Industrialisierung und Urbanisierung des Landes begünstigten. Lebten im Jahre 1800 nur ca. 8,8% aller Einwohner in den Städten, so waren es im Jahre 1900 bereits 28%. Diese demographische Verschiebung konnte die Versorgungskrise jedoch nicht beheben. Ein beachtlicher Teil der Bevölkerung suchte deshalb im 19. Jahrhundert sein Heil in der Auswanderung, besonders in die USA, aber auch in andere Teile der Welt. Norwegen war nach Irland das Land mit der höchsten relativen Auswanderung in ganz Europa. Zwischen 1840 und 1930 verließen rund 800 000 Menschen ihre Heimat, um auf von der amerikanischen Regierung freigegebenem Farmland, meist im Mittleren Westen, eine neue Existenz zu gründen. Ihren Gipfel erreichte die Auswanderungswelle im Jahre 1882, als 28 810 Menschen fortzogen.

Die traditionell schwache Landwirtschaft erholte sich in der ersten Hälfte des 19. Jahrhunderts nur langsam von den Turbulenzen des Krieges und der unmittelbaren Nachkriegszeit. 1818 war die Situation noch so dramatisch, dass die Bauern von Østlandet revoltierten. Erst ab den 1850er Jahren entwickelte sich die Landwirtschaft unter Einsatz moderner Produktionsmethoden zu einem einträglichen Wirtschaftszweig. Besonders die Viehwirtschaft erlebte nun einen Aufschwung. Auch die Entwicklung eines norwegischen Eisenbahnnetzes (s. u.), die dadurch verbesserten Absatzmöglichkeiten und eine stärkere Marktintegration trugen erheblich zum Aufschwung bei. Die Modernisierung der Produktionsmethoden setzte jedoch einen sozialen Wandlungsprozess in Gang, der darauf hinaus lief, dass immer weniger Hofknechte und Landarbeiter gebraucht wurden, diese mehr und mehr in die Städte zogen, um sich ein Auskommen zu sichern, und damit einer forcierten Urbanisierung Vorschub leisteten.

Zentral für den wirtschaftlichen Erfolg Norwegens in der zweiten Hälfte des 19. Jahrhunderts (besonders zwischen 1850 und 1880) war die Seefahrt, die an ihren Aufschwung in der zweiten Hälfte des 18. Jahrhunderts anknüpfen konnte. 1850 wurde der Seehandel mit Großbritannien liberalisiert. Bis 1880 konnte die norwegische Schiffstonnage versechsfacht werden. Ende des 19. Jahrhunderts besaß Norwegen nach Großbritannien und den USA die drittgrößte Handelsflotte der Welt. Ein Teil dieses Erfolges war dem Einsatz von Dampfschiffen ab 1827 zu verdanken, die Christiania mit Bergen, Göteborg und Kopenhagen verbanden. Mit Dampfschiffen (seit 1864) und Harpunenkanonen (seit 1868) revolutionierte der Walfangpionier Svend Foyn (*1809, †1894) auch den norwegischen Walfang. Andererseits stürzte die schnellere und sicherere Dampfschifffahrt die traditionelle Segelschifffahrt zunächst in eine Krise. Erst 1907 überschritt die Zahl der zivilen Dampfschiffe die Marke von 50% aller im Handel eingesetzten Schiffe.

Mit den Gewinnen aus dem Seehandel konnte sich Norwegen eine Industrialisierung leisten, die ab den 1860er Jahren ihren ersten *take-off* erlebte. Bereits 1845 wurden mit Technikimporten aus Großbritannien die ersten Textil- und mechanischen Fabriken in den größeren Städten Norwegens gegründet. Weitere wichtige Industriezweige waren die Schnittholz- und Holzpulpeherstellung (ab 1863) und das Ingenieurswesen. 1874 entstand die erste norwegische Sulphatzellulosefabrik, die chemische Methoden zur Papierherstellung anwandte. 1903 erfanden der norwegische Physiker Kristian O. B. Birkeland (*1867, †1917) und der Ingenieur Sam Eyde (*1866, †1940) eine elektrische Methode zur Herstellung von Salpetersäure und schufen damit den sog. Norwegen-Salpeter (*Norge-salpeter*). 1905 gründeten Birkeland und Heyde das weit über Norwegen hinaus bekannte Industriewerk *Norsk Hydro* in Notodden, das Dünger durch Bindung von Luftstickstoff herstellte. Das Schwesterwerk in Rjukan (Telemark, gegr. 1934) war die weltweit erste Anlage zur Produktion schweren Wassers (wichtig für das deutsche Atombombenprogramm während des Zweiten Weltkriegs). Der Seehandel, der diese industriellen Erfolge zu großen Teilen überhaupt erst ermöglicht hatte, stützte sich in der zweiten Hälfte des 19. Jahrhunderts auf die neuen Industriehandelsprodukte und profitierte erheblich von den neuen Waren.

Ein zentraler Faktor für den Erfolg des Seehandels und der Industrialisierung war aber auch der Eisenbahnbau. Die erste Eisenbahnlinie, *Hovedbanen* (Die Hauptbahn), wurde 1854 zwischen Christiania und Eidsvoll eröffnet. Sie basierte auf britischer Technik und befand sich im Besitz einer norwegisch-britischen Gesellschaft mit dem norwegischen Staat als Miteigentümer. 1862 folgte eine weitere Linie zwischen Christiania und Kongsvinger, die 1865 bis zur schwedischen Grenze bei Magnor verlängert wurde und damit Anschluss an das schwedische Eisenbahnnetz gewann, sodass die beiden Hauptstädte des Unionsreiches nun miteinander verbunden waren. Einen massiven Ausbau des Eisenbahnnetzes erlebte Norwegen ab den 1870er Jahren. Ökonomisch von hoher Bedeutung war eine 1882 gebaute Trasse von Trondheim zur schwedischen Grenze (*Meråkerbanen*), die die nordschwedischen Schnittholzproduzenten mit dem Ausfuhrhafen Trondheim verband.

Auch im privaten Dienstleistungssektor erlebte Norwegen einen bescheidenen Aufschwung. 1847 entstand mit *Gjensidige Forsikring BA* (Gegenseitige Versicherung GmbH) die erste Versicherungsgesellschaft Norwegens. Sie deckte v. a. Schadensfälle ab. Eigentümer waren die Kunden; Aktionäre besaß sie nicht. Sie entwickelte sich im 20. Jahrhundert zur größten Schadensversicherungsgesellschaft Norwegens mit heute rund 1 Mio. Kunden. 1848 gründete der Unternehmer Fritz Heinrich Frølich (*1807, †1877) mit der *Christiania Bank og Kreditkasse* zudem die erste Geschäftsbank Norwegens.

Der rasche Wandel der Wirtschaft, aber auch der politischen Rahmenbedingungen nach 1814 hatte einschneidende Folgen für das soziale Gefüge. Die Abschaffung des Adels im Jahre 1821 spiegelte deutlich die gesunkene Bedeutung des früheren Land und Ämter besitzenden (dänischen) Adels wider. Gleichzeitig stieg die Bedeutung des Beamtentums, das sich nun aus dem norwegischen Bürgertum oder aufstrebenden Bauerntum rekrutierte. Auch das altständische Stadtbürgertum verlor an Gewicht. Unter starkem Einfluss der wirtschaftsliberalen Ideen des norwegischen Juristen, Volkswirtschaftlers und Publizisten Anton Martin Schweigaard (*1808, †1870) wurden in den Jahren 1839 bis 1842 Gilden und Zünfte abgeschafft, Kaufleute verloren ihr Handels-, Handwerker ihr Handwerksmonopol, um der oft gerade in die Städte einziehenden Industrie und einer damit entstehenden Industriearbeiterschaft Platz zu machen. Außerdem dominierte der Freihandel seit der Absenkung der Zölle auf Exportwaren im Jahre 1842 den städtischen Handel.

Die Industrialisierung hatte die Entstehung einer Arbeiterbewegung zur Folge, die mit den von dem norwegischen Journalisten Marcus Thrane (*1817, †1890) 1848 gegründeten Arbeitervereinen schon früh ihren Anfang nahm. Thrane, dessen Anhänger v. a. Industrie- und Landarbeiter waren, forderte ein allgemeines Stimm-recht und Gleichberechtigung im Wirtschaftsleben. Nachdem er 1851 aufgrund seiner aufrührerischen Umtriebe verhaftet worden war, brach die Bewegung in sich zusammen. Neue Ansätze einer Arbeiterbewegung zeigten sich erst in den 1870er Jahren, als die ersten Arbeitergewerkschaften gegründet wurden. Sie schlossen sich 1899 zu einer reichsweiten Gewerkschaft (*Arbeidernes Faglige Landsorganisasjon/AFL*, «Gewerkschaftliche Landesorganisation der Arbeiter»; seit 1957: *Landsorganisasjonen i Norge/LO*, «Lan-desorganisation in Norwegen») zusammen. Auch der Staat rea-gierte in dieser Zeit auf die Arbeiterfrage. Eine 1885 eingesetzte Arbeiterschutzkommission brachte nach ausführlichen Beratun-gen einen Vorschlag ins *Storting* ein, der 1892 in das erste Arbei-terschutzgesetz (*fabrikktilsynsloven*) mündete. Zwei Jahre später folgte Norwegens erstes Gesetz zur Arbeiterversicherung (*try-gghetslagen*), das einen Versicherungsschutz gegen Unfälle am Ar-beitsplatz einführte.

Auch die schon während des 18. Jahrhunderts sichtbar werdende Sozialpolitik erlebte im Rahmen der sozioökonomischen Um-wälzungen des 19. Jahrhunderts einen signifikanten Aufschwung. Dabei war jedoch nun nicht mehr immer der Staat Urheber ent-sprechender Maßnahmen, sondern z. B. auch Bistümer, Städte und Arbeiterorganisationen. Die bereits 1809 gegründete *Prinds Chri-stian Augusts Minde* (Spinnerei und Zuchthaus) in Christiania er-hielt 1819 den Status eines «Arbeitshauses» für Arme, minder arbeitsfähige Menschen und Arbeitslose. Das Krankenhaus von Christiania wurde durch ein «Tollhaus» für Menschen, die aufgrund psychischer Krankheiten nicht arbeitsfähig waren, ergänzt. Weil sich jedoch das Tollhaus über die Jahre als zu klein und zu teuer erwies, wurde in Christiania 1829 eine eigenständige Anstalt für Geisteskranke im Nordflügel des *Mangelsgården* im *Prinds Chri-stian Augusts Minde*-Komplex eingerichtet. Die juristischen Rah-menbedingungen schuf das erste Gesetz für Geisteskranke von 1848, das Vorschriften für Gebäude, Personal und Therapien (z. B. ein Behandlungsmonopol für Ärzte) einführte. 1840 entstand hin-ter *Mangelsgården* ein Armenkrankenhaus. Es wurde jedoch kurze Zeit später in ein Altersheim (*Alderdommens Hvile*) verwandelt.

Außerdem schuf man hier eine Frauenabteilung für das Asyl und die Arbeitsanstalt.

Kirchen- und Bildungspolitik

Norwegen blieb mit dem Übergang in die Union mit Schweden lutherisch. Nun war jedoch die norwegische nicht mehr Teil der dänischen Lutherischen Kirche, sondern musste eine eigene Kirchenorganisation errichten. Mit der Eidsvoll-Verfassung wurde die Lutherische Kirche als Staatskirche in Norwegen festgeschrieben; ab 1859 bürgerte sich der Begriff *Den norske kirke* (Die norwegische Kirche) ein. Ihr Oberhaupt der war der «König im Staatsrat», d. h. der König in seiner Eigenschaft als Mitglied der norwegischen Regierung (*statsrådet*/Staatsrat). Kirchenangelegenheiten wurden innerhalb des Staatsrates im Kirchenstaatsrat (*Kirkelig statsråd*) behandelt, an dem nur diejenigen Mitglieder der Regierung teilnahmen, die gleichzeitig Mitglieder der norwegischen Kirche waren. Der Kirchenstaatsrat war das höchste Organ der norwegischen Kirche und ernannte u. a. Bischöfe, Pröpste und Pastoren (später nur noch Bischöfe), brachte aber auch die Kirche betreffende Gesetzesinitiativen ins *Storting* ein. 1818 wurde in Christiania außerdem ein Kirchen- und Bildungsministerium (*Kirke- og undervisningsdepartementet*) geschaffen, das bis 1982 stellvertretend für den Staatsrat die Aufsicht über sämtliche Teile der Staatskirche und des eng mit der Kirche verbundenen Bildungswesens ausübte (erst 1982 erhielt Norwegen ein eigenes Kultur- und Wissenschaftsministerium).

Im 19. Jahrhundert verstärkten sich allerdings auch – nun unabhängig vom dänischen Reichskirchenzentralismus – die zentrifugalen Tendenzen innerhalb des norwegischen Luthertums. Die von Hans Nielsen Hauge (*1771, †1824) ins Leben gerufene Erweckungs- und Laienbewegung und der 1796 ausgelöste Konflikt mit der norwegischen Amtskirche um die Auslegung des Konventikelplakats von 1741 (s. S. 94) endete 1842 mit der Aufhebung des Dekrets selbst. Individuelle religiöse Aktivitäten außerhalb der Lutherischen Kirche waren nun nicht mehr strafbar. Damit begann in Norwegen die Zeit der Laien- und Volkskirche. 1873 wurden zahlreiche Laienkirchenräte in den norwegischen Kirchspielen geschaffen. In der Folgezeit fanden zahlreiche inoffizielle Laientreffen mit Repräsentanten aus allen norwegischen Bistümern statt. 1888 erhielten Laien sogar das Recht, in der norwegischen Staatskirche zu predigen – zunächst nur zu bestimmten Gelegenheiten, seit 1913 aber auch während der regulären Gottesdienste (1974 sollte das Predigtrecht der Laien schließlich durch das Recht auf Tauf-, Abendmahls- und Begräbnishandlungen erweitert werden).

Um die Mitte des 19. Jahrhunderts entstand zudem die norwegische Auslandsmission. 1842 wurde in Stavanger *Det norske misjonsselskap* (Die norwegische Missionsgesellschaft) gegründet, die 1843 ihren ersten Missionar, Hans Schreuder (*1817, †1882), nach Zululand (Südafrika) entsandte. 1867 startete sie eine norwegische lutherische Mission in Madagaskar. Heute arbeitet sie in 13 Ländern mit rund 100 Missionaren.

Nichtlutheraner wurden in Norwegen während des 19. Jahrhunderts offiziell nicht geduldet. Besonders Juden, Jesuiten und katholische Orden wurden in der Eidsvoll-Verfassung als unerwünschte Religionsgemeinschaften eingestuft. 1842 erließ das Justizministerium jedoch eine Verordnung, die legitimierte, was längst Praxis war: Portugiesische Juden durften nach Norwegen einwandern. Generell wurde das Verbot jüdischer Einwanderung nach einer von Henrik Wergeland lancierten Kampagne und durch eine *Storting*-Resolution von 1851 aufgehoben. Trotzdem blieb die Zahl der einwandernden Juden in der Folgezeit gering und beschränkte sich auf die größeren Städte (v. a. Christiania). Einen stärkeren Zuzug von Juden erlebte Norwegen erst mit der Aufnahme jüdischer Flüchtlinge während des Zweiten Weltkriegs.

Katholiken erhielten auf Betreiben des französischen Generalkonsuls in Christiania erstmals 1843 das Recht, eine Gemeinde in Christiania zu gründen. 1852 richtete die römische Kurie sogar eine eigene Verwaltung, die «Nordpolarpräfektur», ein, die neben Norwegen auch Island und Grönland umfasste. 1868 schließlich erhielt Norwegen die erste landesweite katholische Jurisdiktion seit der Reformation, das sog. «Missionsgebiet Norwegen», das 1869 zu einer Präfektur und 1892 zu einem Vikariat erhoben wurde.

Im Zuge der allgemeinen Liberalisierung der Religionsgesetzgebung während der Jahre 1842 und 1843 verabschiedete das *Storting* 1845 das sog. Dissenter-Gesetz (*dissenterloven*), das nichtlutherischen christlichen Religionsgemeinschaften das Recht auf freie und öffentliche Ausübung ihres Glaubens gestattete. Restriktionen gegen Juden, Jesuiten und Orden sowie gegen alle nichtchristlichen Glaubensgemeinschaften blieben damit aber vorerst erhalten. 1891 wurde das Dissenter-Gesetz dahingehend erweitert, dass Pastoren oder Gemeindeälteste das Recht auf Eheschließungen erhielten. 1897 fiel das Verbot katholischer Orden. Aber erst 1969 sollte der Begriff «Dissenter» aus der Gesetzgebung gestrichen, das Gesetz von 1845 aufgehoben und in der Verfassung durch das Recht auf «volle Religionsfreiheit» ersetzt werden. Damit erhielten auch Muslime, Buddhisten und andere nichtchristliche Glaubensgemeinschaften das Recht auf Ausübung ihres Glaubens in Norwegen. Der Staatskirchenstatus der lutherischen Kirche ging jedoch nicht verloren.

Bildungswesen Das (kirchliche) Bildungswesen, das 1739 mit dem ersten Schulgesetz aus den Unterrichtsfächern Christentumslehre und Lesen bestanden hatte, wurde im 19. Jahrhundert deutlich erweitert. 1827 kamen als zusätzliche Lehrfächer Schreiben, Mathematik und Singen hinzu. Außerdem sollten die Schüler nun mehrere Wochen im Jahr Schulunterricht erhalten – dabei in den Städten deutlich länger als auf dem Lande. In der Regel begann die Schule nach Vollendung des siebten Lebensjahres und endete mit der Konfirmation im Alter von 14 Jahren. Ein Bauernschulgesetz von 1860 (*Fastskoleloven*) verlängerte die Schulzeiten und erhöhte die Anforderungen an die Qualifikation der Schullehrer. Als Torso einer Real- und Bürgerschule entstanden sogenannte Gelehrtenschulen (*lærde skoler*). Solche Gelehrtenschulen entstanden in Larvik (1823), Arendal (1824), Molde 1832) und Tromsø (1833).

Eine entscheidende Wende, nämlich eine Abwendung vom kirchlich dominierten Schulsystem, kam 1869 mit dem Gesetz über das öffentliche Schulwesen. Norwegen erhielt hierdurch eine sechsjährige «Mittelschule» und ein dreijähriges Gymnasium (der Begriff «Gymnasium» wurde 1987 in den Begriff «Weiterführende

Schule»/*vidaregående skole* überführt). Alle Bürger- und Realschulen wurden nun in Mittelschulen verwandelt. Den Eintritt in die Mittelschule erlangte man nach einem dreijährigen Besuch der Bauernschule oder einer anderen vorbereitenden Schule. Ihr Curriculum war differenziert nach einem Latein- und einem Englisch-Zug. Wer die Mittelschule erfolgreich absolviert hatte, erhielt die Berechtigung, ein Gymnasium besuchen zu dürften. Der erfolgreiche Besuch des Gymnasiums wiederum war die Voraussetzung für ein Universitäts- oder Hochschulstudium. Sozioökonomische Fächer, Sprachen und Naturwissenschaften standen im Mittelpunkt der Gymnasialbildung. 1896 regelte das sog. Gymnasialgesetz (*gymnasloven*) den Unterricht neu.

Die ersten sog. «Amtsschulen» (*amtsskoler* = nichtkirchliche, staatliche Grundschulen) gründete 1875 der *Storting*-Abgeordnete und Staatsrat Nils Herzberg (*1827, †1911) mit Unterstützung der *Venstre* gegen den Widerstand der *Høyre*. Auch die Einrichtung von Volkshochschulen (*folkehøyskoler*) für Erwachsene wies in Richtung einer Trennung von Kirche und Schule, selbst wenn diese Bildungsanstalten noch stark religiös geprägt waren. Bereits 1851 hatte der Pädagoge Hartvig Nissen (*1815, †1874) in Christiania eine «Gesellschaft zur Förderung der Volksaufklärung» (*Selskabet for Folkeoplysningens Fremme*) gegründet, die den «Volksgeist» «wecken, entwickeln und veredeln» sollte. Die praktische Umsetzung dieses Programms übernahm in den 1850er Jahren Ole Vig (*1824, †1857), Redakteur der Zeitschrift der Gesellschaft *Folkevennen* (Der Volksfreund, 1852–1900). Die ab den 1860er Jahren entstandenen Volkshochschulen waren nach dem Modell der dänischen Volkshochschulen geformt, deren Hauptideen der Pädagoge und Theologe Nikolai Frederik Severin Grundtvig (*1783, †1872) entwickelt hatte. Grundtvig wandte sich gegen die «Paukerschule» und eine rein theoretische Bildung und forderte stattdessen einen lebendigen diskursiven Austausch zwischen Lehrern und Schülern über Alltagsthemen, die einen praktischen Nutzen für die Lebensführung hatten. Zudem strebte er einen Zugang zur Bildung für alle sozialen Schichten an. Die erste Volkshochschule Norwegens, die von Olaus Arvesen (*1830, †1917) und Herman Anker (*1839, †1896) gegründete *Sagatun Folkehøyskole* (1864–1891), orientierte sich stark an Ole Vigs Vorstellungen von «Volksaufklärung», war aber gleichzeitig noch sehr religiös geprägt und folgte den Idealen Grundtvigs. Die meisten Volkshochschulen entstanden jedoch erst im 20. Jahrhundert – dann mehr und mehr als freie (nicht-christliche) Volkshochschulen. Durch die Volkshochschulgesetze von 1889 erhielten die Volkshochschulen eine rechtliche Grundlage und Anerkennung als höhere Bildungseinrichtungen.

Die Lehrerbildung wurde erstmals 1824 mit der Einrichtung eines öffentlichen Lehrerseminars systematisiert. Zwar stellten die Kirchspielpastoren auch in den kommenden Jahrzehnten die Mehrheit der Lehrer, aber insgesamt wuchs die Lehrerschaft besonders in der zweiten Hälfte des 19. Jahrhunderts weiter an und säkularisierte sich zunehmend.

Allgemeine politisch und gesellschaftlich relevante Kenntnisse auf säkularer Basis wurden durch das entstehende private Zeitungswesen verbreitet. 1860 kam erstmals die *Høyre*-nahe Zeitung *Christiania Adresseblad* (Christianias Adressenblatt/seit 1861: *Aftenposten*, Abendpost) heraus. Seit 1868 erschien die bis heute (mit kleineren Unterbrechungen) bestehende rechtsliberale (Morgen-) Tageszeitung *Verdens Gang* (Der Lauf der Welt). 1869 folgte die Abendzeitung *Dagbladet* (Tagblatt), die ab 1884 zur Parteizeitung der *Venstre* wurde.

Norwegens Norden im 19. Jahrhundert

Der norwegische Norden mit seinen andersartigen ethnischen und sozialen Strukturen passte nur bedingt ins Schema des nationalen Norwegen und seiner Vergangenheitskonstruktionen und -bewegungen. Der Lappencodicill von 1751 beispielsweise war zwar als «Magna Charta» der samischen Bevölkerung gefeiert worden, bestimmte aber auch, dass das Siedlungs- und Wirtschaftsrecht in «Lappland» nun zwischen «Norwegern» und Samen geteilt werden sollte. Die Missions- und Assimilationspolitik gegenüber der samischen Bevölkerung während des ganzen 18. Jahrhunderts verwies letztlich auf die staatlich-kirchliche Absicht, soziokulturelle Unterschiede zwischen Nord- und Mittel-/Südnorwegen einzuebnen.

1848 verabschiedete das *Storting* eine Resolution, die besagte, dass Land in der Finnmark, das zuvor niemandem gehört hatte, dem norwegischen Staat zustehe und die (nomadischen) Samen keinerlei Landbesitzrechte genössen. Diese Resolution und die Schließung der Grenze zwischen Norwegen und dem seit 1809 eigenständigen Finnland im Jahre 1852, die faktisch zu Landverlusten für die Samen führten, hatten gewaltsame Folgen. Am heftigsten äußerte sich der samische Widerstand in der sogenannten Revolte der Heiligen in Kautokeino (1850–1854), als der *lensman*, ein Brandweinhändler und zwei Samen getötet und der Pastor und seine Hausbediensteten gefoltert wurden. Diese Revolte besaß einen stark religiösen Hintergrund. Zwischen 1826 und 1849 hatte der Kirchspielpastor im schwedischen Karesuando Lars Levi Læstadius (*1800, †1861) eine Kampagne gegen Alkoholismus und Armut unter der samischen Bevölkerung sowie gegen scheinheilige lutherische Geistliche durchgeführt. Dies hatte bereits 1851 zu Demonstrationen der Læstadianer gegen Klerus und Obrigkeit in mehreren Orten Lapplands geführt. Auch unter den Revolteuren von 1852 befanden sich zahlreiche Læstadianer, die der Auffassung waren, dass die Staatskirche nicht das «wahre» Evangelium predige und die Samen zum Alkohol verführe. Der norwegischen und der schwedischen Staatskirche wiederum war der Læstadianismus schon lange ein Dorn im Auge gewesen. 1853 bestimmte der Bischof des schwedischen Bistums Härnösand, Israel Bergmann (*1795, †1876), dass die Læstadianer in Pajala einen speziellen Gottesdienst, getrennt von den anderen Gottesdienstbesuchern, feiern sollten. Trotzdem blieben die Læstadianer Mitglieder der Lutherischen Kirche.

Ebenfalls zu den eher zentrifugalen als national-zentralistischen Tendenzen des 19. Jahrhunderts gehörte eine andere Erscheinung des nordnorwegischen Alltags: der sog. Pomor-Handel (Küstenhandel; von russ. *pomor'e* – «am Meer»), dessen Ursprünge auf die Zeit um 1740 zurückgingen, der jedoch im 19. Jahrhundert seinen Höhepunkt erreichte. Er führte zu profitablen russisch-norwegischen Wirtschaftsbeziehungen, war aber gleichzeitig mit zahlreichen Konflikten, hauptsächlich um Fischereirechte, verbunden. Während anfänglich russische Fischer von der Kola-Halbinsel und vom Weißen Meer ihre Fangüberschüsse an die Küstensamen und an die norwegische Küstenbevölkerung verkauften, gingen sie in der zweiten Hälfte des 19. Jahrhunderts zum profitableren Roggenhandel über. Dazu kam der Handel mit Holz und Baumrinden, Hanf, Seilen und allerlei anderen Seefahrtsprodukten. Die Norweger versorgten die Russen ihrerseits mit Fisch, weil die nordrussische Fischerei wegen der dünnen permanenten Besiedelung der Kola-Halbinsel und der immensen Kosten kaum überindividuell organisiert war. Gleichzeitig konnte (Trocken-)Fisch in Archangel'sk mit Profit an die Stadtbevölkerung und über die Flusssysteme auch ins innere Nordrussland weiterverkauft werden.

In der zweiten Hälfte des 19. Jahrhunderts erforschten Norweger Novaja Zemlja, kartographierten die Barentssee, sicherten sich die besten Fanggründe und kontrollierten auf diese Weise das gesamte Pomor-Gebiet. Ende des 19. Jahrhunderts begannen auch Schweden, Briten und Deutsche, sich für die ökonomischen und wissenschaftlichen Möglichkeiten in der Arktis und damit u. a. in der Barentssee zu interessieren. Es begann ein Wettlauf um die Territorialrechte. 1905 unterstützte Russland die Unabhängigkeit Norwegens von Schweden – nicht zuletzt, um die schwedischen, deutschen und britischen Aktivitäten in der Barentssee zu bremsen.

6. Von der Unabhängigkeit ins «Ölzeitalter» (seit 1905)

Zwischen 1905 und 1940 konnte sich die norwegische Arbeiterbewegung als dritte politische Kraft neben den Konservativen (*Høyre*) und Liberalen (*Venstre*) etablieren. Ihrem Einfluss war es zu verdanken, dass Norwegen während des Ersten Weltkriegs neutral blieb und in der Zwischenkriegszeit die ersten Schritte in Richtung eines sozialdemokratischen Wohlfahrtsstaats unternahm. Gleichzeitig waren die Jahre bis 1940 durch einen erbitterten Streit zwischen der norwegischen Linken und Rechten gekennzeichnet. Ab 1929 brachte die Weltwirtschaftskrise zusätzliche Unruhe in das politische und gesellschaftliche Leben Norwegens. Die Krise begünstigte das Aufkommen radikaler antidemokratischer Strömungen wie z.B. *Nasjonal Samling*, aber auch eine Einigung zwischen Arbeiter- und Bauernpartei, den so genannten «Krisenvergleich» von 1935, der – ähnlich wie in Schweden – den norwegischen Wohlfahrtsstaat begründete.

Parteienkampf und europäische Krisen (1905–1940)

Die Periode von Norwegens Unionsaustritt (1905) bis zum Ersten Weltkrieg war durch eine rasche wirtschaftliche Expansion Norwegens gekennzeichnet. Der Aufschwung des Seehandels aus der zweiten Hälfte des 19. Jahrhunderts setzte sich fort. Bei Ausbruch des Ersten Weltkrieges besaß Norwegen die viertgrößte Handelsflotte der Welt. Auch die Energiewirtschaft profitierte im Zusammenspiel mit der industriellen Revolution von günstigen Konjunkturen. Wasserfälle und Stromschnellen wurden von norwegischen und ausländischen Firmen aufgekauft und zur Energiegewinnung genutzt. Dies bot jedoch bald Grund zur Sorge. Bereits 1906 wurden drei Viertel der norwegischen Wasserenergie von ausländischen

Firmen kontrolliert. Die *Venstre* und die expandierende Arbeiterpartei (*Det norske Arbeiderpartiet/DNA*) drängten deshalb darauf, die nationalen Wasserressourcen zu schützen. Die daraufhin verabschiedeten sog. «Konzessionsgesetze» spielten zwischen 1905 und 1914 eine herausragende Rolle in der norwegischen Wirtschafts- und Umweltpolitik und verursachten 1909 eine Spaltung der *Venstre* in Gegner und Befürworter des wasserwirtschaftlichen Protektionismus.

Kaiser Wilhelm II. in «Nordland»

Neben vielen anderen berühmten Zeitgenossen war auch der letzte deutsche Kaiser Wilhelm II. (1888–1918, *1859, †1941) vom Germanentum und besonders von den Wikingern fasziniert. Schon 1888 erhielt er wegen seines besonderen Interesses an Norwegen den norwegischen Großen St. Olavs-Orden verliehen. In den Jahren vor dem Ersten Weltkrieg unternahm er mit Mitgliedern der deutschen politischen Elite regelmäßig «Nordlandfahrten» auf seiner Jacht «Hohenzollern» entlang der westnorwegischen Küste und durch die westnorwegischen Fjorde. Mehrere Reisen fanden auch auf Kriegsschiffen der deutschen Marine statt, sodass der Kaiser auf diese Weise zugleich die deutsche Flottenmacht demonstrierte. Als während einer solchen «Nordlandfahrt» im Jahre 1904 die norwegische Stadt Ålesund abbrannte, organisierte der Kaiser spontan Hilfe und brachte große Geldsummen für den Wiederaufbau der Stadt im deutsch inspirierten Jugendstil auf. Außerdem schenkte er der norwegischen Kommune Vangsnes 1913 eine gigantische Statue des Wikingers Fridjof den frøkne und ließ eine Statue des sagenhaften Königs Beles bei den Grabhügeln von Balestrand errichten.

Literatur: Birgit Marschall: Reisen und Regieren. Die Nordlandfahrten Kaiser Wilhelms II., Heidelberg 1991.

Erster Weltkrieg Mit den Turbulenzen des Ersten Weltkriegs musste sich Norwegen auf dem Hintergrund der Vorkriegszeit in erster Linie wirtschaftlich auseinandersetzen. Militärisch hielt es sich aus dem Krieg heraus, nachdem es – wie auch Dänemark und

Schweden – bei Kriegsausbruch im August 1914 seine Neutralität erklärt hatte. Das Kriegsgeschehen bewirkte anfangs einen Boom in Handelsschifffahrt, Bergbau und Fischexport, von dem allerdings nur einige Wenige profitierten. Nachdem das Deutsche Reich im Februar 1915 die gesamte Seezone um Großbritannien zum Kriegsgebiet erklärt hatte, wurde die norwegische Exportwirtschaft besonders durch den Seekrieg schwer in Mitleidenschaft gezogen. Insgesamt verlor die norwegische Handelsflotte während des Krieges rund 50% ihres Bestandes (über 800 Schiffe, ca. 120 000 BRT). Außerdem starben 1892 Seeleute.

Auch die britische Politik stand norwegischen außenwirtschaftlichen Interessen im Wege. Großbritannien befürchtete, dass norwegische Reeder die Konvoifahrt vermeiden wollten, und verordnete deshalb eine «Schiff-für-Schiff-Politik», d. h. kein norwegisches Schiff durfte einen britischen Hafen verlassen, bevor nicht ein anderes Schiff angelegt hatte. Außerdem zwangen die Briten Norwegen dazu, seine gesamte Handelsschifffahrt durch den Kanal zu leiten, um die Entstehung weiterer Seekriegsschauplätze im Norden zu verhindern. Die Kanalroute erwies sich jedoch aus Sicht der norwegischen Reeder als großer Umweg und war zudem vermint. Später erhielten norwegische Schiffe zwar die Erlaubnis, eine Route nördlich von Schottland zu benutzen, wurden jedoch von den Briten in Kirkwall (Orkneys) kontrolliert. Diese Einmischungen hörten erst auf, nachdem die skandinavischen Länder gemeinsam Protest bei der britischen Regierung eingelegt hatten.

Andere Einschränkungen für den norwegischen Außenhandel ergaben sich mit dem Eintritt der USA in den Krieg (1917), indem die Achsenmächte Norwegen zwangen, seine Fisch-, Eisenpyrit- und Kupferexporte nach Deutschland einzustellen (Eisenpyrit und Kupfer waren wichtige Rohstoffe für die deutsche Rüstungsindustrie). Der größte Teil der Verluste an Gütern und Menschen ging allerdings auf das Konto der deutschen U-Boot-Flotte in der Nordsee, die norwegische Handelsschiffe angriff. Dieses Faktum führte mit der Zeit zu einer ausgeprägt deutschfeindlichen Stimmung im Land. Die norwegische Regierung unter dem *Venstre*-Politiker Gunnar Knudsen (*1848, †1928) blieb jedoch bei ihrer offiziellen Neutralität.

1918–1940   Eine Rückkehr zur norwegischen Gesellschaft und Politik der Vorkriegsjahre gab es nach 1918 nicht mehr. Die russische Revolution spaltete die internationale Arbeiterbewegung in mehrere Fraktionen, die ihre politischen Ziele zwischen bewaffneter Revolution und friedlich-evolutionärem demokratischem Sozialismus formulierten. *Venstre* und *Høyre* waren tief gespalten über die Sprachen-, Abstinenz- und Kirchenpolitik sowie zahlreiche andere Fragen. Die Weltwirtschaftskrise nach 1929 zog eine politische Radikalisierung nach rechts und links nach sich. Rechtsradikale Strömungen wie die «Nationale Legion» (*Den Nationale Legion*, gegr. 1927) und kleinere Gruppierungen, die schon vor der Weltwirtschaftskrise aktiv gewesen waren, mussten sich nach 1933 mit der «Nationalen Sammlung» (*Nasjonal Samling*) unter Vidkun Quisling (*1887, †1945) die Plätze im rechten Parteienspektrum teilen. Das linke Parteienspektrum war in zwei Flügel gespalten, von denen der linke Flügel nach 1918 zunächst ein Übergewicht besaß, das u. a. dazu führte, dass die revolutionär ausgerichtete *Det norske Arbeiderparti* (Die norwegische Arbeiterpartei) im Unterschied zu den sozialdemokratischen Parteien Europas und Norwegens 1919 der KomIntern beitrat. Dies blieb jedoch Episode. Bereits 1923 war sie nicht mehr Mitglied der KomIntern, nachdem klar geworden war, dass Moskau eine strikte Ausrichtung des internationalen Kommunismus auf die Sowjetunion anstrebte. 1927 fusionierten *Det norske Arbeiderparti* und der rechte Flügel der Sozialisten, *Det norske sosialdemokratiske Arbeiderparti* (Norwegische Sozialdemokratische Arbeiterpartei), zur Norwegischen Arbeiterpartei (*Det norske Arbeiderpartiet/DNA*).

In der Außenpolitik konnte Norwegen nach dem Ersten Weltkrieg Gebietszuwächse verbuchen. Nach langen Verhandlungen mit den Großmächten beschloss Norwegen 1925, einen französischen Entwurf der Pariser Friedenskonferenz von 1920 anzunehmen, in dem Svalbard (Spitzbergen u. a.) als vollständiger Bestandteil des Königreiches Norwegen interpretiert wurde. Die Insel Jan Mayen wurde 1922 mit Hilfe einer meteorologischen Station von Norwegen teil- und 1926 vollbesetzt. 1929 erklärte der norwegische König die Insel zum integralen Bestandteil des Reiches. Außerdem besetzten norwegische Jäger und Fischer im Juli 1933 ein unbewohntes Gebiet an der Ostküste Grönlands (auch: *Erik den Raudes land*/ «Erik des Roten Land») und erklärten ihre Besetzung mit der Behauptung, es handle sich um eine *terra nullius*, ein herrenloses Land. Damit gerieten sie jedoch in Konflikt mit Dänemark, das seine Souveränitätsrechte in Grönland verletzt sah. Die Konfliktparteien brachten die Angelegenheit noch im gleichen Jahr vor den Internationalen Gerichtshof in Den Haag, der schließlich eine Entscheidung gegen Norwegen fällte. 1939 erklärte die norwegische Regierung Queen Maud Land in der Antarktis zu einem Bestandteil des Königreiches – diesmal ohne Konflikt.

Norwegens polare Territorien

Svalbard: 1920 gelangte Norwegen in den Besitz von Svalbard («Kalte Küste»), einer Inselgruppe im Eismeer nördlich des Polarkreises. Svalbard setzt sich zusammen aus neun Hauptinseln (Spitsbergen, Nordøstlandet, Edge-Insel, Barentsinsel, Prins Karls Foreland, Kvit (Gilles Land), Kong Karls Land (Wiche Islands), Bjørn-Insel und Hopen, mit einer Gesamtoberfläche von 62 700 km² = knapp 19% des norwegischen Festlandes), von denen Spitzbergen die weitaus größte ist. Svalbard wurde nach Aussage der *Islandske Annaler* («Isländische Annalen») bereits 1194 entdeckt. Aber erst als die niederländischen Forschungsreisenden Willem Barents (*1550, †1597) und Jacob van Heemskerck (*1567, †1607) sie 1596 wiederentdeckten, drang ihre Existenz ins Bewusstsein der europäischen Öffentlichkeit. Britische, niederländische, französische, hansische, dänische und norwegische Walfänger nutzten Svalbard seit 1615 als Stützpunkt für ihre Fangtätigkeit. Russische Walfänger kamen seit ca. 1715 hinzu. Daraus entstehende Konflikte über Jagdrechte führten zur Aufteilung der Küstengebiete unter den Fangunternehmern. Nach dem Niedergang des Walfangs um 1800 wurden die Inseln v.a. wegen ihrer Kohlevorkommen attraktiv. Hieraus entstanden internationale Konflikte um die Abbaurechte, die erst zu Beginn des 20.Jahrhunderts zwischen amerikanischen, britischen, norwegischen, schwedischen, niederländischen und russischen Unternehmen geregelt wurden. Am 9. 2. 1920 erhielt Svalbard den Status eines norwegischen Staatsterritoriums. Die Abbaurechte vergab Norwegen nunmehr egalitär an verschiedene

---

europäische und einige nichteuropäische Länder. Heutzutage bauen nur noch Norwegen und Russland Kohle auf den Svalbard-Inseln ab. Während des Kalten Krieges bildeten die Gewässer zwischen Finnmark und Svalbard das Tor der sowjetischen Nordflotte zum Atlantik. Die NATO und besonders das NATO-Mitglied Norwegen haben deshalb ein vitales Interesse, diesen Raum streng zu überwachen.

Bjørnøya: Vom 17. bis zum Beginn des 20. Jahrhunderts war Bjørnøya eine wichtige Walross-, Wal-, Eisbär- und Seehundjagdstation. Am 9. 2. 1920 wurde die Insel im Rahmen des Svalbard-Vertrags Norwegen zugesprochen. Seither hat Norwegen, aber auch Schweden, geographische Expeditionen auf der Insel unternommen. Die seit dem 17. Jahrhundert bekannten Kohlevorkommen gaben Anlass zu Hoffnungen auf eine ökonomische Nutzung der Insel. Doch erwies sich der Kohlebergbau, der 1915 bis 1940 bei Tunheim betrieben wurde, als unrentabel. Von 1918 bis 1932 war die Insel im Besitz der *Bjørnøyen AS* (Bjørnøy AG). 1932 übernahm der norwegische Staat sämtliche Aktien und stellte Bjørnøya unter die Verwaltung des Wirtschafts- und Handelsministeriums. Während des Zweiten Weltkriegs und des Kalten Krieges erhielten die Gewässer um Bjørnøya eine hohe militärstrategische Bedeutung. Die Tatsache, dass Bjørnøya während des Zweiten Weltkriegs nicht von deutschen Truppen besetzt wurde (wenn diese auch eine automatische Radiostation installierten), ermöglichte eine sichere Verbindung zwischen den Westalliierten und der Sowjetunion zum Transport von Rüstungs- und Versorgungsgütern in diesem Teil der Barentssee.

Jan Mayen: Die Insel wurde erstmals 1607 von Henry Hudson (*1565, †1611) gesichtet, der ihr den Namen *Hudson's Tutches* (Hudsons Berührungen) gab. 1614 erhob der niederländische Kapitän Jan May für sein eigenes Unternehmen und die Vereinigten Niederlande Anspruch auf die Insel. In der Folgezeit wurde sie v. a. als Walfangstation genutzt, bis die Walbestände um 1642 ausgerottet waren. Die erste Überwinterung erfolgte im Rahmen der Installation einer österreichischen Wetterstation während des Ersten Internationalen Polarjahres (1882/83). Norwegen errichtete 1921 eine Wetterbeobachtungs- und eine Radiostation. 1929 annektierte Norwegen die Insel. Während des Zweiten Weltkriegs unterhielt die US-Armee hier eine Wetterstation. 1958/59 richtete die NATO eine Flugpiste sowie eine Radio- und Navigationsstation ein. Abgesehen von Besatzungen der verschiedenen Stationen ist die Insel bis heute unbewohnt.

Antarktis: Die norwegische Antarktis besteht aus Dronning Maud Land (Königin Maud-Land), dem Territorialsektor, auf den Norwegen einseitig Anspruch erhebt; außerdem aus zwei Inseln im Südpolarmeer: Peter I.-Land und die Bouvet-Insel. Die antarktischen Territorien bilden staatsrechtlich ein norwegisches «Nebenland», das vom Norwegischen Polarinstitut (*Norska Polarinstitutt*) für Norwegen verwaltet wird. Auch völkerrechtlich werden Dronning Maud Land und Peter I.-Land (243 km²) nicht als Teil Norwegens anerkannt. Die Bouvet-Insel hingegen (58,5 km²), die außerhalb des Antarktis-Gebiets liegt, zählt international anerkannt zu Norwegen. Alle Territorien zusammen umfassen eine Fläche von ca. 2,8 Mio. km² und sind – abgesehen von einer ganzjährig bemannten Forschungsstation auf Dronning Maud Land – unbewohnt.

Literatur: Susan Barr: Norway's polar territories, Oslo 1987. Thor B. Arlov: Svalbards historie, 1596–1996, Oslo 1996. Susan Barr: Jan Mayen. Norges utpost i vest. Øyas historie gjennom 1500 år, Oslo 2003.

Auch in internationalen Organisationen und Aktivitäten tat sich Norwegen in der Zwischenkriegszeit hervor. Da der Völkerbund 1935 bei der Wahrung des internationalen Friedens im Abessinien-Konflikt versagt hatte, versuchte der norwegische Außenminister Halvdan Koht (*1873, †1965) eine Zusammenarbeit der kleineren Staaten Europas im Rahmen einer gemeinsamen Liga zu organisieren. Im Übrigen verfolgte Norwegen seine aus dem Ersten Weltkrieg ererbte Neutralitätspolitik weiter und widersetzte sich beispielsweise dem deutschen Angebot eines Nichtangriffspakts.

Die Wirtschaft der Zwischenkriegszeit folgte strukturell den Bahnen, die sie im späten 19. Jahrhundert eingeschlagen hatte. Dabei blieb jedoch eine hohe Inflation ein fortwährendes Problem. Der Versuch, der norwegischen Währung, der «Krone», wieder zu ihrem alten Wert zu verhelfen, scheiterte kläglich. Auf dem Weltmarkt spielte Norwegen eine marginale Rolle. Die Arbeitslosigkeit blieb bedrohlich hoch (1927: ca. 20%). Mit der Großen Depression in den Jahren nach dem Börsenkrach von 1929 gingen weitere bedeutende Veränderungen einher. Die Arbeitslosigkeit wuchs weiter (1933: mind. 34%, darunter viele Staatsbeamte). Die Regierung – 1931 bis 1933 geführt von *Norges Bondelag* (Bauernpartei, gegr. 1920; seit 1959: *Senterpartiet*/Zentrumspartei), dann von *Venstre* (1933–1935) – versuchte die Krise durch eine harte Sparpolitik in den Griff zu bekommen und lehnte eine expansive Finanzpolitik oder Notmaßnahmen, wie sie die DNA vorschlug, ab. Die Folge war ein großer Wahlerfolg der DNA im Jahre 1933, der allerdings noch keine DNA-Mehrheit im *Storting* brachte. Immerhin aber wurde die DNA jetzt an der Ausarbeitung eines neuen Krisenprogramms der Regierung beteiligt. Schließlich setzte sie sich mit dem DNA-Wahlmotto von 1933 «Stadt und Land, Hand in Hand» («*By og land, hand i hand*») und nach einem historischen Kompromiss mit *Norges Bondelag*, dem sogenannten Krisenvergleich von 1935, unter Johan Nygaardsvold (*1879, †1952) an die Spitze der Regierung, die bis 1945 offiziell im Amt blieb.

Der Krisenvergleich von 1935 war stark von Franklin D. Roosevelts (*1882, †1945) *New Deal*-Politik für die USA und der Wirtschaftspolitik der Sowjetunion beeinflusst und basierte auf Analysen des DNA-Fraktionsmitglieds Ole Colbjørnsen (*1897, †1973) und des Nationalökonomen der Osloer Universität, Ragnar Frisch (*1895, †1973). Konkret sah der Vergleich von 1935 höhere Preise für Butter und Fleisch vor sowie einen bevorzugten Absatz norwegischen Getreides innerhalb des Landes gegenüber ausländischen Importen (Forderung der Bauernpartei). Gleichzeitig sollte die Industrialisierung weiter vorangetrieben und eine Umverteilungsabgabe («Armensteuer»/*fattigmannsskatten*) – der Vorläufer der heutigen Mehrwertsteuer – eingeführt werden. Eine Rentenreform, eine staatliche Revision der Industriebetriebe, das Recht auf Urlaub und eine Arbeitslosenversicherung waren ebenfalls Teil des Reformpakets. Finanziert wurden diese Maßnahmen durch Steuererhöhungen und höhere Staatsinvestitionen, die aber das Hauptziel, den Abbau der Arbeitslosigkeit, letztendlich nicht einlösen konnten. Trotz einiger kleiner Erfolge bei Absatz und Konsum und einer rasant steigenden Industrieproduktion (1913–1938 rd. 75%) lag die Arbeitslosigkeit 1938 immer noch bei etwa 20%.

Willy Brandt in Norwegen

Willy Brandt wurde als Sohn von Martha Frahm und John Möller in Lübeck geboren. Seinen Vater lernte er nie kennen. Er wuchs bei seiner Mutter und seiner Großmutter mit dem Nachnamen Frahm auf. 1929 wurde er Mitglied der Jungsozialisten, 1930 der SPD. 1931 wechselte er zur linkssozialistischen SAP (Sozialistische Arbeiterpartei Deutschlands). Als die SAP 1933 von der NS-Regierung verboten wurde, ging sie in den Untergrund. Frahm wurde beauftragt, eine Exilorganisation der Partei in Norwegen aufzubauen, und reiste 1934 nach Oslo. Dort arbeitete er unter dem Decknamen Willy Brandt. 1936 besuchte er Deutschland unter dem Decknamen Gunnar Gaasland und nahm als Journalist am Spanischen Bürgerkrieg teil. 1938 verlor er die deutsche Staatsbürgerschaft und stellte deshalb einen Antrag auf die norwegische Staatsbürgerschaft, lernte Norwegisch und publizierte in den Folgejahren Bücher in dieser Sprache. Nach dem deutschen Überfall auf Norwegen im April 1940 wurde er als norwegischer Kriegsgefangener nach Deutschland verschleppt. Von dort gelang ihm die Flucht nach Stockholm, wo ihn die Botschaft der norwegischen Exilregierung als norwegischen Staatsbürger anerkannte. Im schwedischen Exil, wo er sich bis 1945 befand, trug Frahm viel zur Annäherung der zerstrittenen Exilparteien SAP und SPD bei. Von 1941 bis 1948 war Frahm mit der Norwegerin Anna Carlotta Thorkildsen verheiratet. Nach Kriegsende reiste Frahm als Korrespondent mehrerer skandinavischer Zeitungen nach Deutschland, wo er 1948 offiziell den Namen Willy Brandt und die deutsche Staatsbürgerschaft annahm. Im selben Jahr heiratete er die Norwegerin Rut Hansen, mit der er bis 1980 zusammen war.

Literatur: Einhart Lorenz: Willy Brandt in Norwegen. Die Jahre des Exils 1933–1940, Kiel 1989.

«Reichskommissariat Norwegen»:
Norwegen im Zweiten Weltkrieg (1940–1945)

1940 wurde Norwegen von deutschen Truppen besetzt und als «Reichskommissariat Norwegen» etabliert. Gegen die Besatzungsmacht arbeiteten norwegische Untergrundbewegungen, unterstützt von den Westmächten, v. a. Großbritannien. Die Besatzung hinterließ während und nach dem Krieg ein tiefes Misstrauen der norwegischen Bevölkerung gegenüber Deutschland. Für die Alliierten erwies sich die norwegische Handelsflotte als zentrales Instrument amerikanischer Nachschublieferungen an Großbritannien und die Sowjetunion. Die norwegisch-alliierte Zusammenarbeit während des Krieges bildete die Grundlage für eine enge Zusammenarbeit Norwegens mit den USA und Großbritannien in der Nachkriegszeit.

Nach dem Kriegsausbruch verkündete Norwegen am 3.9. 1939, als Großbritannien und Frankreich Deutschland den Krieg erklärten, wie schon im Ersten Weltkrieg seine Neutralität. Die Truppen wurden zwar in Neutralitäts-Bereitschaft versetzt, waren jedoch schlecht gerüstet und zahlenmäßig schwach. Während des Frühjahrs 1940, als der außenpolitische Druck wuchs, tendierte die norwegische Regierung unter Halvdan Koht dazu, sich für den Fall eines möglichen Kriegseintritts auf die britische Seite zu schlagen, selbst wenn auch den Norwegern klar war, dass Großbritannien ein eigennütziges kriegswirtschaftliches (nordschwedische Eisenerzlieferungen über Kiruna) und strategisches Interesse (Brückenkopf für militärische Operationen) an Norwegen hatte. Auch konkrete britische Übergriffe konnten die prinzipielle Anlehnung an Großbritannien nicht erschüttern. Am 14.2. 1940 verletzte die britische «HMS Cossack» ungeachtet norwegischer Proteste norwegische Hoheitsgewässer im Jøssingfjord, um britische Gefangene auf dem deutschen Trossschiff «Altmark» zu befreien. Für die deutsche Propaganda war die Affäre ein willkommener Anlass, um zu verkünden, Norwegen sei aus eigener Kraft nicht im Stande, seine Neutralität zu verteidigen – und dies zu einem Zeitpunkt, als der deutsche Überfall auf Norwegen («Unternehmen Weserübung») schon längst, nämlich seit Dezember 1939, feststand. Deutschland hatte die gleichen kriegswirtschaftlichen und strategischen Ziele wie Großbritannien. Im Frühjahr 1940 begann folglich eine Art Wettrennen um die Besetzung Norwegens. Die britische Marine legte am 8. April Seeminen in den westlichen Fjorden Norwegens aus. Zu diesem Zeitpunkt waren jedoch am 3. April in See gestochene deutsche Einheiten längst auf dem Weg nach Norwegen und Dänemark. Bereits am späten Abend des 8. April hatte die norwegische Verteidigung ihr erstes Todesopfer (im Oslofjord) zu beklagen. Im Narvikfjord versenkte die deutsche Kriegsmarine am frühen Morgen des 9. April die norwegischen Panzerschiffe *Eidsvold* und *Norge*. Gleichzeitig wurden Oslo, Kristiansand, Egersund, Bergen, Trondheim und Narvik angegriffen. Der Beschuss der deutschen Flotte von der Festung Oscarsborg (im Oslofjord) aus konnte die deutsche Invasion durch die Versenkung des deutschen Flaggschiffs «Blücher» und die Beschädigung einiger anderer Schiffe zwar kurzzeitig aufhalten, aber letztlich nicht verhindern. In den anderen norwegischen Städten trafen deutsche Truppen nicht einmal auf nennenswerten Widerstand. Immerhin verschafften die Kämpfe im Oslofjord der königlichen Familie, der Regierung und den *Storting*-Abgeordneten Zeit, um sich aus Oslo abzusetzen. Noch am selben Tag fassten die *Storting*-Repräsentanten in Elverum den Beschluss, ihre Mandate an die Regierung abzutreten, solange der Krieg währte. Damit war der Weg frei für eine handlungsfähige Regierung, die schnelle Entscheidungen treffen musste.

Anders als im Oslofjord und in den Küstenorten verhielt es sich in den innernorwegischen Gebieten. Sabotage und heftige Kämpfe machten den deutschen Einheiten schwer zu schaffen. Narvik wurde am 28. Mai 1940 von französischen, polnischen und norwegischen Truppen sogar zurückerobert, musste jedoch am 7. Juni wieder den Deutschen überlassen werden. Die meisten innernorwegischen Gebiete waren noch am 20. April 1940 in norwegischer Hand. Hier zogen sich die Kämpfe bis Anfang Juni hin, obwohl mehrere Städte durch Luftangriffe dem Erdboden gleichgemacht wurden. Am 10. Juni schließlich kapitulierten die Reste der norwegischen Armee in Nordnorwegen. Eine Kapitulationsurkunde wurde vom deutschen und norwegischen Oberkommando noch am selben Tag in Trondheim unterzeichnet. König und Regierung waren bereits am 7. Juni über Tromsø nach Großbritannien geflohen.

Die norwegischen nordatlantischen Territorien Svalbard, Bjørnøya und Jan Mayen gerieten nicht unter deutsche Besatzung. Die deutsche Marine installierte zwar 1941 eine automatische Radiostation auf Bjørnøya, stationierte jedoch keine Truppen auf der Insel. Svalbard und Jan Mayen wurden von Einheiten der norwegischen Brigade in Schottland kontrolliert.

In Festlandnorwegen hielt sich während der Besatzungszeit (1940–1944) die große Anzahl von bis zu 400 000 deutsche Soldaten auf, weil Hitler der Meinung war, Norwegen werde auch nach der deutschen Besetzung ein Hauptziel alliierter Invasionsversuche gegenüber Deutschland bleiben. Die Alliierten taten alles, um diesen Verdacht zu nähren, indem sie Gerüchte über eine bevorstehende Invasion in Umlauf setzten und Kommandoüberfälle an der norwegischen Küste organisierten. Um Norwegen besser verteidigen zu können, ließ das deutsche Besatzungsregime die gesamte Küste durch Forts, die ab 1941 größtenteils von sowjetischen Kriegsgefangenen gebaut wurden, befestigen. Die größte Anlage dieser Art, errichtet von der «Organisation Todt», befand sich auf der Insel Møvik vor Kristiansand und sollte zusammen mit einem Schwesterfort bei Hanstholm (Dänemark) das Skagerrak und die Zufahrt nach Südostnorwegen sichern. Die starke deutsche Truppenpräsenz in Norwegen richtete sich aber nicht nur gegen die Westalliierten. Seit 1941 diente Norwegen auch als Aufmarschgebiet und Hinterland der deutsch-sowjetischen Front in Nordnorwegen und -finnland.

Trotz der offensichtlichen Besatzungs- und Sicherungsmaßnahmen war das deutsche Besatzungsregime bemüht, nach außen hin den Schein einer weitgehenden Autonomie Norwegens in inneren Angelegenheiten aufrechtzuerhalten. Eingriffe in die sozioökonomischen Strukturen des Landes suchte die deutsche Besatzungsmacht zu vermeiden, um eine effektive kriegswirtschaftliche Ausbeutung des Landes nicht zu gefährden. Auch die politische Selbständigkeit Norwegens war ursprünglich Teil dieser Autonomie-Fassade gewesen. Doch hatte sich der «Führer» von *Nasjo-*

nal Samling und ehemalige norwegische Verteidigungsminister Vidkun Quisling bereits am Tag der Invasion des norwegischen nationalen Radiosenders *NRK* bemächtigt und selbst zum Ministerpräsidenten ernannt. Damit waren die Pläne der deutschen Besatzer, die eigentlich lieber mit der amtierenden Regierung zusammengearbeitet hätten, durchkreuzt. Da sich Quisling weigerte, «zurückzutreten», blieb der deutschen Besatzungsmacht unter Curt Bräuer (*1889, †1969) vorerst nichts übrig, als die Quisling-Regierung anzuerkennen. Am 15. April jedoch drängte Bräuer Quisling, sein Amt niederzulegen, da dieser offensichtlich weder von der Wirtschaft noch von den Ministerien und auch nicht von den deutschen Besatzungsbehörden unterstützt wurde. Stattdessen richtete das norwegische *Høyesterett* (Oberste Gericht) am 15. April einen sogenannten Verwaltungsrat (*administrationsråd*) ein, der die von den Deutschen besetzten Gebiete, d. h. Festland-Norwegen, administrieren sollte. Chef des Verwaltungsrates wurde der erzkonservative deutschfreundliche *Høyre*-Politiker und Distriktchef (*fylkesman*) von Oslo und Akershus, Ingolf Christensen (*1872, †1943).

Am 24. April setzte Hitler Reichskommissar Josef Terboven (*1898, †1945) als Chef der norwegischen und deutschen Besatzungsverwaltung ein. Dieser nahm am 13. Juni Verhandlungen mit dem Präsidium des *Storting* auf, weil er die Bildung einer ordentlichen Regierung wünschte, um Friedensverhandlungen mit Norwegen führen und das Land unter Oberhoheit der Besatzungsmacht regieren zu können. Ende Juni 1940 sandte das *Storting*-Präsidium einen Brief an den norwegischen König mit der Bitte abzudanken, weil er de facto nicht mehr in der Lage sei, das Land zu regieren. Gleichzeitig schlug das Präsidium vor, die Regierung Nygaarsvold abzusetzen, die ebenfalls nicht mehr als Regierung angesehen werden könne. In einer Radiosendung der *BBC* lehnte Haakon VII. (1905–1957, *1872, †1957) dieses Ansinnen jedoch energisch ab, weil die Entscheidung erzwungen sei und der norwegischen Verfassung widerspreche. Realpolitisch hatte die Weigerung des Königs wenig Bedeutung. Auf der symbolischen Ebene jedoch war sie ein wichtiges Signal für die norwegische Bevölkerung, das in der Folgezeit insbesondere der norwegischen Widerstandsbewegung

Aufwind verschaffen sollte. Da ein greifbares Ergebnis der Verhandlungen vorerst nicht absehbar war, erklärte Terboven die Verhandlungen am 25. September 1940 für gescheitert, König und Exilregierung für abgesetzt, den Verwaltungsrat für aufgelöst und alle politischen Parteien außer *Nasjonal Samling* für verboten. Anstelle des Verwaltungsrates setzte Terboven nun sog. «Kommissarische Staatsräte» ein, die dafür sorgen sollten, dass die Wünsche und Befehle der deutschen Besatzungsregierung reibungslos umgesetzt wurden.

Reichskommissar Josef Terboven (*1898, † 1945)

Terboven wurde in Essen als Sohn eines Landwirts geboren. Er besuchte die Volksschule und die Oberrealschule. Nach Abschluss der Unterprima (12. Klasse) im Mai 1915 diente er als Kriegsfreiwilliger, zunächst bei der Feldartillerie und später bei der Luftwaffe, und erhielt das Eiserne Kreuz II. und I. Klasse. 1918 wurde er als Leutnant der Reserve aus der Armee entlassen. Nachdem ihm auch ohne Abiturprüfung das Reifezeugnis zuerkannt worden war, studierte er bis 1921 Rechts- und Staatswissenschaften an den Universitäten München und Freiburg, machte jedoch keinen Abschluss. 1923 begann er eine Lehre bei der Essener Credit-Anstalt, wurde nach bestandener Abschlussprüfung Bankangestellter, 1925 aber aufgrund von Personaleinsparungen entlassen. 1923 war Terboven der NSDAP beigetreten und hatte sich im gleichen Jahr am Hitler-Putsch in München beteiligt. Bald wurde er SA-Obergruppenführer und 1928 Gauleiter seiner Heimatstadt Essen. Nach der Machtübernahme Hitlers 1933 stieg er zum Preußischen Staatsrat und (neben seiner parteiamtlichen Stellung als Gauleiter) am 5. Februar 1935 zum Oberpräsidenten der Rheinprovinz auf. Am 29. Juni 1934 heiratete er Ilse Stahl, die bis dahin als Sekretärin für Joseph Goebbels gearbeitet hatte. Hitler und Hermann Göring waren bei der Hochzeit anwesend. Nach der deutschen Okkupation Norwegens setzte Hitler Terboven am 24. April 1940 als norwegischen Reichskommissar ein. Terboven beutete Norwegen in den Folgejahren im Interesse der deutschen Kriegswirtschaft aus und betrieb eine Politik der harten Hand gegen den zunehmenden Widerstand der norwegischen Bevölkerung. Auf diese Weise

wurde er für die Norweger zur Symbolfigur der deutschen Unter-
drückungs- und Ausbeutungspolitik. Kurz bevor die bedingungslose Kapitulation Deutschlands am 8. Mai 1945 um Mitternacht in Kraft trat,
sprengte sich Terboven in seinem Bunker auf dem Anwesen Skaugum
bei Oslo in die Luft. Seine letzte Ruhestätte fand er 1954 auf dem Kom-
munalfriedhof Essen-Frillendorf.

Literatur: Hans Dietrich Loock: Quisling, Rosenberg und Terboven. Zur Vorgeschichte und Geschichte der nationalsozialistischen Revolution in Norwegen,
Stuttgart 1970. Berit Nøkleby: Josef Terboven. Hitlers mann i Norge, Oslo 1992.

Ab September 1940 regierten also faktisch die deutschen Besatzungsbehörden das Land. Hitler hatte Terboven in einer Instruk-
tion eingeschärft, dass das geltende norwegische Recht dabei an
deutsche Interessen angepasst werden müsse. Diese «Neuordnung»
war in den «Verordnungsblättern für die besetzten norwegischen
Gebiete» niedergelegt. Danach sollte jeder Widerstand mit Terror
oder Terrordrohungen beantwortet werden. Der norwegische Widerstand ließ nicht lange auf sich warten. 1940 führten Streiks zur
Ausrufung des Ausnahmezustands und zur Hinrichtung zweier
Gewerkschaftsführer. Die ersten Konzentrationslager entstanden
ebenfalls 1940. In den Folgejahren gehörten Misshandlungen auf
offener Straße, Verhaftungen, Folter, standrechtliche Erschießun-
gen, Hinrichtungen oder Abtransport in deutsche Konzentrationslager zum Besatzungsalltag. Auch Geiselnahmen, die eine Gewähr
für die Sicherheit öffentlicher Einrichtungen gegen Sabotage bieten
sollten, waren Teil des Herrschaftsrepertoirs. Bisweilen wurden
Geiseln auch hingerichtet. Pressezensur und Aufhebung der Mei-
nungsfreiheit erreichten im August 1941 ihren Höhepunkt, als
sämtliche Radioempfänger in Norwegen beschlagnahmt wurden.
  Nachdem 1942 zwei Gestapo-Offiziere in einem Scharmützel
mit der Widerstandsorganisation *Linge-folk* in Telavåg (Horda-
land) südlich von Bergen getötet worden waren, brannte die Besatzungsmacht in einer Vergeltungsaktion das ganze Dorf nieder. 18
Männer wurden sofort hingerichtet, alle übrigen ins Konzentrationslager Sachsenhausen abtransportiert, wo 31 der insgesamt

72 Internierten starben. Die übrige Bevölkerung von Telavåg wurde für den Rest des Krieges an anderen Orten in Norwegen interniert, ihre Häuser wurden gesprengt, ihre Schiffe beschlagnahmt und ihr Vieh abgeschlachtet. In einer gewaltsamen Auseinandersetzung zwischen Mitgliedern des Widerstands und der deutschen Besatzungsmacht in Arnøy in Troms am 23. August 1943, während der 22 Deutsche und drei Widerstandsleute getötet worden waren, beschuldigte man die Dorfbevölkerung, die Partisanen unterstützt oder zumindest nicht gemeldet zu haben. Acht Personen wurden hingerichtet, 16 Männer und Frauen ins Gefängnis geworfen.

Der Besatzungsalltag für die norwegische Bevölkerung war von Warenknappheit, Schwarzmarkthandel und Rationierungen geprägt. Mangelkrankheiten nahmen zu, doch war die Versorgung im relativen Vergleich immer noch gut, weil Dänemark und Schweden Norwegen mit Hilfslieferungen beistanden. Die wirtschaftliche Ausbeutung Norwegens zeigte sich ab 1941 in einer Intensivierung der Aluminiumproduktion und im Ausbau von Bergwerken zur Rohstoffgewinnung für die deutsche Rüstungsindustrie.

Um der Besatzung doch noch einen halbwegs legitimen Anstrich zu geben, ernannte Terboven Quisling in einem Staatsakt am 1. April 1942 zum «Ministerpräsidenten» einer kommissarischen Regierung von Norwegen. Dies war freilich ein Schritt ohne praktische Bedeutung, weil die reale Macht bei der deutschen Besatzungsverwaltung lag. Zwar versuchte Quisling, Kirche, Schule und Jugenderziehung im Sinne der Ideologie von *Nasjonal Samling* umzugestalten, doch traf er auf heftigen Widerstand bei den entsprechenden Organisationen und hatte auf diese Weise sowohl mit den deutschen Besatzern wie auch mit dem norwegischen Widerstand zu kämpfen.

Widerstand Der norwegische Widerstand wurde sowohl im Land an der sog. «Heimatfront» (*hjemmefronten*) als auch im Exil an der sog. «Außenfront» (*utefronten*) organisiert. Erste Ansätze an der Heimatfront zeigten sich schon in der zweiten Jahreshälfte 1940, und zwar militärisch in der Organisation *Milorg* und zivil in der Organisation *Sivorg*. Im Herbst 1940 begann *Milorg* mit dem Aufbau einer landesweiten Organisation. Diese hatte den Auftrag, eine schlagkräftige Armee zu schaffen, die in der Lage war, Norwegen zu befreien und/oder eine ausländische Invasion zur Befreiung Norwegens zu unterstützen. Die *Milorg*-Führung bestand aus einem vierköpfigen «Rat» (*Rådet*), unterhielt einen eigenen Geheimdienst, unterstützte Sabotageoperationen und hatte zum Zeitpunkt von Norwegens Befreiung (1945) rund 55 000 Mitglieder. Im November 1941 anerkannte die norwegische Exilregierung Nygaardsvold in London *Milorg* als militärischen Arm Norwegens vor Ort. Gleichzeitig wurde sie als spezielle Abteilung des Oberkommandos der norwegischen Verteidigungskräfte, als Abteilung FO 4, etabliert und dem Oberkommandeur des Heeres unterstellt. Später teilte man sie in eine *Milorg*-Abteilung und eine Abteilung, die Sabotageakte unterstützte, ausgeführt von der «Kompanie Linge» (*Linge-folk*). Auch das Verhältnis zwischen *Milorg* und der britischen *Special Operations Executive* (SOE) musste ab 1941 näher bestimmt werden, nachdem die Briten im Herbst 1940 damit begonnen hatten, eine norwegische Freiwilligentruppe aufzubauen, die im Besatzungsgebiet Sabotageakte und Überfälle durchführen sollte.

Der zivile Zweig der Heimatfront, *Sivorg*, war seit Ende 1940 im Rahmen der norwegischen Verwaltungsdistrikte (*fylker*) organisiert. Eine sog. *fylkeutvalg* (Distrikt-Kommission) mit jeweils bis zu 100 Mitgliedern diente als Verbindungsstelle zwischen Zivilverwaltung, Kirchen, Schulen, kulturellen Einrichtungen, Medien, Polizei und Rechtsanwälten im jeweiligen *fylke* unter der Leitung der reichsweiten «Heimatfront» und unterstützt von *Milorg*. *Sivorgs* Aufgaben waren vielfältigster Art: die Anfertigung gefälschter Pässe und Grenzanwohner-Ausweise, Transporte von Flüchtlingen, die Registrierung «unzuverlässiger» Personen (Kollaborateure, Denunzianten, Mitglieder von *Nasjonal Samling* u. a.), die Aufstellung von Verhaltensregeln gegenüber Versuchen der Besatzungsmacht, norwegische Arbeitskräfte für ihre Vorhaben einzuspannen, die Unterstützung von Angehörigen der von der Besatzungsmacht Inhaftierten, die Gewinnung von Informanten und Unterstützern aus der Bevölkerung (besonders solche in beruflichen Schlüsselpositionen wie Lehrer, Schaffner, militärische und zivile Verwaltungsbeamte etc.) sowie von Journalisten und Gerätschaften für die illegale Presse, die Beschaffung von Räumen, das Auffinden geheimer und sicherer Treffpunkte, die Mobilisierung von Arbeitern für Streiks im Falle einer alliierten Invasion u. v. a. m.

Außer den ideologisch übergreifenden *Milorg* und *Sivorg* existierten ein straff organisierter kommunistischer Widerstand und mehrere lose organisierte Widerstandsgruppen, darunter auch zahlreiche Pastoren und andere Geistliche der norwegischen Kirche, die zwar zeitweise mit *Milorg* und *Sivorg* zusammenarbeiteten, meist aber eigene Ziele verfolgten und sich auf weniger spektakuläre Einzelaktionen beschränkten.

Großbritannien unterstützte die norwegische «Heimatfront» vor allem, um deutsche Truppen in Norwegen zu binden. Aus britischer Perspektive hatte der norwegische Widerstand die Aufgabe, das deutsche Herrschafts- und Versorgungssystem in Norwegen zu schwächen und auf diese Weise immer mehr deutsches Militär nach Norwegen zu locken. Er sollte außerdem die deutschen Bewegungen vor Ort erkunden. Dazu gehörten insbesondere Informationen über die Bewegungen der deutschen Schlachtschiffe «Bismarck» und «Tirpitz», die zeitweise vor der norwegischen Küste patrouillierten. Ein anderer wichtiger Teil ihrer Tätigkeit war der Aufbau von Fluchtrouten, die zugleich genutzt wurden, um norwegische und britische Agenten ins Land zu schleusen. Die Kommunikation zwischen den britischen Stellen und dem norwegischen Widerstand erfolgte in der Regel durch verschlüsselte Botschaften im Radio. Eine der spektakulärsten gemeinsamen Aktionen von Briten und Norwegern gegen die deutsche Besatzungsmacht in Norwegen war am 28. 2. 1943 die Sprengung der *Norsk Hydro*-Fabrik in Rjukan (Telemark), die schweres Wasser für das deutsche Atombombenprogramm herstellte, durch ein aus Großbritannien eingeschleustes Spezialkommando.

Sabotageangriffe auf das deutsche Atombombenprogramm

Das deutsche Atomprogramm hing in der Zeit des Zweiten Weltkriegs stark von ausländischen Ressourcen ab. Ein wichtiger Bestandteil für die Entwicklung einer möglichen Atombombe war schweres Wasser, das in Vemork bei Rjukan (Telemark) produziert wurde. Dadurch wurde Vemork zu einem wichtigen Ziel alliierter Sabotage. Der erste Versuch, die Fabrik zu zerstören, erfolgte im November 1942. Als Vortrupp wurden am 19. Oktober 1942 vier norwegische Fallschirmspringer der ortskundigen «Kompanie Linge» in Telemark abgesetzt («Operation Grouse»). Am 19. November folgte ein britisches Ingenieurskommando der *1st British Airborne Division*, das die Fabrik mit Segelflugzeugen angreifen sollte. Die zwei Schleppbomber und zwei Segelflugzeuge gerieten jedoch in schlechtes Wetter; nur einer der Schleppbomber schaffte den Weg zurück nach England; die drei anderen Flugzeuge stürzten in Norwegen ab. Die Linge-Soldaten mussten bis Ende Februar 1943 warten, um ihre Operation, verstärkt durch weitere sechs britische Fallschirmspringer, durchführen zu können. In der Nacht zum 28. Februar 1943 gelang es dem Trupp, in die Schwerwasseranlage einzudringen und die Schwerwasserzellen (insgesamt 900 kg schweres Wasser plus Produktionsmaschinen) zu sprengen. Einige Monate später hatten die Deutschen die Anlage jedoch wieder in Gang gesetzt, sodass die Briten ein neues Unternehmen starten mussten. Im November 1943 flogen 143 B-17-Bomber einen Angriff auf die Vemork-Fabrik, doch explodierten die meisten Bomben außerhalb der Schwerwasseranlage. Trotzdem war die Produktion für kürzere Zeit unterbrochen. Die verbliebenen Reste schweren Wassers versuchten die Deutschen unter strenger Bewachung mit der Eisenbahnfähre «DF Hydro» über den Tinnsjø zur nächsten Eisenbahnstation und von dort aus nach Deutschland zu transportieren. Dem norwegischen «Heimatfront»-Widerstand gelang es am 19. Februar 1944 jedoch, die Fähre mit Hilfe einer an Bord geschmuggelten Zeitbombe («Unternehmen Tinnsjø»/*Tinnsjøaksjonen*) zu versenken.

Literatur: Jormar Brun: Brennpunkt Vemork 1940–1945, Oslo 1985. Thomas Michael Gallagher: The Telemark raid. Sabotaging the Nazi nuclear bomb, London [7]2002. Jostein Berglyd: Operation Freshman. The hunt for Hitler's heavy water, Bergen [3]2005. Per F. Dahl: Heavy water and the wartime race for nuclear energy, Bristol 1999.

Parallel zu den Aktivitäten an der «Heimatfront» baute die Londoner Exilregierung an der «Außenfront» seit 1940 einen kompletten Militärapparat auf. Ab Sommer 1940 stand die hochgeschätzte Marine im Dienst der Alliierten. Deutlich weniger Ansehen genoss das norwegische Heer. Es bestand zu keinem Zeitpunkt aus mehr als 4000 Personen und war in verschiedene Einheiten in Schottland, auf Island, Svalbard, Jan Mayen und in Südgeorgien (Südatlantik) aufgeteilt. Die norwegische Luftwaffe unterhielt seit 1940 ein Trainingslager in Kanada. Als eigenständige Waffengattung der norwegischen Armee wurde sie jedoch erst ab dem 10. November 1944 aktiv. Ein Teil des Luftwaffenpersonals arbeitete mit britischen Abteilungen zusammen.

Die Truppen der norwegischen «Außenfront» rekrutierten sich aus den rund 80 000 norwegischen Staatsbürgern, die im Laufe der Besatzungszeit ins Ausland geflohen oder aus anderen Gründen dorthin gelangt waren. Ein Teil dieser Exilierten war in den sog. «Außentruppen» (*utestyrkene*) organisiert. Außerdem konnte die norwegische Exilregierung auf Grundlage des britischen «Allied Forces Act» (22.8.1940), der die Rechtsprechung der alliierten Truppen auf britischem Boden regelte, Norweger, die sich auf britischem Boden befanden, zwangsrekrutieren. Das rechtliche Verhältnis der norwegischen Truppen zu Großbritannien wurde durch eine «Militärvereinbarung» vom 28. Mai 1941 geregelt.

Formell nicht Teil der «Außentruppen» waren Polizeieinheiten, die in Schweden ab 1943 aufgestellt wurden. Sie erhielten zwar eine militärische Ausbildung, durften aber in Schweden wegen dessen sensiblem Verhältnis zu Deutschland und der offiziellen Neutralität des Landes nicht als militärisch bezeichnet werden. Es handelte sich dabei um acht Bataillone leichter Infanterie, die für eine eventuelle Invasion Norwegens bereitstehen sollten. Ab Frühjahr 1945 wurden sie mit schwerer Artillerie ausgestattet.

Ebenfalls als Teil der «Außenfront» muss die Gründung eines staatlichen Unternehmens, *Nortraship*, durch die Exilregierung im Jahre 1943 interpretiert werden. *Nortraship* erhielt Nutzungsrechte an Schiffen der norwegischen Handelsflotte, die während des deutschen Überfalls zum größten Teil ausländische Häfen angelaufen hatten. Dabei handelte es sich bei Kriegsausbruch um ca. 1000 Schiffe mit 30 000 Mann Besatzung, die den Alliierten zur Verfügung gestellt wurden. In der Folgezeit leistete die norwegische Handelsflotte mit Hilfe von *Nortraship* zahlreiche kriegswichtige Dienste, erlitt allerdings auch große Verluste. Rund 3600 Mann starben bei entsprechenden Einsätzen. Gleichzeitig sicherten die Handelseinkünfte der Handelsflotte der norwegischen Exilregierung und ihren «Außenfront»-Aktivitäten eine gewisse ökonomische Unabhängigkeit.

Norweger in deutschen Diensten Nicht alle Norweger engagierten sich im Widerstand gegen die deutsche Besatzungsmacht. Abgesehen von den Mitgliedern von *Nasjonal Samling* und anderen rechtsradikalen und deutschfreundlichen Gruppierungen stellten sich einige Norweger ganz bewusst in den Dienst des deutschen Militärs. Dabei kämpften norwegische Freiwillige hauptsächlich an der deutschen Nordostfront als sog. «Frontkämpfer». Oft ging es gar nicht darum, Deutschland zu unterstützen, sondern dem «finnischen Brudervolk» im «Fortsetzungskrieg» (1941–1944) gegen die Sowjetunion zu helfen oder ganz allgemein die «rote Flut» einzudämmen. Historiker schätzen die Zahl dieser Freiwilligen auf rund 15 000 Personen. Im Verlauf des Krieges wurden jedoch nur ca. 5000 Personen als Soldaten registriert. Von diesen fielen oder verschwanden knapp 800. Andere Norweger dienten als Rote-Kreuz-Helfer an der deutschen Nordostfront. Zahlreiche «Frontkämpfer» standen nach Kriegsende unter Anklage des Landesverrats vor norwegischen Gerichten und erhielten harte Strafen. Die Rote-Kreuz-Helfer wurden vom Internationalen Roten Kreuz nach Kriegsende beschuldigt, nur deutschen Interessen gedient und das Prinzip des Roten Kreuzes, allen Kriegsparteien zu helfen, verraten zu haben.

Gefangenschaft Wieder andere Norweger gerieten aufgrund ihres Widerstands gegen die Besatzungsmacht in deutsche Gefangenschaft. Sie teilten sich den Platz mit Kriegsgefangenen anderer von deutschen Truppen besetzter Länder in den vier Hauptkriegsgefangenenlagern in Norwegen: «Stalag 303» in Jørstadmoen bei

Lillehammer, «Stalag 322» in Elvenes bei Kirkenes, «Stalag 330» in Sagen bei Alta (später nach Beisfjord verlegt) und «Stalag 380» in Drevja und Oppdal. Außerdem existierten 121 kleinere, über das ganze Land verteilte Lager. Sie alle standen unter dem Kommando der Wehrmacht. Gefangene, die nicht in Lagern interniert waren, wurden auf Arbeitsbataillone verteilt und von der «Organisation Todt» beaufsichtigt. Kriegsgefangene wurden hauptsächlich deshalb nach Norwegen verbracht, um sie für Zwangsarbeit einzusetzen. Ernährung, Kleidung und klimatische Bedingungen waren miserabel. Besonders bei der Arbeit an der Reichsstraße 50 («Blutstraße») und an der Nordlandbahn waren die Verluste an Menschenleben hoch. Als Bewacher dienten 360 Norweger im Dienst der SS, organisiert im «SS Wachbataillon Oslo» und im «Norwegischen Wachbataillon», die aus dem *Hird* (der Eliteeinheit von *Nasjonal Samling*) rekrutiert wurden.

Rund 44 000 Norweger saßen während der Besatzungszeit in deutscher Gefangenschaft, darunter rund 4000 Frauen. In den ersten Wochen nach der Invasion wurden die Gefangenen in regulären norwegischen Gefängnissen untergebracht. Diese waren jedoch bereits im Sommer 1940 überfüllt. Danach entstanden mehrere Gefangenenlager und spezielle Zuchthäuser, von denen das größte Grini bei Oslo war. Bis 1944 verbrachte man außerdem rund 600 norwegische Gefangene in deutsche Gefängnisse und Zuchthäuser. Rund 800 Gefangene landeten in Konzentrationslagern in Deutschland und Polen (die meisten in Sachsenhausen, Auschwitz und Buchenwald). 1944 waren die bestehenden Lager, Gefängnisse und Zuchthäuser so überfüllt, dass man auf Schulen und Gemeindehäuser ausweichen musste. Eine spezielle Gefangenengruppe bildeten über 300 norwegische Polizisten, die in Stutthof interniert wurden, nachdem die deutschen Besatzer am 16. August 1943 eine «Säuberung» der norwegischen Polizei durchgeführt hatten. Eine ähnliche Anzahl Polizisten war in Grini interniert. In Polen (Grune bei Lissa: Oflag XXI C z und Schildberg: Oflag XXI C) wurden knapp 1000 norwegische Offiziere, in Japan ca. 900 Norweger verschiedener Herkunft und unterschiedlichen Ranges, in Vichy-französischer Gefangenschaft in Nordafrika 59 Norweger gefangen gehalten.

Außer den Norwegern waren zwischen 1941 und 1945 in Norwegen rund 75 000 sowjetische und 1600 polnische Kriegsgefangene in deutschen Lagern interniert. Dabei wurden sowjetische Gefangene besonders brutal behandelt; 13 000 bis 15 000 von ihnen kamen ums Leben. Weiter waren über 4000 politische Gefangene aus Jugoslawien, hauptsächlich Serben, die von der SS kontrolliert wurden, in Vernichtungs-KZs untergebracht. Diese Lager wurden 1943 auf Druck des Roten Kreuzes der Wehrmacht unterstellt, worauf sich die Lebensbedingungen für die Internierten leicht verbesserten. Trotzdem blieb die Sterberate hoch. Zu Kriegsende waren nur noch 1753 Serben am Leben.

Polizeihäftlingslager Grini

Das Polizeihäftlingslager Grini wurde 1938 als Frauengefängnis gebaut, war aber noch nicht in Funktion, als deutsche Truppen Norwegen im April 1940 besetzten. Ab dem 24. April 1940 diente es als Lager für rund 700 Gefangene. Zunächst war Grini nur als Durchgangsstation für Gefangene gedacht. Ab 1941 wurden hier jedoch dauerhaft politische Häftlinge aus ganz Norwegen interniert. Zwischen 1941 und 1945 hielten sich knapp 20 000 registrierte Gefangene im Lager auf. Damit bildete Grini die größte Haftanstalt Norwegens während der deutschen Besatzungszeit mit einer Maximalbelegung von 5400 Häftlingen. Ca. 3400 Personen wurden von Grini aus in Konzentrationslager in Deutschland und in von Deutschland besetzte Gebiete deportiert. Die Gefangenenlisten von Grini lesen sich wie ein *Who is Who* der politischen, intellektuellen und kulturellen Elite Norwegens in der Nachkriegszeit, darunter auch der langjährige sozialdemokratische Ministerpräsident Norwegens, Einar Gerhardsen (s. u.).

Literatur: Erik Lørdahl: Polizeihäftlingslager Grini 1941–1945 and the prisoner mail. A brief history of the prisoners in the Gestapo Police Prisoner Camp Grini in World War 2, and the letters they wrote and received, Tårnåsen 2004.

Juden Die rund 2200 norwegischen Juden waren während der Besatzungszeit zahlreichen Repressalien von deutscher und norwegisch-rechtsradikaler Seite ausgesetzt. Verhaftungen, Misshandlungen, Berufsverbote, Enteignungen, Verleumdungen gehörten zum Alltag. Im Juni 1941 wurden erstmals jüdische Männer in Nordnorwegen interniert. Am 10. Januar 1942 erging eine Verordnung der deutschen Sicherheitspolizei (SIPO), alle Pässe von Juden mit dem Buchstaben «J» zu stempeln. Ausgeführt wurde die Verordnung von den lokalen norwegischen *lensmann*-Verwaltungen und den Polizeikammern. Dies war der Auftakt für eine systematische Erfassung der jüdischen Bevölkerung in Norwegen. Der nächste Schritt erfolgte kurze Zeit später in Form einer Verordnung des Polizeiministeriums, von allen Juden ein Formular «Juden in Norwegen» ausfüllen zu lassen. Am 13. März 1942 führte Quisling den 1851 abgeschafften «Judenparagraphen» der Verfassung wieder ein, der Juden den Zutritt in das Königreich Norwegen grundsätzlich verwehrte. Während der Periode des Ausnahmezustands im Trøndelag ab dem 6. Oktober 1942 wurden alle jüdischen Männer verhaftet, ins Konzentrationslager Falstad geschickt und dort misshandelt. Am 24. Oktober erschien ein Gesetz der Quisling-Regierung, das die Enteignung von Juden verlangte. Die norwegische Staatspolizei erhielt Ordre von der SIPO, alle jüdischen Männer zu verhaften, was in der Nacht zum 26. Oktober von der norwegischen Polizei mit Unterstützung der NS-Organisation *Hird* ausgeführt wurde. Am 25. November folgte die Festnahme jüdischer Frauen und Kinder. Ihre Wohnungen wurden versiegelt, das Eigentum von der norwegischen Nazi-Führung beschlagnahmt. Gold, Silber, Schmuck und Uhren gingen ohne Registrierung direkt an die deutschen Besatzungsbehörden. Diese organisierten auch die ersten Transporte von (insgesamt rund 550) Juden vom Osloer Hafen nach Stettin und von dort nach Auschwitz. Weitere Transporte nach Auschwitz (rund 160 Personen) erfolgten von November 1942 bis März 1943. Zwischen 50 und 100 Juden blieben vorerst in norwegischen Lagern oder Gefängnissen interniert. Einige davon kamen am Ende des Krieges in der Haft um. Insgesamt wurden von den über 2200 vor den Verhaftungen in Norwegen lebenden Juden 767 in deutsche Vernichtungslager deportiert. 230 Familien wurden völlig ausgelöscht, um die 30 Personen überlebten den Krieg. Ca. 1000 Juden entkamen nach Schweden, eine kleinere Zahl auch nach Großbritannien, wobei die norwegischen Fluchthelferorganisationen ca. 60 Personen pro Woche über die Grenze schleusen konnten.

Rückzug und Kapitulation Mit der Niederlage der deutschen Truppen bei Stalingrad (2. 2. 1943) und den sowjetischen Offensiven in Nordrussland (Januar bis Juni 1944) geriet die deutsche Besatzungsmacht vor allem im Norden Norwegens 1944 immer stärker unter Druck. Man verstärkte die deutsche Truppenpräsenz in Norwegen besonders in der Flotte und der Luftwaffe, um einer möglichen Invasion von Osten oder Westen zu begegnen, aber auch, um die Rüstungs- und Versorgungskonvois zwischen den Westalliierten und der Sowjetunion in den nördlichen Gewässern zu stören. Nach dem Waffenstillstand zwischen Finnland und der Sowjetunion am 19. September 1944 zogen sich die deutschen Ostfront-Truppen über die Finnmark langsam zurück. Im Gegenzug rückte nun die Rote Armee in der östlichen Finnmark vor. Bei ihrem Rückzug aus Nordfinnland über Nordnorwegen wandte die deutsche «Lappland-Armee» auf Vorschlag Terbovens und gemäß «Führerbefehl» vom 29. Oktober 1944 die Taktik der verbrannten Erde an: Der größte Teil der Finnmark und von Troms nördlich von Lyngen wurde in Schutt und Asche gelegt, um sowjetischen Truppen die Versorgungs- und Schutzbasis zu nehmen. Dies geschah gegen den Protest des deutschen Oberbefehlshabers in Norwegen Nikolaus von Falkenhorst (*1885, †1968) und anderer hoher Offiziere, die diesen Schritt unnötig und außenpolitisch unklug fanden. Außerdem zwangsevakuierten die deutschen Besatzungsbehörden die nordnorwegische Bevölkerung unter Androhung der Todesstrafe nach Süden. Nicht alle jedoch folgten den deutschen Anordnungen. So machten deutsche Patrouillen Jagd auf rund 25 000 Finnmark-Norweger, die sich der Evakuierung entzogen und unter schwierigsten Umständen das Ende des Krieges im Norden überlebten.

Am 8. Mai 1945 kapitulierten die deutschen Truppen in Norwegen offiziell und gerieten in Gefangenschaft. Terboven beging daraufhin Selbstmord. Am 13. Mai zog Kronprinz Olav in Oslo ein. Am 7. Juni betrat König Haakon norwegischen Boden. Damit war die Besatzungszeit zu Ende und die Periode von «Heimatfront» und «Außenfront» vorbei.

Die sozialdemokratische Industriegesellschaft (1945–1974)

Bei den Friedensvorverhandlungen erhielt Norwegen den Status einer Siegermacht, weil es (im Gegensatz z. B. zu Dänemark) auf Seiten der Siegermächte gekämpft hatte. Diese Auffassung wurde allerdings von der Sowjetunion abgelehnt und ist in der Nachkriegszeit selbst von norwegischen Historikern (z. B. Hans Fredrik Dahl) in Frage gestellt worden. Eine der wichtigsten Aufgaben der Nachkriegsregierung war die rechtliche Aufarbeitung (*rettsoppgjør*) der Kriegsverbrechen und des Landesverrats. Die Bilanz der Kriegsverluste für Norwegen sah dabei folgendermaßen aus: Nach Angaben des Norwegischen Statistischen Zentralbüros hatte Norwegen insgesamt mehr als 10 000 Gefallene zu beklagen. An materiellen Verlusten sind zuvorderst die Zerstörungen in Finnmark und Nord-Troms anzuführen. Insgesamt waren in Norwegen rund 10 400 Wohnhäuser, zahlreiche Industrieanlagen und mehr als 350 öffentliche Gebäude sowie Verkehrsverbindungen und Kommunikationsmittel zerstört, zahlreiche Schiffe und Boote versenkt sowie Vieh massenweise abgeschlachtet worden. Rund 45 000 Personen hatten die deutschen Besatzungsbehörden nach Süden deportiert, zwischen 20 000 und 25 000 waren beim Rückmarsch der deutschen Truppen in den Untergrund abgetaucht.

Diese und andere Verbrechen sollten nun in den unmittelbaren Nachkriegsjahren untersucht und geahndet werden. Dabei erhielten rund 50 000 Personen Strafen; rund 20 000 Personen wurden inhaftiert. Die *rettsoppgjør*-Prozesse fielen vergleichsweise harsch aus, u. a. weil schon die Mitgliedschaft in *Nasjonal Samling* als Landesverrat galt. Entsprechend wurde die Quisling-Regierung verhaftet und vor Gericht gestellt. Quisling selbst erhielt die Todesstrafe und wurde hingerichtet. Im Zusammenhang mit dem Quisling-Prozess standen aber auch viele Richter wegen Kollaboration mit den Deutschen unter Anklage und wurden verurteilt. 25 Norweger und 15 Deutsche wurden mit dem Tode bestraft, die meisten davon wegen Mordes oder Denunziation. Die Prozesse waren schon während sie liefen, aber auch später durchaus umstritten und führten zu einer lange Zeit zerrissenen norwegischen Nachkriegsidentität.

Quisling und die norwegische Nachkriegsidentität

Der «Fall Quisling» und der damit verbundene *rettsoppgjør* (Justizabrechnung, Rechtsuntersuchung) unter der sozialdemokratischen Regierung Einar Gerhardsen wurde in der norwegischen Nachkriegsgeschichte zum Zankapfel, belastete die norwegische Politik auf Jahrzehnte und spaltete die norwegische Gesellschaft in mehrere Lager. Zweifellos basierte der *rettsoppgjør* teilweise auf geltendem Recht; «Volks- und Lynchjustiz» wie in anderen Ländern, z. B. bei der Aufarbeitung des Vichy-Regimes in Frankreich, blieben die Ausnahme. Dennoch war der *rettsoppgjør* schon während der einzelnen Verfahren umstritten und sollte es bis in unsere Tage bleiben. Rund 46 000 Personen wurden wegen «Landesverrats» verurteilt, davon 37 mit Todesstrafen (u.a. 25 Norweger), rund 17 000 mit Gefängnisstrafen, die übrigen mit Geld- und Vermögensstrafen.

Die Kritik der folgenden Jahre und Jahrzehnte richtete sich zum einen gegen die Milde oder die Härte der Strafen, aber auch grundsätzlicher gegen deren Rechtmäßigkeit. Als Rechtsgrundlage dienten nämlich einerseits Gesetze vom Anfang des 20. Jahrhunderts, andererseits Sondergesetze aus der Kriegszeit. Manche Kritiker waren der Auffassung, dass in Friedenszeiten andere Rechte zu gelten hätten als in Kriegszeiten. Vor allem die Todesstrafe war heftig umstritten und wurde z. T. als Racheinstrument der während der Besetzung unterdrückten politischen Opposition gegen ihre Bedrücker interpretiert. Zum anderen richtete sich die Kritik gegen die Kategorien der Strafverfolgung. Etliche Kommentatoren vertraten die Meinung, dass auch «Wirtschaftsverbrecher» (Spekulanten, Kriegsgewinnler, Wirtschaftskollaborateure) bestraft werden sollten. Tatsächlich wurde nämlich vor allem die aktive und passive Mitgliedschaft in *Nasjonal Samling* und die ideologische Nähe zu den politischen Vorstellungen Vidkun Quislings geahndet. Möglicherweise war dies u.a. auch ein politisches Ablenkungsmanöver Einar Gerhardsens, der – wie man heute weiß – 1940 selbst bereit gewesen war, mit der deutschen Besatzungsmacht zusammenzuarbeiten, nach dem Krieg aber mit Hilfe des *rettsoppgjør* gegen Quisling und *Nasjonal Samling* vorging und versuchte, seine Hände in Unschuld zu waschen.

Unter dem Eindruck der Kontroverse um den *rettsoppgjør* wurden Quisling und die «Quislinge» zum Symbol der politischen und moralischen Zerrissenheit Norwegens unter den Nachwirkungen des Krieges. Historiker, die ähnlich wie die mit dem «Fall Quisling» befassten Richter über den Parteien und Lagern zu stehen hatten, taten sich zunächst schwer, damit zurecht zu kommen. Erst in den 1980er Jahren haben umfangreiche Analysen von Quislings Leben und des *rettsoppgjør* weniger politisch und moralisch belastete Urteile formuliert.

Literatur: Ralph Tuchtenhagen: Quisling: ein norwegisches Mysterienspiel, in: Führer der extremen Rechten. Das schwierige Verhältnis der Nachkriegsgeschichtsschreibung zu «großen Männern» der eigenen Vergangenheit (hg. v. Francisca Loetz, Georg Christoph Berger Waldenegg), Zürich 2006, S. 181–196. Susanne Maerz: Die langen Schatten der Besatzungszeit. «Vergangenheitsbewältigung» in Norwegen als Identitätsdiskurs, Berlin 2008 (= Nordeuropäische Studien 20).

Ein weiteres Problem der norwegischen Nachkriegsperiode waren die zahlreichen Kinder, die aus Verbindungen zwischen norwegischen Frauen und deutschen Soldaten hervorgegangen waren, sogenannte Kriegskinder, Deutschenbastarde oder Deutschenkinder. Sie litten unter Diskriminierungen in der Bevölkerung und fanden bis spät in die 1980er Jahre kein Gehör bei den norwegischen Behörden. Insgesamt 40 000 bis 50 000 norwegische Frauen hatten sich während der Besatzungsjahre mit deutschen Soldaten eingelassen. Zwischen 3000 und 5000 von ihnen wurden bis April 1946 ohne rechtliche Grundlage in speziellen Lagern interniert, um sie, wie es offiziell hieß, vor Übergriffen der Bevölkerung zu schützen und die Verbreitung von Geschlechtskrankheiten zu verhindern.

Die «Deutschenkinder» in Norwegen

Untersuchungen gehen von 10 000 bis 12 000 «Deutschenkindern» (*tyskerunger*) aus, die in Norwegen zwischen 1940 und 1946 geboren wurden. Es gibt aber eine Dunkelziffer, weil viele Mütter aus Schamgefühl die Herkunft ihrer mit Deutschen gezeugten Kinder verschwiegen. Diese Tatsache, aber auch die unbekannte oder verschwiegene Identität der Väter sowie die allgemeine soziale Diskriminierung der Väter, Mütter und Kinder führten in der Nachkriegszeit zu einer schweren psychischen Belastung der «Kriegskinder». Bei der Diskriminierung spielten jedoch nicht nur der Hass auf die Besatzungsmacht und die «Kollaboration» der Mütter mit den Besatzern eine Rolle; auch offene persönliche Rechnungen, die herrschende Sexualmoral und das Gefühl besonders der kleinen Kommunen, «Verräter» unter sich dulden zu müssen, waren ausschlaggebend. Mütter und Kinder erhielten keinerlei staatliche Unterstützung (etwa durch Schutzgesetze oder Unterstützungsverordnungen). «Deutschenkinder» wurden oft von ihren Müttern getrennt, erlebten eine unstete Kindheit in Erziehungseinrichtungen und bei Zieheltern. Besonders Heimkinder wurden zur Zielscheibe ausgeprägter Vorurteile und Feindbilder und zu Opfern von Übergriffen und Missbrauch. Einige dieser Kinder waren im deutschen «Lebensborn»-Heim in Oslo aufgewachsen, das deutschen rassenbiologisch-biopolitischen Zielen diente. Ein Teil wurde in Deutschland großgezogen.

Erst 2003 sprach das *Storting* eine offizielle Entschuldigung für das Verhalten der norwegischen Regierung aus. 2005 erschien eine Verordnung über die Entschädigung für «Lebensborn»-Kinder. Andere «Deutschenkinder» gingen jedoch leer aus. Auch eine Klage vor dem Europäischen Gerichtshof brachte keinen Erfolg (Grund: Verjährung). Viele «Deutschenkinder» begannen erst 50 bis 60 Jahre nach Kriegsende, nach ihren oft unbekannten Vätern zu suchen, weil dies bis dahin sozial sanktioniert wurde und Hilfsangebote internationaler Suchorganisationen (z. B. Rotes Kreuz, Heilsarmee) erst jetzt zur Verfügung standen. Das Schicksal der «Deutschenkinder» wurde in Norwegen mehrfach literarisch behandelt, ja von norwegischen Schriftstellern überhaupt erst ins öffentliche Problembewusstsein gehoben. So beispielsweise von dem Unterhaltungsautor Willy Ustad (*1946) in seiner Heftserie *Fire søsken* (Vier

Schwestern), von Marit Paulsen in *Liten Ida* (Die kleine Ida) oder in der sog. «Tora-Trilogie» von der nordnorwegischen Schriftstellerin Herbjørg Wassmo (*1942), die selbst ein Kriegskind war.

Literatur: Lars Borgersrud: Staten og krigsbarna: en historisk undersøkelse av statsmyndighetenes behandling av krigsbarna i de første etterkrigsårene, Oslo 2004. Lars Borgersrud: Vi ville ikke ha dem: Statens behandling av de norske krigsbarna, Oslo 2005. Dag Ellingsen: Krigsbarns levekår: en registerbasert undersøkelse, Oslo 2004. Kjersti Ericsson/Eva Simonsen: Krigsbarn i fredstid, Oslo 2005.

Der Wiederaufbau eines politischen Systems im Norwegen der Nachkriegszeit barg die Chance für einen grundlegenden Neuanfang. Hatten der Widerstand gegen die deutsche Besatzung während des Zweiten Weltkriegs, aber auch schon der «Krisenvergleich» von 1935 die Parteistreitigkeiten der Zwischenkriegszeit weitgehend beigelegt, so brachen sie nach dem Ende des Krieges wieder auf. In diesem Wettstreit der Parteien setzte sich die Arbeiterpartei als wichtigste politische Kraft durch und führte Elemente der Planwirtschaft in ihre Wirtschaftspolitik ein, die im Wesentlichen als Fortführung der während der Besatzungszeit erzwungenen Wirtschaftspolitik gedeutet werden können. Das Ziel dieser Wirtschaftspolitik war jedoch die Errichtung eines Solidar- und Wohlfahrtsstaates nach vornehmlich schwedischem Modell.

Nach dem Ende des Krieges übernahm Einar Gerhardsen (*1897, †1987) die Führung der DNA. Auf dem Reichsparteikongress Ende Mai 1945 wurde er formell zum Parteichef und Nachfolger von Oscar Torp (*1893, †1958) gewählt, der während der Besatzungszeit zusammen mit der Exilregierung in London ausgeharrt hatte. Torp selbst wurde Mitglied der zentralen Parteiführung. Kurze Zeit später übernahm Gerhardsen auch den Parteivorsitz in Oslo. Als Chef der nunmehr mitgliederstärksten Partei Norwegens leitete er außerdem eine Kommission, die ein gemeinsames politisches Programm für die Nachkriegszeit ausarbeiten sollte. Dabei standen besonders die Beseitigung der Kriegsschäden und der Wiederaufbau Norwegens im Mittelpunkt.

Der frühere Chef der «Heimatfront», Justitiar des *Høyesterett* und *Venstre*-Mitglied Paal Olav Berg (*1873, †1968) erhielt am 14. Juni 1945 vom König den Auftrag, eine Sammlungsregierung zu bilden. Dabei wurde er von Gerhardsen sowie der Führung und der *Storting*-Fraktion der DNA unterstützt. Die bürgerlichen Parteien jedoch, darunter auch Bergs eigene Partei, wollten Berg nicht das Vertrauen aussprechen. Besonders der Widerstand des *Storting*-Präsidenten und *Høyre*-Politikers Carl Joachim Hambro (*1885, †1964) bewirkte, dass Berg seine Regierungsbildung einstellte. Der Ministerpräsident der Vorkriegs- und Kriegsjahre, Johan Nygaardsvold, der von einigen Mitgliedern der DNA als Ministerpräsident gewünscht wurde, lehnte den Posten ab (teilweise wegen des Widerstands aus der eigenen Partei). Und als schließlich der parlamentarische Führer der DNA im *Storting*, Fredrik Monsen (*1974, †1954), der vom König zur Regierungsbildung aufgefordert worden war, Gerhardsen empfahl, wurde dieser Chef der projektierten Sammlungsregierung.

Die «Ära Gerhardsen» (1945–1965)   Von einer in sich geschlossenen «Ära Gerhardsen» zu sprechen, entspricht genau genommen nicht ganz den Tatsachen. 1951 bis 1955 regierte Gerhardsens Parteigenosse Oscar Torp, 1963 wurde Gerhardsens Regierungszeit durch eine zweimonatige Regierung aus *Høyre, Senterpartiet, Venstre* und *Kristelig Folkeparti* unterbrochen. Dennoch haben Einar Gerhardsen und die DNA die ersten zwei Nachkriegsjahrzehnte politisch so deutlich dominiert, dass die Wahrnehmung als «Ära» wohl gerechtfertigt ist. Gerhardsen führte insgesamt vier Regierungen an, davon eine Koalitionsregierung (1945) und drei Regierungen mit der DNA als einziger Regierungspartei. Der «Landesvater» (*landsfaderen*) Gerhardsen gilt bis heute als Schöpfer des norwegischen Wohlfahrtsstaates und eine der markantesten politischen Persönlichkeiten des 20. Jahrhunderts in Norwegen.

Einar Gerhardsen (*1897, †1987) vor 1945

Einar Gerhardsen wurde 1897 in Asker geboren. Ab 1915 arbeitete er in der Verkehrsbehörde von Christiania. 1919 wurde er Vorsitzender des Arbeitervereins dieser Behörde, 1920 Vorsitzender der Arbeitergesellschaft von Christiania. 1919 bis 1926 war er Mitglied des Zentralkomitees des Kommunistischen Jugendverbandes (*Norges Kommunistiske Ungdomsforbund*), Vorläufer des «Jugendfylking der Arbeiter». Dort war Gerhardsen stellvertretender, später auch erster Vorsitzender. In dieser Zeit arbeitete er zudem ein Jahr lang als Sekretär des Norwegischen Kommuneverbandes. Nach dem Ersten Weltkrieg trat Gerhardsen zunächst für einen von Moskau geführten KomIntern-Sozialismus ein, den er jedoch 1923 wieder aufgab. Im gleichen Jahr wurde er Parteisekretär der DNA, bis er 1926 zum Parteisekretär in Oslo gewählt wurde, wo er die lokale DNA-Organisation vorantreiben sollte. 1939 wurde er zweiter Vorsitzender der DNA. Nach der deutschen Invasion arbeitete Gerhardsen kurze Zeit für die Regierung und war für die Sicherheit der Goldreserven von Norges Bank zuständig. Als er im Juni 1940 wieder nach Oslo zurückgekehrt war, wurde er Chef der DNA und blieb dies auch, nachdem die deutsche Besatzungsmacht die DNA verboten hatte. In dieser Funktion wurde er mehrere Male von der Gestapo verhaftet und verhört, obwohl er den Deutschen eine Zusammenarbeit angeboten hatte. Am 26. 8. 1940 schließlich erzwangen die deutschen Behörden seinen Rücktritt als Parteivorsitzender. Dies trieb ihn in den norwegischen Widerstand. Hier gehörte Gerhardsen zu den Initiatoren des offiziellen Nachrichtenblatts der «Heimatfront», *Bulletinen* (Das Bulletin). Am 11. 9. 1941 wurde er von den Deutschen verhaftet und in Grini interniert. Über eine Zwischenstation in der Møllergata 19 in Oslo landete er schließlich im KZ Sachsenhausen in Deutschland. Nach weiteren kürzeren Aufenthalten in deutschen Gefängnissen wurde er 1944 wieder zurück nach Norwegen geschickt. Dort war er zunächst im *Akershus Landsfengsel* (Landesgefängnis Akershus) inhaftiert. Am 19. 9. 1944 wurde er wieder nach Grini verlegt, wo er bis zur deutschen Kapitulation am 8. 5. 1945 saß. Während seiner gesamten Gefangenschaft arbeitete Gerhardsen an Plänen zur Nachkriegspolitik der DNA.

Literatur: Finn Olstad: Einar Gerhardsen. En politisk biografi, Oslo 1999. Per Øyvind Heradstveit: Einar Gerhardsen og hans menn, Oslo 1981. Jostein Nyhamar: Einar Gerhardsen, 2 Bde., Oslo 1982–1983. Egil Helle: Landsfaderen, Oslo 1987.

Bei den Wahlen zum *Storting* im Oktober 1945 erreichte die DNA eine absolute Mehrheit und konnte damit die erste Mehrheitsregierung in Norwegen seit über 20 Jahren bilden. Gleichwohl war die zweite Gerhardsen-Regierung (1945–1951) der Auffassung, dass ein möglichst großer Konsens zwischen den Parteien vonnöten war, sollte der Wiederaufbau Norwegens nach dem Krieg gelingen. Deshalb wurde das unter Leitung Gerhardsens vor dem Oktober 1945 ausgearbeitete gemeinsame Regierungsprogramm zur Grundlage der künftigen Regierungsarbeit. Trotzdem gab es immer noch genug Kontroversen, vor allem um die Außen- und Sicherheitspolitik. Eines der Hauptprobleme war die Frage, welche Allianzpolitik Norwegen in Zukunft betreiben sollte. Gerhardsen favorisierte bis 1948 eine «Brückenbaupolitik» (*brobyggingspolitikken*) gegenüber den entstehenden osteuropäischen Staaten und der Sowjetunion bei gleichzeitigem Aufbau einer gemeinsamen nordeuropäischen Verteidigungspolitik und gutem Verhältnis zum Westen. Aber diese Position wurde von mehreren Seiten heftig kritisiert. Ein Umschwung kam mit dem kommunistischen Umsturz in der Tschechoslowakei 1948. Nun begann ein gnadenloser Kampf gegen die norwegischen Kommunisten (die ihre tschechischen Genossen tatkräftig unterstützt hatten). In seiner sog. Kråkerøy-Rede vom Februar 1948 identifizierte Gerhardsen den Kommunismus als gefährlichste Bedrohung für Norwegen und positionierte sich damit außenpolitisch deutlich auf der Seite des Westens. Der norwegische NATO-Beitritt 1949 erschien geradezu als eine natürliche Folge der Ereignisse von 1948. Gleichzeitig akzeptierte Norwegen 1948 bis 1951 wirtschaftliche Hilfe aus dem Marshall-Plan und band sich damit ökonomisch und politisch an die USA.

Nach dem politisch unbedeutsamen Zwischenspiel der DNA-Regierung unter Oscar Torp (1951–1955) sah sich Gerhardsens dritte Regierung (1955–1963) mit dem Problem einer galoppierenden Inflation konfrontiert. Bereits einen Monat nach dem Wechsel im Amt des Ministerpräsidenten lancierten Gerhardsen und Finanzminister Mons Lid (*1896, †1967) die sog. «Februarmaßnahmen» (*februartiltakene*), die den finanziellen Druck in der Außenwirtschaft, auf dem Arbeitsmarkt und bei der Preisentwicklung vermindern sollten. Preise und Löhne stiegen danach weniger schnell als zuvor. Dennoch waren die «Februarmaßnahmen» sowohl innerhalb der DNA als auch in der norwegischen Bevölkerung extrem unpopulär, nach Überzeugung der Regierung aber notwendig, um die Gefahr einer Hyperinflation abzuwenden. Ein anderes Problem betraf die politischen Kräfteverhältnisse, und zwar erneut im Zusammenspiel mit Gerhardsens Außenpolitik. Nach Stalins Tod (1953) hatte Nikita Chruščev in der Sowjetunion eine neue Außenpolitik konzipiert, die künftig eine «friedliche Koexistenz» mit den Nachbarstaaten propagierte. Als Gerhardsen 1955 nach Moskau reiste, um sich mit Chruščev zu treffen, gewann er den Eindruck, dass mit der neuen Kreml-Führung durchaus zu reden sei und der Ost-West-Konflikt möglicherweise beendet werden könne. Diese Hoffnungen zerschlugen sich aber schon ein Jahr später, als die Sowjetunion in Ungarn und Polen militärisch intervenierte. 1961 spaltete sich die Sozialistische Volkspartei (*Sosialistisk Folkeparti/SF*), die Gerhardsens Außen- und Sicherheitspolitik geschlossen kritisch gegenüberstand, von der DNA ab. Die DNA verlor damit zum ersten Mal ihre absolute Mehrheit im *Storting* seit 1945 und musste – da auch der bürgerliche Block keine absolute Mehrheit erreichte – in den kommenden Jahren als Minderheitsregierung teils mit Unterstützung der SF, teils mit derjenigen der Bürgerlichen agieren. Dies rief mehrere Regierungskrisen hervor, insbesondere im Zusammenhang mit Korruptionsaffären und Sachfehlern im Industriesektor, die zu einem wachsenden Misstrauen der Bevölkerung gegenüber der Regierung führten.

Dass Gerhardsen dann doch noch eine vierte Regierung (1963–1965) anführen und schließlich sogar *Høyre*, *Venstre*, *Senterpartiet*, *Kristelig Folkeparti*, DNA und SF um sich versammeln konnte, hatte er der sog. «Kings Bay-Affäre» zu verdanken. Im November 1962 hatten 21 Menschen ihr Leben im staatlichen Kings Bay-Bergwerk auf Svalbard verloren. Der Untersuchungsbericht äußerte dabei heftige Kritik an der «Staatsgesellschaft», am Arbeiterschutz und an den Bergmeistern. Die Angelegenheit war so ernst, dass Industrieminister Kjell Holler (*1925, †2000) seinen Hut nehmen musste. Als das *Storting* im August 1963 nach der Sommerpause zusammentrat, sah sich die Regierung einer geschlossenen Opposition gegenüber. Gerhardsen musste seinen Posten am 28. 8. 1963 dem Fraktionsvorsitzenden der *Høyre*, John Lyng (*1905, †1978), überlassen, der in der Folge Ministerpräsident im Rahmen einer bürgerlichen Koalitionsregierung aus *Høyre, Kristelig Folkeparti, Senterpartiet* und *Venstre* wurde. Diese gab aber bereits einen Monat später ihre Arbeit auf, weil die DNA mit Unterstützung der SF im *Storting* einen erfolgreichen Misstrauensantrag gegen Lyngs Regierungserklärung stellte. Die DNA konnte die Regierungsmacht (unter Gerhardsen) zurückerobern. Wichtige politische Impulse gingen von ihrer Legislatur jedoch nicht mehr aus.

Häufige Regierungswechsel (1965–1974) Ab Mitte der 1960er Jahre war die Zeit der stabilen (sozialdemokratischen) Regierungen in Norwegen endgültig vorbei. Gerhardsen hatte sich auf dem Parteitag der DNA 1965 als Parteichef zurückgezogen, kandidierte aber im selben Jahr für das Amt des Ministerpräsidenten. Inzwischen waren die bürgerlichen Kräfte jedoch stärker geworden und hatten begriffen, dass sie mit Hilfe von Koalitionen eine Alternative zur Sozialdemokratie bieten konnten. Dazu kam, dass die Industriepolitik der Regierung Gerhardsen in eine Krise geriet, die ihrerseits dazu führte, dass sich im Herbst 1965 eine bürgerliche Mehrheit im *Storting* herausbildete. Die bürgerliche Koalitionsregierung (1965–1971) aus *Senterparti, Høyre, Venstre* und *Kristelig Folkeparti* unter dem früheren Vorsitzenden der Bauernpartei Per Borten (*1913, †2005) blieb jedoch politisch blass. 1971 löste sie sich selbst auf, als bekannt wurde, dass Borten im Rahmen der Verhandlungen über eine norwegische EWG-Mitgliedschaft vertrauliche Informationen weitergegeben hatte – u. a. an Arne Haugestad (*1935, †2008), den damaligen Führer der «Volksbewegung gegen eine norwegische Mitgliedschaft in der EWG», und an die Zeitung *Dagbladet*.

Die DNA-Nachfolgeregierung (1971–1972) unter dem ehemaligen Widerstandskämpfer Trygve Martin Bratteli (*1910, †1984) stürzte bereits ein Jahr nach Amtsantritt über das «Nein» der Norweger zur EWG-Mitgliedschaft und musste den Stab wieder an eine bürgerliche Koalition aus *Kristelig Folkeparti*, *Senterparti* und *Venstre* (1972–1973) unter Lars Korvald (*1916, †2006) weitergeben. Diese schloss nach dem Scheitern des EWG-Beitritts einen Handelsvertrag zwischen EWG und Norwegen ab. Die zweite Regierung unter Bratteli (1973–1976) musste sich mit der Entstehung mehrerer neuer Linksparteien und den Folgewirkungen der Ölkrise von 1973 herumschlagen. Auf letztere konnte Norwegen nach einer längeren Testphase vom Ende der 1960er Jahre bis 1973 schließlich mit dem Beginn der norwegischen Ölförderung im großen Stil im Jahre 1974 antworten.

Zieht man eine Bilanz der Nachkriegszeit bis Mitte der 1970er Jahre, so war die wichtigste Aufgabe des Staates der Wiederaufbau Norwegens nach dem Krieg und die Weiterentwicklung der norwegischen Gesellschaft. Am Anfang standen die Bewältigung der wirtschaftlichen Krise und die Bekämpfung von Armut und Arbeitslosigkeit. Die dagegen eingesetzten Mittel stammten aus sozioökonomischen Theorien («*Social Engineering*»), die zu dieser Zeit an den Hochschulen und in der Politik vorherrschten. Der Widerstand des bürgerlichen Lagers gegen solche «planwirtschaftlichen» Methoden und das militärische und im Wesentlichen auch wirtschaftliche Bündnis mit dem Westen führten aber dazu, dass die sozioökonomische Ordnung im Kern kapitalistisch blieb. Die drei Jahrzehnte vom Kriegsende bis zur ersten Ölkrise von 1973 waren fast durchgehend von wirtschaftlichem Wachstum gekennzeichnet, das im jährlichen Durchschnitt etwas über 3 % erreichte. Die Arbeitslosigkeit sank praktisch gegen Null. Die Armut verschwand zusehends. Der allgemeine Wohlstand führte für die meisten Norweger zu einem grundlegenden sozialen Wandel des Alltags. Haushaltsgeräte und eigene WCs wurden für viele zum Standard, die zuvor nur davon geträumt hatten. Privatautos, Radios und Fernsehgeräte ermöglichten den Kontakt mit der großen Welt außerhalb Norwegens. Der Staat sicherte die erreichten sozioökonomischen Standards bis Mitte der 1970er Jahre durch zahlreiche sozialpolitische und Bildungsmaßnahmen («Wohlfahrtsstaat») ab, sodass Armut, Krankheit und Alter nicht mehr allein mit Mitteln der Mildtätigkeit bekämpft wurden, sondern die soziale Absicherung als verbrieftes Recht der Staatsbürger aufgefasst werden konnte. Ein wichtiger Unterschied etwa zum deutschen Wohlfahrtsstaat war, dass jeder ungeachtet seines sozialen Status und seiner ökonomischen Potenz Anspruch auf eine Mindestunterstützung vom Staat hatte.

Außenpolitisch blieb Norwegen bei seiner prinzipiellen Neutralität, versuchte dabei aber, auf mehreren Ebenen mit anderen Staaten zu kooperieren. Die nordeuropäische militärische Zusammenarbeit geriet nach dem Krieg zunächst ins Stocken, nachdem Verhandlungen über eine gemeinsame Verteidigungspolitik Ende der 1940er Jahre gescheitert waren und Norwegen zusammen mit Dänemark der NATO beitrat. Auf anderen Ebenen schritt die Zusammenarbeit jedoch zügig voran. 1951 schloss sich Norwegen der gemeinsamen nordeuropäischen Fluggesellschaft «Scandinavian Airlines System» (SAS, gegr. 1951) an. In den Folgejahren trat es nordeuropäischen Abkommen über gegenseitige Passfreiheit (1952) und einen gemeinsamen Arbeits- und Versicherungsmarkt (1954) bei. Norwegen war seit 1952 Mitglied des «Nordischen Rates», der zunächst die nordische Zusammenarbeit organisierte und nach Gründung des «Nordischen Ministerrats» (1971) Empfehlungen an diesen erarbeitete. Außerdem kooperierte Norwegen nach der Schaffung der *«European Free Trade Association»* (EFTA), in der alle nordeuropäischen Staaten vertreten waren und deren Mitglied Norwegen 1960 wurde, auch in der Kultur- und Handelspolitik. Trotz der prinzipiell einvernehmlichen Beziehungen gab es eine Reihe von Unstimmigkeiten. Hier sind in erster Linie Probleme einer gemeinsamen Zollpolitik zu nennen. Auch die Wirtschaftsverbindungen, die im norwegischen Fall eher nach Westen, im dänischen und schwedischen Fall eher nach Süden wiesen, waren Anlass zu politischen Verwerfungen. Außerdem wirkte in der norwegischen Bevölkerung eine gewisse Schwedenskepsis aus der Unionszeit fort, die eine politische Reserviertheit dem östlichen Nachbarn gegenüber begünstigte.

Die norwegische Westorientierung manifestierte sich zunächst in der Mitgliedschaft im transatlantischen Verteidigungsbündnis (NATO) von 1949, das sich jedoch aus norwegisch-sozialdemokratischer Perspektive auch im Sinne einer «Nordischen Balance» interpretieren ließ. Sowohl Norwegen als auch Dänemark erlaubten in den Jahren nach 1949 keine Einrichtung von Militärbasen oder atomaren Abschussrampen auf ihren Territorien. Den Ausgleich für solche selbstauferlegten Beschränkungen sahen die beiden Länder in einer tatsächlichen Verbesserung im Verhältniss zur Sowjetunion und den Ostblockstaaten. Dennoch wollte es Norwegen nicht bei einer rein defensiven Außenpolitik belassen. Mit dem Einstieg in die Entwicklungshilfe versuchten insbesondere die sozialdemokratischen norwegischen Regierungen das durch die NATO-Mitgliedschaft potentiell negative («Aggressoren»-)Image Norwegens seit Beginn der 1950er Jahre auszugleichen. Das dahinterstehende wirtschaftliche Motiv war die Schaffung neuer Absatzmärkte nach einer allmählichen Heranführung der Entwicklungsländer an das «Niveau» der Industriestaaten. Am bekanntesten wurde in diesem Zusammenhang das sog. «Kerala-Projekt» (1952–1972), bei dem indische Fischer lernen sollten, wie man den Fischfang (durch Motorisierung der Boote) effektivieren, Fische konservieren (einfrieren) und höhere Preise im Fischverkauf erzielen konnte. Außerdem engagierte sich Norwegen im Aufbau von Krankenhäusern und bei der medizinischen Versorgung der Bevölkerung im westindischen Kerala.

Neben der nordeuropäischen und transatlantischen Politik stellte die Europapolitik ein natürliches und in den 1940er bis 1970er Jahren wichtiges Feld der norwegischen Außenpolitik dar. Für Norwegen wurde die EWG-Frage ernstlich erstmals 1961 aktuell, als die EFTA-Mitgliedsstaaten Großbritannien und Dänemark einen Antrag auf Mitgliedschaft in der EWG stellten. Im April 1962 bemühte sich auch Norwegen um Aufnahme, doch wurde der Antragsprozess 1963 durch ein Veto des französischen Präsidenten Charles de Gaulle gegen die Mitgliedschaft Großbritanniens gestoppt. Gleichzeitig wurden auch die Mitgliedsgesuche Dänemarks und Irlands nicht weiter bearbeitet. 1967 versuchten Norwegen, Großbritannien, Dänemark und Irland einen zweiten

Anlauf. Erneut wurde das Verfahren nach einem Veto de Gaulles eingestellt. Nachdem de Gaulle 1969 seine Präsidentschaft in Frankreich verloren hatte, nahmen die vier Staaten 1970 zum dritten Mal Verhandlungen auf. Das Referendum in Norwegen von 1972 brachte jedoch 53,5% Nein-Stimmen, während Großbritannien, Dänemark und Irland 1973 tatsächlich der EWG beitraten. Damit drohte Norwegen wirtschaftlich und bündnispolitisch ins Abseits zu geraten, sodass es geboten erschien, wenigstens ein Handelsabkommen mit der EWG zu vereinbaren, das dann im Juli 1973 in Kraft trat.

Öl, Gas und gesellschaftlicher Wohlstand (1974 bis heute)

Der norwegische Wohlfahrtsstaat verwandelte sich in den 1970er Jahren unter dem Eindruck der weltweiten Ölkrise mit der Erschließung norwegischer Ölvorkommen in der Nordsee nach und nach in eine postindustrielle Dienstleistungsgesellschaft, die ihren auch schon vorher hohen Lebensstandard weiter ausbauen und festigen konnte. 1995 wurde Norwegen von einem Nehmer- zu einem Geberland. Die ökonomischen Erfolge führten zu einer Spaltung des linken politischen Lagers in Anhänger einer stärkeren Plan- und Anhänger einer stärkeren Marktwirtschaft, aber auch zu einer Spaltung der norwegischen Gesellschaft in EG-/EU-Anhänger und -gegner während der Beitrittsdebatten der 1980er und 1990er Jahre. Die finanzielle Unabhängigkeit Norwegens hat eine norwegische Europabegeisterung im letzten Drittel des 20. Jahrhunderts eher gedämpft, obwohl die norwegische Regierung die internationale Zusammenarbeit auf politischem und sozialem Gebiet stark förderte.

Um 1974 erreichte die industrielle Entwicklung Norwegens einen vorläufigen Höhepunkt, und zwar sowohl hinsichtlich des Anteils der Industrie an der Volkswirtschaft wie auch hinsichtlich der Zahl der in ihr beschäftigten Arbeiter. Danach entwickelte sich Norwegen mehr und mehr zu einer postindustriellen Gesellschaft. Der gesellschaftliche Reichtum wurde in Konsumgüter investiert. Der öffentliche Dienstleistungssektor wuchs ständig. Gymnasien,

Universitäten und Hochschulen avancierten zu Bildungsanstalten für eine Mehrheit der Bevölkerung. Öl- und Gasvorkommen in der Nordsee setzten einen rasanten sozioökonomischen Wandel in Gang. Nach einer Anfangsperiode mit großen Investitionen und der Entstehung einer Wettbewerbssituation in den 1970er Jahren prägten die Einnahmen aus dem Ölgeschäft die gesamte Wirtschaft der 1980er und 1990er Jahre.

Das Nein zur EWG von 1972 markierte paradoxerweise den Beginn einer Pluralisierung der gesamten politischen Kultur Norwegens. Schon das Jahr 1968 hatte gewisse Wirkungen in diese Richtung entfaltet. Der Widerstand gegen die US-Kriegsführung in Vietnam wie auch ein weitverbreiteter Anti-Amerikanismus vor allem in der jüngeren Generation brachte einen Linksruck außerhalb des *Storting* und den Ruf nach einem «starken Staat» mit sich. Eine andere Folge war ein wachsendes Interesse am Schicksal «kleiner» Völker wie z. B. der Samen. Der Bau eines Wasserkraftwerks am Alta-Fluss in Finnmarken und die sogenannte «Volksbewegung gegen den Ausbau des Alta-Kautokeino-Wasserwegs» (1978) waren dominierende Themen der Legislaturperiode 1976 bis 1981 unter der Regierung Odvar Nordli (*1927). Die massiven Demonstrationen gegen das Kraftwerk hatten die Aufmerksamkeit der Politik auf das Samenproblem gelenkt, mit dem sich *Storting* und politische Öffentlichkeit in den Folgejahren intensiver beschäftigten.

Auch der Alltag veränderte sich unter dem Eindruck der Studentenbewegung und des gesellschaftlichen Aufbruchs – besonders bei der jungen Generation. Mehr Frauen gingen in Lohnarbeit. Scheidungen, «wilde Ehen» und freie Sexualität verloren in weiten gesellschaftlichen Kreisen ihr Stigma. Seit 1967 fand auch das Thema «Umwelt» mehr und mehr den Weg ins *Storting*. Zum Gesamtbild einer allgemeinen Entpolitisierung und Pluralisierung in den späteren 1970er Jahren gehörten eine Expansion der Medien und der kulturellen Manifestationen wie auch ein beginnender Massentourismus ins Ausland und eine sichtbarer werdende Einwanderung von Menschen aus der «Dritten Welt». Dies brachte Norwegen aus der kulturellen Isolation heraus, schuf aber auch neue kulturelle, soziale und wirtschaftliche Probleme. Die Frage einer norwegischen Identität musste auf diesem Hintergrund neu beantwortet werden.

In den 1980er Jahren kamen andere Tendenzen zum Tragen. Eine neoliberale Welle in der Politik führte zu einer weitverbreiteten kritischen Haltung gegenüber den planwirtschaftlichen Tendenzen der Gerhardsen-Ära. Die norwegischen Regierungen unter Kåre Willoch (*1928, reg. 1981 bis 1986) und Gro Harlem Brundtland (*1939, reg. 1981, 1986 bis 1989, 1990 bis 1996) führten Norwegen in eine deutlich liberalisierte und in den 1990er Jahren immer stärker globalisierte Wirtschaft. Willoch war als Parteichef der *Høyre* die Verkörperung des sogenannten «Rechtsrucks» (*høyrebølgen*) in der norwegischen Politik der 1980er Jahre. Unter seiner Führung wurde *Høyre* zur zweitstärksten Partei Norwegens. Er führte 1981 bis 1983 zunächst eine reine *Høyre*-Regierung an und erweiterte diese 1983 durch Vertreter von *Senterparti* und *Kristelig Folkeparti*, um eine absolute Mehrheit im *Storting* zu erreichen. Nach den *Storting*-Wahlen von 1985 bildete er eine Minderheitsregierung, die durch zwei Vertreter der «Fortschrittspartei» (*Fremskrittsparti*) ergänzt wurde, um parlamentarische Mehrheiten zu erlangen. Im Mai 1986 verlor er diese aber im Zusammenhang mit einer geplanten Erhöhung der Benzinsteuer an die geschlossene Opposition von DNA, SV und *Fremskrittsparti*. Weitere Reformen der Willoch-Regierung zielten auf die Schaffung eines schlanken Staates, weniger staatliche Regelungen des gesellschaftlichen Lebens und die Herstellung einer «offenen Gesellschaft». Zu den entsprechenden Maßnahmen gehörte eine Verlängerung der Ladenschlusszeiten über 17 Uhr hinaus. Die Regierung beendete das Medienmonopol des landesweiten Radio- und Fernsehsenders *Norsk rikskringkastning/NRK* (Norwegischer Reichssender) und ließ lokale und regionale Sender zu. Neben staatlichen konnten jetzt auch private Krankenhäuser betrieben werden. Die von Willoch vorangetriebene Deregulierung des Kreditwesens wurde allerdings im Nachhinein sehr kritisch beurteilt. So waren die Zinsen ab 1984 politisch gesteuert und wurden niedrig gehalten. Gleichzeitig konnten Bankkredite relativ unkontrolliert vergeben werden. Das Ergebnis waren eine blühende Osloer Börse und ein starkes Konsumwachstum, das jedoch hauptsächlich über Kredite finanziert wurde. Daraus entstand Ende der 1980er Jahre und zu Beginn der 1990er Jahre eine schwere Kredit- und Bankenkrise mit starken Zinssteigerungen und einem Verfall der Immobilienpreise, durch die norwegische Banken 1990 bis 1992 rund 90 Mrd. Kronen verloren.

Willochs Nachfolgerin, die DNA-Fraktionschefin Gro Harlem Brundtland (1986–1989), hatte während ihrer zweiten Regierungsperiode mit schweren ökonomischen Problemen zu kämpfen, die einerseits mit der Liberalisierung des Kreditmarktes der Regierung Willoch zu tun hatten, aber auch durch einen niedrigen Ölpreis, schwache Investitionen in der Ölwirtschaft und einen hohen Zinssatz hervorgerufen worden waren. Einfache Lösungen waren nicht in Sicht. Nach den *Storting*-Wahlen von 1989 bildete Jan P. Syse (*1930, †1997) zwischenzeitlich eine bürgerliche Koalitionsregierung, blieb aber nur ein Jahr an der Macht und stürzte 1990 über die gescheiterten EU-Beitrittsverhandlungen. Im November 1990 war Brundtland erneut Chefin einer Regierung (1990–1994), die in der EU-Frage zwar ebenfalls scheiterte, aber aufgrund ihres überzeugenden Managements in der Bankenkrise (1990–1992) die Wahlen von 1994 überlebte. Während ihrer Amtszeit 1994 bis 1996 brachte Brundtland eine viel beachtete Bildungsreform auf den Weg, die eine höhere Schulbildung für alle 16- bis 19-Jährigen gesetzlich absicherte (*Reform-94*), im sogenannten *Norgesnettet* (Norwegen-Netz) das System der weiterbildenden Schulen vereinheitlichte und den Grundschulbesuch auf zehn Jahre ausweitete.

Die Nachfolgeregierung unter dem Sozialdemokraten Thorbjørn Jagland (*1950, reg. 1996 bis 1997) überlebte wegen einer Wahlniederlage der DNA nur ein Jahr und wurde in den Wahlen von 1997 durch die bürgerliche Minderheits-Koalition (*Kristelig Folkeparti*, *Senterparti*, *Venstre*) unter dem Christdemokraten Kjell Magne Bondevik (*1947, reg. 1997 bis 2000) abgelöst. Diese stürzte jedoch über eine Vertrauensfrage im Zusammenhang mit einer geplanten Änderung des Luftverschmutzungsgesetzes, für die sie keine Unterstützung von *Høyre* und DNA erhielt, als es darum ging, ein Gaskraftwerk auf Grundlage der herkömmlichen Technik ohne CO_2-Filter zu bauen.

Nach Bondevik bildeten die Sozialdemokraten unter Jens Stoltenberg (*1950) eine neue Minderheitsregierung (2000), blieben aber ebenfalls nur ein Jahr an der Macht. 2001 ernannte der König die zweite (Minderheits-)Regierung unter Bondevik, diesmal eine Koalitionsregierung aus *Høyre*, *Kristelig Folkeparti* und *Venstre*. Nach den *Storting*-Wahlen von 2005 bildeten die DNA mit *Sosialistisk Venstreparti* und *Senterparti* eine Mehrheitsregierung (seit 2005).

Außen- und Sicherheitspolitik In der Außenpolitik änderte sich an den seit 1905 entwickelten drei Prinzipien nichts: Man achtete weiter auf die Wahrung der nationalen Souveränität, zeigte ein starkes Engagement für Völkerrecht, Menschenrechte, Entwicklungspolitik und internationales Konfliktmanagement und war an einer Einbindung in internationale Organisationen interessiert, um günstige Rahmenbedingungen für Norwegens Außen- und Handelspolitik zu schaffen. Vor allem im Sinne des letztgenannten Prinzips bemühte sich Norwegen 1992 erneut um eine EU-Mitgliedschaft, nachdem Schweden und Finnland dies bereits 1991 bzw. 1992 getan hatten. Im April 1993 begannen die Verhandlungen mit der EU, die sich bis 1994 hinzogen. Im Januar 1994 trat Norwegen dem EU-Binnenmarkt bei und wurde Mitglied des Europäischen Wirtschaftsrates/EWR. Im November 1994 jedoch stimmten 52,2 % der Norweger gegen eine EU-Mitgliedschaft. Als im Januar 1995 die EFTA-Länder Schweden, Finnland und Österreich der EU beitraten, erhöhte sich der wirtschaftliche Druck auf Norwegen erneut. Deshalb vereinbarten Norwegen und Island im Dezember 1996 eine Zusammenarbeit mit den Schengen-Staaten, die allerdings erst am 25. März 2001 in Kraft trat, als die Schengen-Regelungen für die Länder der nordischen Passunion eingeführt wurden. Damit verschwanden alle Passkontrollen zwischen Norwegen und den 14 anderen Schengen-Staaten. 1999 beteiligte sich Norwegen auch erstmals mit bis zu 3500 Soldaten an den EU-Einsatztruppen für das Jahr 2003. Heute arbeitet das Land auf vielen Gebieten eng mit der EU zusammen und ist mit einem jährlichen Beitrag von rund 226 Mio. Euro als Nicht-EU-Land der neuntgrößte Nettobeitragszahler. Das EWR-Abkommen ermöglicht Norwegen mit Ausnahme der politisch sensiblen Bereiche Landwirtschaft und Fischerei die Teilnahme am gemeinsamen Binnenmarkt der EU.

Voraussetzung für das Funktionieren des EWR ist die Übernahme aller EU-Binnenmarktregelungen durch die EWR-Partner. Die im Jahre 2003 erfolgreich abgeschlossenen Verhandlungen zur Erweiterung des EWR-Abkommens verschafften Norwegen einen besseren Zugang seiner Fischprodukte zum EU-Markt. Außerdem haben Norwegen und die EU Ende Oktober 2007 ein Abkommen zur effektiveren Kontrolle des Fischfangs unterzeichnet.

Neben der allgemeinen europäischen Zusammenarbeit ist die Kooperation mit den nordeuropäischen Nachbarn weiterhin von großer Bedeutung. Seit dem EU-Beitrittsdebakel von 1994 und dem EU-Beitritt Schwedens und Finnlands 1995 hat sie für Norwegen eine neue Bedeutung als Instrument einer gemeinsamen nordischen Einflussnahme auf europäische Entscheidungsprozesse erhalten.

Eine zentrale Rolle für die norwegische Außenpolitik spielt auch das Verhältnis zu Russland. Die Auflösung der Sowjetunion brachte in den 1990er Jahren ein altes außenpolitisches Problem auf die Tagesordnung, nämlich das der Grenzziehung zwischen Norwegen und Russland in der Barentssee. Diese Grenzziehung war von hoher marinestrategischer Bedeutung. Gleichzeitig vermutete man in der Barentssee große Öl- und Erdgasvorkommen, die es zu sichern galt. Darüber hinaus ist Norwegen seit dem Ende des Kalten Krieges bemüht, das von dem in Nordwestrussland konzentrierten russischen Militärpotential (insbesondere Nordflotte und strategische Nuklearwaffen) ausgehende Restrisiko durch grenzüberschreitende vertrauensbildende Maßnahmen und Kooperationen weiter zu reduzieren. Das wichtigste Instrument zur wirtschaftlichen und politischen Stabilisierung der Region ist die von Norwegen initiierte, im Januar 1993 ins Leben gerufene «Barents-Kooperation». An ihr sind außer den Barentssee-Anrainerstaaten Norwegen, Finnland, Schweden Dänemark, Island und Russland die EU-Kommission und – als Beobachter – Deutschland, Großbritannien, Frankreich, Kanada, Italien, Polen, die Niederlande, die USA und Japan beteiligt. Ende 2011 wird Norwegen turnusgemäß für zwei Jahre den Vorsitz im Barentssee-Rat übernehmen. Neben der Förderung von Infrastrukturmaßnahmen und grenzüberschreitendem Handel sind Kooperationsprojekte im Umweltbereich (insbesondere Nuklearabfall) ein weiterer Schwerpunkt.

Im Zusammenhang mit dem Klimawandel spielen die arktischen Interessen Norwegens in den letzten Jahren eine immer größere Rolle. 1996 war Norwegen eines der Gründungsmitglieder des «Arktischen Rates» (*Arctic Council*), der die Zusammenarbeit der Arktis-Anrainerstaaten (Kanada, Dänemark, Finnland, Island, Kanada, Norwegen, Russland, Schweden, USA) untereinander und mit den Ureinwohnern des Gebiets (Inuit, Samen u. a.) organisiert. Ein sich abzeichnender Kalter Krieg um Ressourcen (vor allem Gas und Öl) und neue Schifffahrtsrouten (Nordwest-/Nordostpassage) im eisfrei werdenden arktischen Gebiet macht auch Norwegen in den letzten Jahren immer stärker zu schaffen. Die militärische Absicherung von Norwegens arktischem Festlandsockel wird zu einer immer dringenderen Notwendigkeit, um die eigenen wirtschaftlichen Interessen vor Übergriffen der arktischen Nachbarstaaten (vor allem Russlands) zu sichern.

In der Souveränitäts- und Sicherheitspolitik ist die NATO-Mitgliedschaft nach wie vor der entscheidende Faktor. Trotz der veränderten weltpolitischen Lage nach dem Ende des Kalten Krieges gibt es hierfür auch weiterhin einen breiten politischen Konsens. Gleichzeitig nimmt das Interesse an sicherheitspolitischer Kooperation im europäischen Rahmen zu. Norwegen beteiligte sich mangels einer Legitimation durch den Weltsicherheitsrat nicht am zweiten Irakkrieg, entsandte jedoch im Juni 2003 eine Pioniereinheit mit ausschließlich humanitärem Mandat in den Irak. Auch in Afghanistan und auf dem Balkan sind norwegische Soldaten im Einsatz. Sehr kontrovers wurde die Anfrage der NATO für Truppen nach Südafghanistan diskutiert. Vorläufig hat sich Norwegen dagegen entschieden. Dafür wurde das Budget für humanitäre Maßnahmen um 50% auf 750 Mio. Kronen aufgestockt.

Wirtschaft Basis der neuen wirtschaftspolitischen und marinestrategischen Tendenzen seit ca. 1974 waren Ölfunde an mehreren Stellen in der Nordsee. Die norwegische Geschichte des Öls lässt sich dabei in vier Hauptperioden gliedern:

1. Bis 1961 war die Ölindustrie in Norwegen kaum von Bedeutung. Zwar betrieb die US-amerikanische Öl-Gesellschaft *Esso*

1905 bis 1945 und 1950 bis 1993 eine Ölraffinerie in Valløy (bei Tønsberg/Vestfold). Wie groß ihr Anteil an der norwegischen Öl-Bedarfsdeckung war, ist jedoch unklar.

2. Ab 1961 baute Esso eine neue Raffinerie in Slagentangen bei Tønsberg mit einer weit höheren Kapazität als in Valløy. Rohöl wurde jedoch weiterhin importiert. Die Raffinerie in Slagentangen erschien nötig, weil nach der Liberalisierung des norwegischen Automarktes der Kauf von KFZs in Norwegen sprunghaft angestiegen war und Autobenzin in größeren Mengen benötigt wurde.

3. 1959 entdeckten die Niederländer große Naturgasvorkommen bei Groningen. Auch an der Südostküste von England wurde Gas entdeckt. 1962 untersuchte die Ölgesellschaft *Phillips Petroleum* die Geologie der Nordsee eingehender. Im Verlauf des Jahres bat sie auch Norwegen, seine Hoheitsgewässer für Untersuchungen freizugeben. In Reaktion auf dieses Ansinnen erarbeitete die norwegische Regierung ein Gesetz, das das staatliche Eigentumsrecht auf den Kontinentalsockel und dessen Ressourcen festschrieb und im Mai 1963 in Kraft trat. Auf dieser Grundlage verpachtete der norwegische Staat Teile seiner Hoheitsgewässer und den Meeresgrund für seismische Untersuchungen an *Phillips Petroleum*. Die erste Bohrung wurde 1965 vor Svalbard von der Firma *Caltex* durchgeführt, allerdings ohne Erfolg. Auch spätere Bohrungen von *Norsk Hydro* auf Svalbard erbrachten keine brauchbaren Resultate. Probebohrungen von *Esso* im Jahr 1966 von der Bohrplattform *Ocean Traveller* aus deuteten zwar auf Ölvorkommen hin – diese galten jedoch als kommerziell uninteressant. Es brauchte mehrere Bohrungen, bis im Dezember 1969 Ölvorkommen im später sog. *Ekofiskfeltet* in einer Menge entdeckt wurden, die eine Förderung lohnte.

4. Seit 1971 raffinierte Norwegen eigenes Öl und erreichte 1975 eine Rohöl-Autarkie. Auch die Suche nach neuen Ölvorkommen wurde nun intensiver als zuvor betrieben. Die größten Ölfelder entdeckte man in den 1970er und 1980er Jahren. Zu ihnen zählen *Statfjord* (gefördert seit 1979), *Gullfaks* (1986), *Oseberg* (1986), *Troll* (1990) und *Åsgard* (1999). Seit Mitte der 1990er Jahre wurde Norwegen zum zweitgrößten Ölexporteur nach Saudi Arabien.

Gasvorkommen sind die zweite wichtige Ressource der norwegischen Wirtschaft. Sie finden sich oft in unmittelbarer Nachbarschaft zu den Ölfeldern. Bedeutende Offshore-Gasfelder sind *Frigg* (ausgebeutet seit 1969), *Troll* (1986), *Gullfaks* (1990), *Sleipner* (1993), «*Åsgard*» (1999) und «*Snøhvit*» (2002). Über ein Viertel der Investitionen in Offshore-Aktivitäten flossen bis Mitte der 1990er Jahre in den Aufbau der *Troll*-Station westlich von Bergen, eines der größten jemals entdeckten Gasfelder überhaupt. Der Ausbau der *Troll*-Station gilt als eines der ambitioniertesten energiewirtschaftlichen Projekte weltweit. Bei der Förderplattform handelte es sich 1995 um die schwerste und größte Betonkonstruktion, die je bewegt wurde. Norwegen ist heutzutage einer der führenden Gaslieferanten Europas.

Insgesamt unterhielt Norwegen 2005 61 Erdöl- und Erdgasfelder. Die größten Öl- und Gasplattformen sind an ein Netz von Pipelines angeschlossen, die Norwegen mit Schottland, England, Deutschland, den Niederlanden und Frankreich verbinden. Geplant sind außerdem Pipelines nach Schweden und Dänemark über Rafnes.

Die Hälfte der Einnahmen aus dem Ölgeschäft und fast ein Zehntel der Staatseinnahmen stammen aus der Offshore-Öl- und -Gasproduktion. In den letzten zehn Jahren sind diese Einnahmen sogar noch gestiegen. Damit besitzt Norwegen eine langfristig sichere wirtschaftliche Basis. Schätzungen gehen davon aus, dass norwegisches Öl noch bis in die zweite Hälfte des 21. Jahrhunderts zur Verfügung steht. Die Gasvorkommen dürften sogar noch sehr viel länger reichen.

Die Öl- und Gasproduktion hat aber nicht nur wirtschaftliche Implikationen. Seit den 1970er Jahren ist sie auch ein zentrales sozial- und wirtschaftspolitisches Thema. Sie sorgte dafür, dass die Arbeitslosigkeit extrem niedrig blieb und Norwegen eines der Länder mit den höchsten Pro-Kopf-Einkommen wurde, allerdings auch die Preise in die Höhe schossen. Gleichzeitig dominieren Öl und Gas die norwegische Wirtschaft und Politik so stark, dass die konjunkturellen Entwicklungen auf diesem Weltmarktsektor Norwegen wirtschafts-, sozial- und außenpolitisch besonders verletzlich machen. Dies wurde an den im Zusammenhang mit der Finanzkrise der Jahreswende 2008/09 stehenden extrem gesunkenen Öl- und Benzinpreisen deutlich. 1999 machten Einnahmen aus dem Ölgeschäft rund 35% der norwegischen Exporteinnahmen aus. Damit war Norwegen der drittgrößte Erdölexporteur der Welt nach Saudi-Arabien und Russland. Von den Gewinnen erhält der Staat durch hohe Steuern und Aktienbeteiligungen einen großen Teil der Einnahmen. Die staatlichen Überschüsse fließen in einen Pensionsfonds, der komplett im Ausland investiert wird (*Statens pensjonsfond – Utland*). Der Wert des Verwaltungskapitals im Fonds überstieg 2007 die Marke von 2000 Mrd. Kronen und stellt damit den größten nationalen Fonds der Welt dar. Dieser sog. «Öl- fonds» sorgt dafür, dass Norwegens Volksversicherung und Renten für Generationen gesichert sind.

Neben Öl- und Gas bestehen die traditionellen norwegischen Wirtschaftszweige fort. Norwegen nutzt weiterhin seine gewaltigen Möglichkeiten in der Wasserenergie. Rund ein Drittel aller norwe- gischen Wasserressourcen kann für hydroelektrische Energie ver- wendet werden. Davon wurden Ende des 20. Jahrhunderts rund 60% ausgeschöpft – doppelt so viel wie beispielsweise in den USA. Die meisten Wasserkraftwerke liegen in den westnorwegischen Fjorden. Sie decken nahezu den gesamten Bedarf Norwegens an elektrischer Energie. Der Staat ist über seine Beteiligung an Aktien der Öl- und Gas-Gesellschaft *StatoilHydro*, an der wasserkraft- wirtschaftlichen Gesellschaft *Norsk Hydro* stark in die wirtschaft- lichen Erfolge und Misserfolge dieses Unternehmens eingebunden.

Rund ein Drittel der Elektrizität verbraucht die einheimische Elektrometallurgie. Norwegen ist der größte Aluminium- und Ma- gnesiumproduzent Europas. Außerdem gehört es zu den führenden Metallexportländern der Welt (besonders Eisenlegierungen). Euro- pas bedeutendste Ilmenit-(Titanerz-)Vorkommen befinden sich im südwestlichen Norwegen. Schließlich hat sich das Land zum füh- renden Produzenten von Olivin entwickelt und ist ein bedeuten- der Lieferant von Nephelin, Syeniten und Natursteinen. Pyrite und kleinere Vorkommen an Kupfer und Zink gehören ebenfalls zur Palette der Exportmetalle. Kohle wird auf Svalbard von der «Großen Norwegischen Spitzbergen Kohlegesellschaft» (*Store Norske Spitsbergen Kulkompani*) abgebaut.

Auch die Fischerei blieb in der Nachkriegszeit wichtig. 2003 gehörte Norwegen mit 2,6 Mio. t Fisch zu den zehn wichtigsten Fischereistaaten. Starken Veränderungen war die Holz- und Waldwirtschaft unterworfen. Der Waldbestand verdoppelte sich in Norwegen zwischen 1925 und 2002. Dies hatte mehrere waldwirtschaftliche Implikationen. Der von Menschen verursachte CO_2-Gehalt in der Luft kann heute zu 45% gebunden werden. Nach dem «Waldsterben» der 1980er Jahre hat sich der Wald in Norwegen in den 1990er Jahren wieder etwas erholt. Dadurch ist der Tierbestand gewachsen, was sich teilweise negativ auf die Vegetation auswirkt (z. B. Schädigung von Baumrinden). Gleichzeitig wurde zur Kontrolle des Tierbestandes die Jagd ausgeweitet, wodurch nun mehr Wildfleisch zur Verfügung stand. Abholzung und Holzverarbeitung nahmen seit den 1970er Jahren ständig ab, sodass der Anteil der Holzwirtschaft am Bruttosozialprodukt von 0,78% (1970) auf 0,26% (2003) gesunken ist. Davon war auch die Papierindustrie betroffen, die in dieser Zeit deutlich weniger produzierte.

Sozialer Wandel Die wirtschaftliche Entwicklung seit den 1970er Jahren hat die sozialen Strukturen in Norwegen teilweise verändert. Trotz einer Verdoppelung der Einwohnerzahl im 20. Jahrhundert führte der wirtschaftliche Aufschwung seit Mitte der 1970er Jahre zu einem akuten Mangel an Arbeitskräften, der eine intensive Arbeitsimmigration nach sich zog und mit einer deutlichen Veränderung der ethnischen Zusammensetzung verbunden war.

Im Gegensatz zu den Jahrzehnten vor den 1970er Jahren bewohnen Norwegen heute nur noch 90–91% gebürtige Norweger. Einwanderer machten in der zweiten Hälfte der 2000er Jahre ca. 8,3% der Bevölkerung aus. Sie stammen vor allem aus Polen, Schweden, Dänemark, Pakistan, Kurdistan, dem Iran, Irak und Somalia; auch Deutsche, Tamilen und Singalesen stellen einen bedeutenden Anteil. Sie sind am stärksten im Großraum Oslo vertreten und machen dort inzwischen fast ein Viertel der Einwohner aus. Gleichzeitig hat sich die Zahl der rechtlich anerkannten Minderheiten erhöht. Neben den historischen Minderheiten der Samen und Kvenen (Finnen) genießen heute auch die Romani, Roma, Juden und Waldfinnen Sonderrechte. Trotz dieser Tendenz zur

Multikulturalität ist Norwegen jedoch weiterhin eines der ethnisch einheitlichsten Länder Europas. Dies hat seit den 1970er Jahren immer wieder zu Konfrontationen zwischen ausländerfeindlichen Gruppen und Einwanderern geführt. Dennoch hat Norwegen weit weniger mit ethnischen Konflikten zu kämpfen als die meisten anderen Länder Europas. Auch dies dürfte mit dem durch Öl und Gas genährten Wohlstand der norwegischen Gesellschaft seit Mitte der 1970er Jahre zu tun haben.

Hinweise zu diesem Buch

Sprachform Bezeichnungen in Originalsprache (Altnordisch, Norwegisch, Lateinisch usw.) sind kursiv wiedergegeben. Altnordische und norwegische Namen erscheinen in ihrer jeweiligen Originalschreibweise. Die zeitliche Grenze zwischen Altnordisch und Neunorwegisch wurde im vorliegenden Text mit dem Ende des Mittelalters (um 1500) gezogen (eine Ausnahme bilden im Deutschen eingebürgerte Namen, z.B. Island, Färöer, Grönland etc.). Mit der Dänisierung des Norwegischen spätestens seit der Reformationszeit lebte das Altnordische in Norwegen teilweise noch in den lokalen Sprachvarianten («Dialekten») weiter. Diese Tatsache in der vorliegenden Darstellung lexikalisch abzubilden, hätte jedoch zu einer Überfrachtung des Textes geführt.

Altnordische Sonderzeichen und ihre (deutsche) Aussprache

ð/Ð:	ähnlich wie stimmhaftes engl. th
þ/Þ:	ähnlich wie stimmloses engl. th
á:	au
æ:	ai
í:	langes i
ó:	ou
œ:	ö

Norwegische Sonderzeichen und ihre (deutsche) Aussprache

æ:	ä/ae
å:	geschlossenes o
ø:	geschlossenes ö/oe

Zeitangaben Die für Personen angegebenen Jahresdaten bezeichnen die Herrschafts- oder Amtsdauer. Ist die Lebensdauer gemeint, so wird dies besonders vermerkt (s. u. bei «Zeichen und Abkürzungen»). Datumsangaben folgen den zu einer bestimmten Zeit in einem bestimmten Land üblichen Kalendern. Der Julianische Kalender galt in deutschen protestantischen Ländern und im Dänisch-Norwegischen Reich bis 1700 und im Schwedischen Reich (einschl. Finnland) bis 1753. Die Umrechnung des Julianischen auf den neueren (Gregorianischen) Kalender erfolgt für das 16./17. Jahrhundert durch Addierung von 10, für das 18. Jahrhundert von 11, für das 19. Jahrhundert von 12 und für das 20. Jahrhundert von 13 Tagen.

Zeichen und Abkürzungen * = geboren, † = gestorben, an. = altnordisch, dän. = dänisch, dt. = deutsch, engl. = englisch, gäl. = gälisch, gegr. = gegründet, Hz. = Herzog, Jh. = Jahrhundert, Kg. = König, n. Chr. = nach Christus, ndän. = neudänisch, norw. = norwegisch, nnorw. = neunorwegisch, nschwed. = neuschwedisch, russ. = russisch, schwed. = schwedisch, v. Chr. = vor Christus

Karten Bei den Orientierungskarten wurde ein besonderes Gewicht auf allgemein schwer zugängliches Material gelegt. Für Karten, die das heutige Norwegen betreffen, sei auf zahlreiche historische und allgemeine Kartenwerke sowie auf das Internet verwiesen.

Zeittafel

793	(8.6.) Erster überlieferter Überfall norwegischer Wikinger auf britischem Boden, Zerstörung des Klosters Lindisfarne
820	Besetzung der Färöer und der Isle of Man durch Wikinger
nach 830	Torgils begründet in Armagh die erste norwegische Wikingerherrschaft auf Irland
853	Óláfr der Weiße gründet Dublin (gäl. *Áth Cliath*), Errichtung der zweiten norwegischen Wikingerherrschaft auf Irland
ca. 870	Besiedelung Islands durch norwegische Wikinger
872 (?)	(18.7.) Schlacht im Hafrsfjord (Nähe Stavanger). König Haraldr hárfagris Sieg über mehrere Kleinkönige leitet die Reichseinung Norwegens ein
vor 900	Unterwerfung der Shetlands (an. *Hjaltland*), Orkneys (an. *Orkneyjar*) und Hebriden (an. *Suðreyjar*) durch Haraldr hárfagri; Ottar von Hålogalands Fahrt um das Nordkap zum Weißen Meer, älteste Beschreibung Nordnorwegens
901	Eroberung Dublins durch die Iren
916	Sigtrygg Caech (gäl. *Sitric Uí Ímair*) siegt bei Confey über den irischen König Niall Glundub und nimmt Dublin ein; Dublin wird Hauptstadt der dritten norwegischen Wikingerherrschaft
930	Die Errichtung des Alltings (an. *Alþingi*) auf *Þingvellir* bei Reykjavík markiert die Loslösung Islands von Norwegen; Einführung des Landrechts auf Island
nach 933	Wiederaufleben der Kleinkönigtümer nach Haraldr hárfagris Tod; Eiríkr blóðœx herrscht im Westland, Sigurðr Ladejarl in Nidaros
953	Hákon góði Aðalsteinsfóstri stellt die Reichseinigung her. Sie zerbricht, als der Wikingerkönig in der Schlacht bei Fitje (960) fällt.
ca 983	Entdeckung Grönlands durch Eiríkr rauði
984	Besiedelung Grönlands durch norwegische Wikinger von Island aus
995	Einführung des Christentums in Norwegen unter König Óláfr Tryggvason
997	Gründung der Stadt Nidaros (Trondheim)
999	Christianisierung Grönlands

1000	Annahme des Christentums auf Island (9. 10.); Leifr Eiríksson entdeckt die später unter dem Namen Vinland bekannte Küste von Nordamerika; Óláfr Tryggvason fällt in der Seeschlacht bei Svolder im Kampf gegen die vereinigten Flotten von Eiríkr Ladejarl, Svein tjugeskjegg von Dänemark und Óláfr skötkonungr von Schweden; Zerfall des Reiches, in Trondheim und über das Westland herrschen die Jarle Eiríkr und Svein, in Viken Svein tjugeskjegg
1014	(23. 4.) Schlacht bei Clontarf (Nähe Dublin), Zerfall der norwegischen Wikingerherrschaft auf Irland
1015	Óláfr Haraldsson inn helgi siegt über Jarl Hákon Eiríksson im Sauesund; Nidaros wird Residenz
1022	Unterwerfung der Orkneys; Rechtsordnung und Christianisierung Norwegens
1030	(29. 7.) Schlacht bei Stiklestad
1030–1035	Norwegen unter dänischer Oberhoheit
ca. 1048	Gründung der Stadt Oslo
1055	Gründung des Bistums Skálholt auf Island
ca. 1070	Bergen erhält Stadtrecht; Niederschrift der Lagtinggesetze; Gründung der Bistümer Nidaros, Oslo und Bergen; kirchliche Organisation der Orkneys (Bistum Birsay, im 12. Jh. verlegt nach Kirkjuvágr) und der Färöer (Bistum Kirkjubøur)
1101	Dreikönigstreffen in Kungälf, Festlegung der Grenzen der nordischen Reiche
1117	Aufzeichnung des isländischen Landrechts
nach 1120	Gründung des Bistums Stavanger; Klostergründungen des Benediktinerordens
ca. 1124	Gründung des Bistums Garðar auf Grönland
1152	Gründung des Erzbistums Nidaros; Norwegen wird römische Kirchenprovinz; Unterstellung der Kirchen Islands, Grönlands, der Färöer, der Orkneys und der Isle of Man unter das Erzbistum; Gründung des Bistums Hamar
1174	Sammlung der Birkebeiner um Eysteinn Meyla
1184	Schlacht bei Fimreiþi (Fimreite); Magnús fällt, Sverri wird Alleinherrscher; Verwaltungsreform, Ausgestaltung des *hirð* im Sinne des Lehnswesens
seit 1190	Neuer Kampf zwischen Kirche und Königtum in Norwegen
1178–1193	Beginn des Kampfes zwischen Kirche und Königtum auf Island
1236	Niederlassung und Privilegierung lübischer Kaufleute in Bergen

1252	Grenzvertrag mit Alexander von Novgorod; Siedlungsförderung in Nordnorwegen
1262	Inkorporation Grönlands; Unterwerfungsvertrag mit Island
1266	Im Frieden von Perth tritt König Magnús Lagabœtir die *Suðreyjar* (nördl. Hebriden) und die Isle of Man ab; Aufhebung der alten *ting*-Verbände
1281	Einführung des *Jónsbóki* auf Island; Inkorporation Islands
nach 1299	Reorganisation des königlichen Rates, des *hirð* und der Finanzen unter Hákon V. Magnússon; Verlegung der Königsresidenz nach Oslo, Anlage der Festungen Akershus, Bohus und Vardø
1319–1343	Schwedisch-norwegische Personalunion unter dem Folkunger Magnús VII. Eiríkarson
1343	Die Hanse richtet ein eigenes Kontor in Bergen ein.
1349–1350	Starke Bevölkerungsdezimierung durch Pestpandemie
1367–1370	Krieg mit der Hanse
1370	Friede von Stralsund: Die Hanse bewahrt ihre Vormachtstellung im Ostseehandel
1380–1814	Dänisch-norwegische Union
1397	(20.6.) Kalmarer Union; Erich von Pommern wird zum König über Dänemark, Norwegen und Schweden gekrönt
1469	Christian I. verpfändet die Shetlands und die Orkneys an König Jacob III. von Schottland; Ende des norwegischen Einflusses im Nordatlantik
1536	Der Reichstag von Kopenhagen beschließt die Einführung der Reformation in Dänemark; Norwegen wird Vasallenstaat der dänischen Krone
1537	Johannes Bugenhagens Kirchenordnung (*ordinatio ecclesiastica*); Einführung der Reformation in Norwegen
1560	Beseitigung der Hanse-Privilegien in Norwegen
1563–1570	Nordischer «siebenjähriger» Krieg zwischen Dänemark-Norwegen und Schweden
1604	(4.12.) Christians IV. Norwegisches Gesetz (*Norske Lov*)
1611–1613	Kalmarkrieg zwischen Dänemark-Norwegen und Schweden
1624	Die norwegische Hauptstadt Oslo wird durch einen Stadtbrand zerstört und unter dem Namen Christiania (bis 1925) wiedererrichtet
1643	Norwegen erhält seine erste Druckerei
1643–1645	*Hannibalsfeide/Torstenssonskrig* zwischen Dänemark-Norwegen und Schweden

1645	(13.7./23.8.) Friede von Brømsebro: Neben Gotland und Ösel fallen die norwegischen Landschaften Jemtland und Herjedalen an Schweden
1647	Einrichtung eines norwegischen Postsystems
1657–1658	*Krabbefeide*: Dänemark-Norwegen greift in den schwedisch-polnischen Krieg auf Seiten Polens ein
1658	(26.2.) Friede von Roskilde: Neben Skåne, Blekinge und Halland fallen die norwegischen Landschaften Bohuslen und Trondheims len an Schweden
1658–1660	*Bjelkefeide*: Erneuter Kriegseintritt Dänemark-Norwegens
1660	(6.6.) Friede von Kopenhagen, Bornholm sowie Trondheims len werden erneut Dänemark-Norwegen zugesprochen
1661	Souveränitätsakte, Erbhuldigung der norwegischen Stände in Christiania
1665	Die Ratifikation des Königsgesetzes (*Kongeloven/Lex Regia*) vollendet den Absolutismus in Dänemark-Norwegen
1666	Beseitigung der Herrentage in Norwegen, Einteilung der Verwaltung in die vier Stiftämter Akershus, Kristiansand, Bergen und Trondheim
1675–1679	*Gyldenløvefeide*: Versuch Dänemark-Norwegens, Schonen zurückzugewinnen, scheitert
1687	Christians V. Norwegisches Gesetz (*Norske Lov*)
1700–1701, 1709–1720	Dänemark-Norwegen im Großen Nordischen Krieg an der Seite Russlands und Sachsen-Polen-Litauens gegen Schweden
1720	(3.7./14.7.) Schwedisch-dänischer Friede von Frederiksborg
1739	(23.1.) Gesetz zur Errichtung von Volksschulen
1751	Vertrag mit Schweden über die Teilung der «Lappendistrikte»; die Gebiete von Kautokeino und Karasjok fallen an Norwegen
1760	Gründung der ersten Wissenschaftsgesellschaft in Trondheim (*Det Trondhiemske Selskab*) durch Gunnerus und Schøning
1763	(25.5.) Norwegen erhält mit den *Norske Intelligenz-Seddeler* seine erste Zeitung
1772	Gründung der «Norwegischen Gesellschaft» (*Norske Selskab*) in Kopenhagen
1780	«Bewaffnete Neutralität» zwischen Dänemark-Norwegen, Schweden und Russland
1788	*Tyttebærkrigen*: Einmarsch norwegischer Truppen in Schweden
1796	Beginn der Erweckungsbewegung der «Haugianer»

1801	Erste Volkszählung in Norwegen; (2.4.) Überfall der britischen Flotte auf Kopenhagen
1807–1814	Allianz zwischen Dänemark-Norwegen und dem napoleonischen Frankreich
1807	(16.8.–5.9.) Bombardierung Kopenhagens durch die britische Marine, Beschlagnahmung der dänisch-norwegischen Flotte
1808–1809	Norwegisch-schwedischer Grenzkrieg
1811	Gründung der Universität Christiania
1813	Staatsbankrott Dänemark-Norwegens
1814	(14.1.) Friede von Kiel: Dänemark muss Norwegen an Schweden abtreten, Grönland und die Färöer verbleiben im dänischen Gesamtstaat; (16.2.) «Notabelnversammlung» in Eidsvoll bereitet eine verfassunggebende Reichsversammlung auf Grundlage der Volkssouveränität vor; (10.4.) Reichsversammlung tritt in Eidsvoll zusammen und (17.5.) unterzeichnet ein Grundgesetz; (19.7.) Einmarsch schwedischer Truppen in Halden/Norwegen; (14.8.) Konvention von Moss beendet den schwedisch-norwegischen Konflikt, Anerkennung des Eidsvoll-Grundgesetzes durch Schweden; (10.10.) Thronverzicht Christian Frederiks; (20.10.) das *Storting* stimmt mit absoluter Mehrheit für die Personalunion Norwegens mit Schweden und (4.11.) wählt Karl XIII. von Schweden zum norwegischen König
1821	Adelsgesetze: Abschaffung der Adelsprädikate und Adelsvorrechte
1824	Der 17. Mai (Eidsvoll-Tag) wird zum Nationalfeiertag erklärt
1837	Gesetz zur Einführung der kommunalen Selbstverwaltung
1844	(10.7.) Einführung einer norwegischen Kriegs- und Handelsflagge mit Unionszeichen
1848	Ivar Aasens *Det norske Folkesprogs Grammatik* erstmals veröffentlicht; schwedisch-norwegisches Hilfskorps unterstützt Dänemark im Schleswig-Holsteinischen Krieg
1848–1851	Erste norwegische Arbeiterbewegung (*Thranebevegelsen*)
1851	(21.7.) Der «Judenparagraph» wird aus dem norwegischen Grundgesetz entfernt, Juden, Jesuiten und Mönchsorden werden wieder in Norwegen geduldet
1854	(26.8.) Einführung der allgemeinen Wehrpflicht; (1.9.) Bau der ersten Eisenbahnlinie Norwegens Eidsvoll-Christiania
1855	(1.1.) Die erste norwegische Telegraphenverbindung Christiania-Drammen wird in Betrieb genommen; (21.11.) im sog. «Novembertraktat» geht Schweden-Norwegen mit Großbri-

tannien und Frankreich eine gegen Russland gerichtete Allianz
ein

1865   (20. 2.) Die norwegische Bauernvereinigung (*Bondevennene*) wird die erste parteiähnliche Organisation in Norwegen

1869   Gesetz über die regelmäßige jährliche Zusammenkunft des *Storting*

1873   Krone und Øre neue Währung; Norwegen erhält das weltweit erste Torpedoboot («*Rap*»)

1874   Gründung des norwegischen Arbeitervereins in Christiania

1875   Skandinavische Währungsunion

1884   (28. 1.) Norwegens erste politische Partei «Linke» (*Venstre*) unter dem Vorsitz von Johan Sverdrup gegründet; Einführung des Parlamentarismus; (25. 8.) Gründung der «Rechten» (*Høyre*) unter Emil Stang

1885   (12. 5.) Sprachreform: Das *Storting* beschließt die Gleichstellung der norwegischen (Schrift-)Sprachen *riksmål* (späteres *bokmål*) und *landsmål* (späteres *nynorsk*)

1887   (21. 8.) Gründung der norwegischen Arbeiterpartei (*Det norske Arbeiderparti*) unter Anders Andersen

1892   (27. 6.) Beginn der Arbeitsschutzgesetzgebung

1893   Das *Storting* hebt das gemeinsame Konsulatswesen mit Schweden auf

1895   (7. 6.) Auf Druck Schwedens beendet das *Storting* das Vorhaben einer eigenen außenpolitischen Vertretung; zugleich Aufrüstung norwegischer Truppen

1898   Einführung des allgemeinen Stimmrechts; Flaggengesetz, norwegische Handels- und Staatsflagge ohne Unionszeichen im zivilen Bereich

1901   Erweiterung des kommunalen Wahlrechts; begrenztes Frauenwahlrecht

1905   (7. 6.) Das *Storting* erklärt die Union zwischen Norwegen und Schweden für beendet, Rücktritt Oscars II. als norwegischer König; (13. 8.) Volksabstimmung: große Mehrheit für die Auflösung der Union; (26. 10.) im Vertrag von Karlstad wird die endgültige Auflösung der Union bestimmt; (12. 11.) Volksabstimmung über die Regierungsform, Bevölkerung entscheidet für die Monarchie; (18. 11.) das *Storting* wählt den dänischen Prinzen Carl einstimmig zum norwegischen König (als Haakon VII.)

1907   (2. 11.) Integritätstraktat: Deutschland, England, Frankreich und Russland garantieren die Integrität Norwegens

1913	(7. 7.) Das *Storting* beschließt einstimmig die Einführung des Frauenwahlrechts
1914–1918	Neutralität Norwegens im Ersten Weltkrieg, hohe Tonnage-verluste der norwegischen Handelsflotte, die insbesondere unter englischer Flagge fährt, durch deutsche U-Boote
1920	(9. 2.) *Svalbardtraktat* garantiert internationale Anerkennung der norwegischen Souveränität über Svalbard (Inselgruppe im Nordmeer, u. a. Spitzbergen); (4. 3.) Norwegens Beitritt zum Völkerbund
1925	(1. 1.) Die norwegische Hauptstadt Kristiania (Christiania) wird in Oslo umbenannt
1933	(17. 5.) Gründung der rechtsgerichteten Nationalen Samm-lungspartei (*Nasjonal Samling*) unter dem Vorsitz Vidkun Quislings; (4. 9.) Gründung der christlichen Volkspartei (*Kristelig Folkeparti*)
1939	(1. 9.) Neutralitätserklärung Norwegens nach Kriegsausbruch Deutschland-Polen
1940	(9. 4.) Invasion und Besetzung Norwegens durch deutsche Truppen; (15. 4.) Gründung eines norwegischen Verwaltungs-rates; (27. 4.) Josef Terboven wird Reichskommissar für die besetzten norwegischen Gebiete; die norwegische Handels-flotte *Nortraship* übernimmt unter hohen Verlusten an See-leuten Transporte der Alliierten; (7. 6.) die norwegische Regie-rung unter Johan Nygaardsvold und König Håkon VII. geht ins Londoner Exil; (25. 9.) ein kommissarischer Staatsrat wird konstituiert
1942	(1. 2.) Quisling wird zum Ministerpräsidenten der besetzten norwegischen Gebiete ernannt
1943–1945	*Hjemmefront* und *Milorg* organisieren militärischen und zivi-len Widerstand gegen die deutsche Besatzungsmacht
1944	Beim Rückzug deutscher Truppen aus der Finnmark und Nord-Troms werden weite Teile der Infrastruktur zer-stört
1945	(9. 5.) Befreiung Norwegens; (7. 6.) Rückkehr Haakons VII. und der Exilregierung nach Oslo; nach dem Rücktritt Ny-gaardsvolds wird am 22. 6. eine Koalitionsregierung gebildet, deren *Fellesprogramm* (Gemeinschaftsprogramm; 8. 10.) die Grundlagen einer dauerhaften sozialdemokratischen Politik unter Federführung der Arbeiterpartei legt; dem Todesurteil (17. 9.) für Quisling folgt (24. 10.) auf der Festung Akershus die Vollstreckung.
1947	Akute Währungskrise

1948–1952	Im Rahmen des Marshall-Plans erhält Norwegen in den folgenden Jahren rund 400 Mio. Dollar Wiederaufbauhilfe
1949	(4. 4.) Norwegen ist Gründungsmitglied der NATO und des Europarates (3. 8.)
1952	Gründung des Nordischen Rates
1960	(4. 1.) Norwegen ist Gründungmitglied des europäischen Freihandelsbündnisses EFTA
1964	Konstitution des Norwegischen Rats der Samen
1972	Norwegen richtet als erster Staat weltweit ein Umweltministerium ein; (24./25. 9.) Volksabstimmung entscheidet Nichtbeitritt zur EG
1973	(14. 5.) Freihandelsvertrag mit der EG
1974	(29. 8.) bedeutende Erdöl- und Erdgasfunde in norwegischen Hoheitsgewässern verursachen einen Öl- und Gasboom
1977	Norwegen errichtet um Spitzbergen eine Fischereizone
1978	Konflikt mit der UdSSR um Spitzbergen; das Gleichstellungsgesetz tritt in Kraft und stärkt die Frauenbewegung
1989	Gründung des *Sameting* (Samenparlament)
1996	Norwegen Gründungsmitglied des Arktischen Rates (*Arctic Council*)
1999	Norwegen steigt zum drittgrößten Erdölexporteur der Welt auf
2001	(25. 3.) EU-Schengen-Regelungen für die Länder der nordischen Passunion eingeführt
2003	Vertrag über einen besseren Zugang von Norwegens Fischprodukten zum EU-Markt zwischen EU und Norwegen; (Juni) Norwegen entsendet eine Pioniereinheit für humanitäre Einsätze in den Irak
2007	(Okt.) Abkommen zwischen Norwegen und der EU zur besseren Kontrolle des Fischfangs
2008	Stavanger und Sandnes europäische Kulturhauptstädte 2008 (neben Liverpool); (1. 1.) *Nordic Battlegroup*, bestehend aus schwedischen, finnischen, norwegischen, irischen und estnischen Truppen, geschaffen
2009	Die Regierung erklärt 2009 zum «Kulturdenkmalsjahr», das norwegischen Kulturdenkmälern eine besondere Aufmerksamkeit und Förderung verschafft

Norwegische Monarchen vom 9. Jahrhundert bis heute

Hárfagri-Dynastie und Ladejarle

ca. 850/872–	
ca. 930	Haraldr I. hárfagri (*ca. 848, †933)
ca. 930–ca. 935	Eiríkr blóðœx Haraldarson (*ca. 885, †954)
ca. 933–ca. 960	Hákon I. (Haraldarson) Aðalsteinsfóstri inn góði («der Gute», *ca. 918, †ca. 960)
ca. 961–ca. 970	Haraldr II. (Eiríksson) gráfell («Graufell», *ca. 935, †ca. 970)
ca. 970–995	Hákon Sigurðarson Ladejarl (*ca. 935, †995)
995–1000	Óláfr Tryggvason (*ca. 963, †1000)
1000–1012	Eiríkr Hákonarson Ladejarl (*ca. 957, †1024; Jarl von Northumbria 1016–1023)
1000–1015	Svein Hákonarson Ladejarl (†ca. 1016)
1002–1014	Svein tjugeskjegg («Gabelbart», *ca. 960, †1014; dän. Kg. 986/87–1014, engl. Kg. 1013–1014)
1012–1015	Hákon Eiriksson Ladejarl (*995, †1029)
1015–1028	Óláfr (Haraldarson) inn helgi («der Heilige», *995, †1030)
1028–1029	Hákon Eiriksson Ladejarl (*995, †1029)
1028–1035	Knut den mektige oder den store («Der Mächtige» oder «der Große», *995, †1035; engl. Kg. 1016–1035, dän. Kg. 1018–1035)
1029–1035	Svein Knutsson (Alfivason, *ca. 1016, †1035)
1035–1047	Magnús I. (Óláfarson) góði («Der Gute», *1024, †1047; dän Kg. 1042–1047)
1045–1066	Haraldr (Sigurðarson) III. harðráði («Der harte Herrscher», *1015, †1066)
1066–1069	Magnús II. (Haraldarson, *1048, †1069)
1067–1093	Óláfr III. (Haraldarson) kyrre («der Ruhige», *ca. 1050, †1093)
1093–1094	Hákon Magnússon Toresfóstri (†1094)
1093–1103	Magnús III. (Óláfrson) berfœtt («Barfuß», *1073, †1103)
1103–1115	Óláfr IV. Magnússon (*1099, †1115)

1103–1123	Eysteinn I. Magnússon (*1088, †1123)
1103–1130	Sigurðr I. (Magnússon) Jorsalfare («Jerusalemfahrer», *1090, †1130)
1130–1135	Magnús IV. (Sigurðarson) blindi («der Blinde», *ca. 1115, †1139)
1130–1136	Haraldr IV. (Magnússon) gilli[krist] («Diener [Christi]», *1103, †1136)
1136–1155	Sigurðr II. (Haraldarson) munn («Mund», *1135, †1155)
1136–1161	Ingi I. (Haraldarson) krokrygg («Krummrücken», *ca. 1134/1135, †1161)
1142–1157	Eysteinn II. Haraldarson (*ca. 1125, †1157)
1157–1162	Hákon II. (Sigurðarson) herdebrei («Breitschulter», *1147, †1162)
1161–1184	Magnús V. Erlingarson (*1156, †1184)

Sverri-Dynastie

1177–1202	Sverri Sigurðarson (*ca. 1151, †1202)
1202–1204	Hákon III. Sverrisson (*1182, †1204)
1204	Guþormr Sigurðarson (*1199, †1204)
1204–1217	Ingi II. Bárðarson (*1185, †1217)
1217–1263	Hákon IV. Hákonarson (*1204, †1263)
1263–1280	Magnús VI. (Hákonarson) lagabœtir («Gesetzesstifter», *1238, †1280)
1280–1299	Eiríkr II. Magnússon (*1268, †1299)
1299–1319	Hákon V. Magnússon (*1270, †1319)
1319–1355	Magnús VII. Eiríkarson (*1316, †1374; schwed. Kg. 1319–1364, Kg. v. Skåne 1332–1360)
1343/55–1380	Hákon VI. Magnússon (*1340, †1380; schwed. Kg. 1362–1364)
1380–1387	Óláfr IV. Hákonarson (*1370, †1387; dän. Kg. 1376–1387)

Erste Unionskönige

1388–1412	Margrete I. (Valdemarsdotter) (*1353, †1412; dän. Kgn. 1375–1412, schwed. Kgn. 1389–1412)
1389–1442	Erik (Erich III.) von Pommern (*1382, †1459; als Erik VII. bzw. XIII. dän. u. schwed. Kg. 1396–1439, Hzg. v. Schleswig 1412–1442)
1442–1448	Kristoffer III. von Bayern (*1416, †1448; dän. Kg. 1440–1448, schwed. Kg. 1441–1448)
1449–1450	Karl I. (*1408/1409, †1470; als Karl (VIII.) Knutsson Bonde schwed. Reichsverweser 1438–1440 u. schwed. Kg. 1448–1457, 1464–1465, 1467–1470)

Unionskönige der Oldenburg-Dynastie

1450–1481	Christian I. (*1426, †1481; dän. Kg. 1338–1481, schwed. Kg. 1457–1464)
(1481–1483	Interregnum)
1483–1513	Hans (Johann, *1455, †1513; dän. Kg. 1481–1513, schwed. Kg. 1497–1501)
1513–1523	Christian II. (*1481, †1559; dän. Kg. 1513–1523, schwed. Kg. 1520–1521)
1523–1533	Frederik I. (*1471, †1533; dän. Kg. 1523–1533, Hz. v. Gottorp 1490–1523)
(1534–1536	Grafenfehde)
1537–1559	Christian III. (*1503, †1559; dän. Kg. 1534–1559)
1559–1588	Frederik II. (*1534, †1588; dän. Kg. 1559–1588)
1588–1648	Christian IV. (*1577, †1648; dän. Kg. u. Hz. v. Schleswig u. Holstein 1588–1648)
1648–1670	Frederik III. (*1609, †1670; dän. Kg. 1648–1670)
1670–1699	Christian V. (*1646, †1699; dän. Kg. 1670–1699)
1699–1730	Frederik IV. (*1671, †1730; dän. Kg. 1699–1730)
1730–1746	Christian VI. (*1699, †1746; dän. Kg. 1730–1746)
1746–1766	Frederik V. (*1723, †1766; dän. Kg. 1746–1766)
1766–1808	Christian VII. (*1749, †1808; dän. Kg. 1766–1808)
1808–1814	Frederik VI. (*1768, †1839; dän. Kg. 1808–1839)
1814	Christian VIII. Frederik (*1786, †1848; dän. Kg. 1839–1848)

Haus Holstein-Gottorp

1814–1818	Karl II. (*1748, †1818; als Karl XIII. schwed. Kg. 1809–1818)

Unionskönige der Bernadotte-Dynastie

1818–1844	Karl III. Johan (*1763, †1844; als Karl XIV. Johan schwed. Kg. 1818–1844)
1844–1859	Oscar I. (*1799, †1859; schwed. Kg. 1844–1859)
1859–1872	Karl IV. (*1826, †1872; als schwed. Kg. Carl XV. 1859–1872)
1872–1905	Oscar II. (*1829, †1907; schwed. Kg. 1872–1907)

Glücksburg-Dynastie

1905–1957	Haakon VII. (*1872, †1957)
1957–1991	Olav V. (*1903, †1991)
seit 1991	Harald V. (*1937)

Weiterführende Literatur

Aufgenommen wurde nur die wichtigste Literatur der letzten 30 Jahre in norwegischer, deutscher und englischer Sprache. Spezialuntersuchungen sind in der unten aufgeführten Literatur nicht zu finden. Für eine nahezu vollständige Literatursammlung zur norwegischen Geschichte sei auf den elektronischen Katalog der Universitätsbibliothek Oslo verwiesen: www.ub.uio.no

Bibliographien
Norway (hg. v. Hans H. Wellisch), Oxford-Santa Barbara/CA ²1986 (englischsprachige Titel zur Geschichte Norwegens).

Hilfsmittel, Lexika etc.
Aschehoug og Gyldendals store norske leksikon (Red. Petter Henriksen), 16 Bde., Oslo ³1995–1999.
Borgersrud, Lars: Årstall og holdepunkter i norgeshistorien, Oslo 2000.
Fladby, Rolf/Imsen, Steinar/Winge, Harald: Norsk historisk leksikon, Oslo ⁴1996.
Haywood, John: Encyclopedia of the Viking age, London 2000.
Kulturhistorisk leksikon for nordisk middelalder fra vikingtid til reformationstid (hg. v. John Granlund, Ingvar Andersson), 22 Bde., København 1980–1982.
Thuesen, Nils Petter: Norges historie i årstall, Oslo ²2000.
Thuesen, Nils Petter: Oslos historie i årstall, Oslo 2001.

Zeitschriften
Acta Borealia 1984 ff (auch online); A: 1951–1975; B: 1952–1979.
Historisk tidsskrift (Norge) 1871 ff.
Norwegian Archaeological Review 1968 ff.
Scandinavian Journal of History 1976 ff.
The Scandinavian Economic History Review (1953 ff; seit 2006 auch online)

Allgemeine Darstellungen
Aschehougs Norgeshistorie, 12 Bde., Oslo 1994–1998.
Bergen bys historie, 4 Bde., Bergen 1979–1982.

Danielsen, Rolf/Dyrvik, Ståle/Grønlie, Tore/Helle, Knut/Hovland, Edgar: Norway. A history from the Vikings to our own times, Oslo 1995 (norw. Orig.: Grunntrekk i norsk historie fra vikingtid til våre dager, Oslo 1991).

Det Norske Samlagets Norsk Historie 800–2000, 6 Bde., Oslo 1999.

Drivenes, Einar-Arne/Jølle, Harald Dag/Zachariasson, Ketil u. a.: Into the ice. The history of Norway and the polar regions, Oslo 2006.

Hjálmarsson, Jón R.: Die Geschichte Islands, Reykjavík 1994.

Midgaard, John: A brief history of Norway, Oslo [10]1989.

Norsk utenrikspolitiske historie, 6 Bde., Oslo 1995–1997.

Norsk forsvarshistorie, 5 Bde., Bergen 2000–2004.

Norway in the Antarctic (hg. v. Kgl. Utenriksdepartement), Oslo 1981.

Oslo bys historie, 5 Bde., Oslo [3]2000.

Petrick, Fritz: Norwegen. Von den Anfängen bis zur Gegenwart, Regensburg 2002.

Ruud, Morten/Grøtli, Ivan: Svalbard and Jan Mayen. The northern and western extremes of Norway, Oslo 1994.

Trondheim bys historie, 6 Bde., Oslo 1955–1973.

Young, George Vaughan Chichester: From the Vikings to the Reformation. A chronicle of the Faroe Islands up to 1538, Douglas/Isle of Man 1979.

Mittelalter und frühe Neuzeit

Bagge, Sverre/Mykland, Knut: Norge i dansketiden 1380–1814, København 1987 (= Politikens Danmarks historie 5).

Danmark-Norge 1380–1814, 4 Bde., Oslo-København 1997–1998.

Europa in Scandinavia. Kulturelle und soziale Dialoge in der frühen Neuzeit (hg. v. Robert Bohn), Frankfurt am Main 1994 (= Studia septemtrionalia 2).

19./20. Jahrhundert

Arbeiderbevegelsens historie i Norge, 6 Bde., Oslo 1985–1990.

Høyres historie, 4 Bde., Oslo 1984.

Jerman, Gunnar: New Norway. A century of change, Oslo 1999.

Kriegsende im Norden (hg. v. Robert Bohn, Jürgen Elvert), Stuttgart 1995 (= Historische Mitteilungen. Beiheft 14).

Kindingstad, Torbjørn/Hagemann, Fredrik: Norwegian oil history, Stavanger 2002.

Lorås, Jostein/Thomassen, Øyvind: Spenningenes land. Nord-Norge etter 1945, Oslo 1997.

Maerz, Susanne: Die langen Schatten der Besatzungszeit. «Vergangenheitsbewältigung» in Norwegen als Vergangenheitsdiskurs, Münster etc. 2008 (= Studien zur neueren Geschichte Europas 2).

Norge i krig. Fremmedåk og frihetskamp 1940–1945, 8 Bde., Oslo 1984–1987.

Sørensen, Øystein: Jakten på det norske. Perspektiver på utviklingen av en norsk nasjonal identitet på 1800-tallet, Oslo 1998.

Stråth, Bo/Hovland, Eldbjørg I./Sejersted, Francis: Norge og Sverige gjennom 200 år, Oslo 2005.

Deutschland und Norwegen

Allers, Robin M.: Besondere Beziehungen. Deutschland, Norwegen und Europa in der Ära Brandt (1966–1974), Bonn 2008.

Bohn, Robert: Reichskommissariat Norwegen. «Nationalsozialistische Neuordnung» und Kriegswirtschaft, München 2000 (= Beiträge zur Militärgeschichte 54).

Det nasjonale i norske, tyske og franske skolebøker 1860–1905. To sammenlignende studier (hg. v. Norges forskningsråd), Oslo 1998.

Deutschland – Norwegen. Die lange Geschichte (hg. v. Jarle Simensen), Oslo 1999.

Deutschland, Europa und der Norden. Ausgewählte Probleme der nordeuropäischen Geschichte im 19. und 20. Jahrhundert (hg. v. Robert Bohn), Stuttgart 1993 (= Historische Mitteilungen. Beiheft 6).

Deutsch-skandinavische Beziehungen nach 1945 (hg. v. Robert Bohn, Jürgen Elvert, Karl Christian Lammers), Stuttgart 2000 (= Historische Mitteilungen. Beiheft 31).

Die deutsche Herrschaft in den «germanischen» Ländern 1940–1945 (hg. v. Robert Bohn), Stuttgart 1997 (= Historische Mitteilungen. Beiheft 26).

Die norwegische Deutschlandbrigade. Von der Okkupation zur Kooperation (hg. v. Tom Kristiansen), Oslo 1998.

Hundert Jahre deutsch-norwegische Begegnungen. Nicht nur Lachs und Würstchen (hg. v. Bernd Henningsen), Berlin 2005.

Loock, Hans-Dietrich: Quisling, Rosenberg und Terboven, Stuttgart 1972.

Lorenz, Einhart: Willy Brandt in Norwegen. Die Jahre des Exils 1933–1940, Kiel 1989.

Mann, Chris/Jörgensen, Christer: Hitler's arctic war. The German campaigns in Norway, Finland and the USSR 1940–1945, Hersham 2002.

Marschall, Birgit: Reisen und Regieren. Die Nordlandfahrten Kaiser Wilhelms II., Heidelberg 1991.

Neutralität und totalitäre Aggression. Nordeuropa und die Großmächte im Zweiten Weltkrieg (hg. v. Robert Bohn u. a.), Stuttgart 1991 (= Historische Mitteilungen. Beiheft 1).

Olsen, Kåre: Krigens barn. De norske krigsbarna og deres mødre, Oslo 1998.

Petrick, Fritz: «Ruhestörung». Studien zur Nordeuropapolitik Hitlerdeutschlands, Berlin 1998.

Uecker, Heiko: Deutsch-Norwegische Kontraste. Spiegelungen europäischer Mentalitätsgeschichte, Baden-Baden 2001.

Wahlverwandtschaft. Skandinavien und Deutschland 1800 bis 1914 (hg. v. Bernd Henningsen), Berlin 1997.

Karten

Das norwegische Reich um 1265

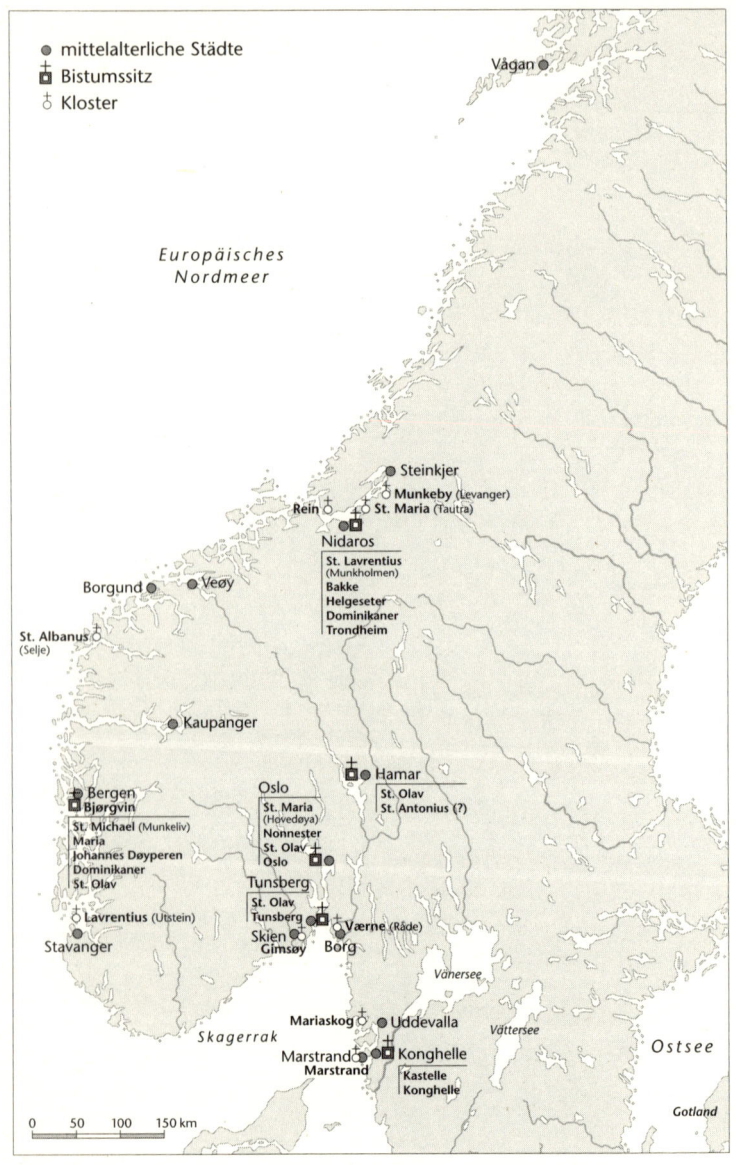

Legend:
- mittelalterliche Städte
- Bistumssitz
- Kloster

Vågan

Europäisches
Nordmeer

Steinkjer

Munkeby (Levanger)
Rein
St. Maria (Tautra)

Nidaros
St. Lavrentius
(Munkholmen)
Bakke
Helgeseter
Dominikaner
Trondheim

Borgund   Veøy

St. Albanus
(Selje)

Kaupanger

Hamar
St. Olav
St. Antonius (?)

Bergen
Bjørgvin
St. Michael (Munkeliv)
Maria
Johannes Døyperen
Dominikaner
St. Olav

Oslo
St. Maria
(Hovedøya)
Nonnester
St. Olav
Oslo

Tunsberg
St. Olav
Tunsberg
Skien   Værne (Råde)
Gimsøy   Borg

Lavrentius (Utstein)

Stavanger

Vänersee

Mariaskog   Uddevalla

Skagerrak   Vättersee

Marstrand
Marstrand   Konghelle

Kastelle
Konghelle

Ostsee

Gotland

0   50   100   150 km

Städte und Klöster im mittelalterlichen Norwegen (Festland)

Verwaltungsgliederung (fylker) in Norwegen

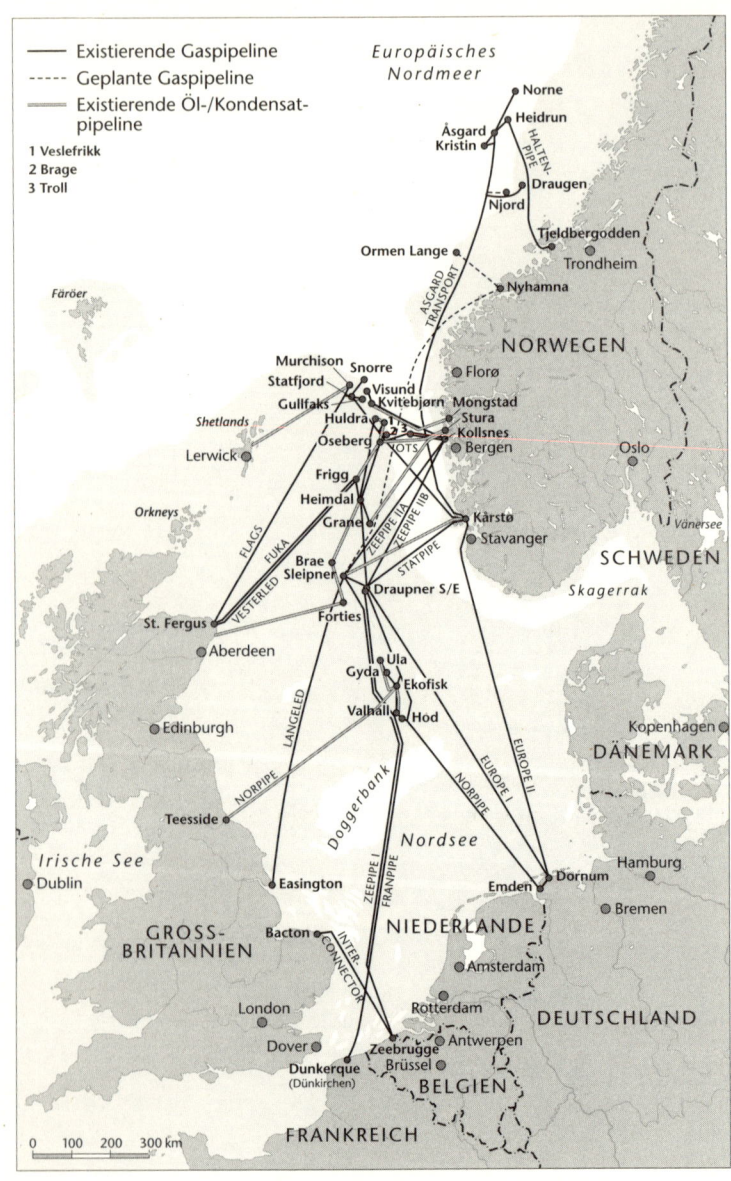

Die norwegische Öl- und Gaswirtschaft heute

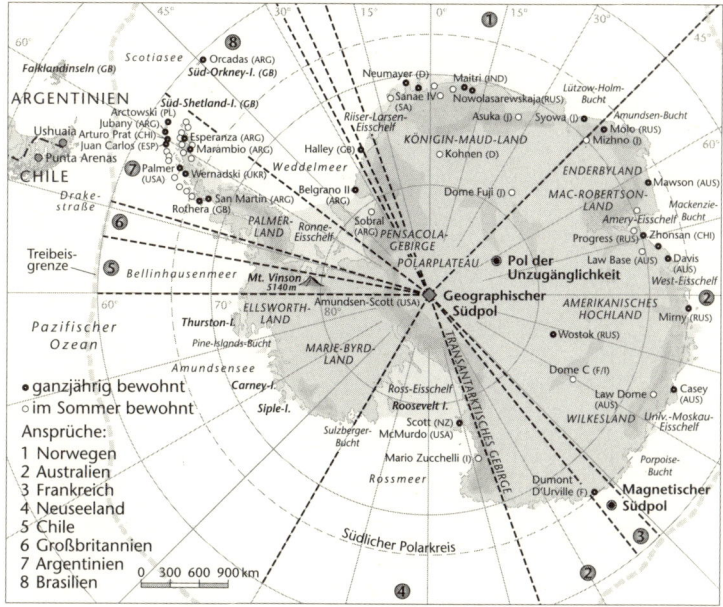

Norwegische Gebietsansprüche in der Antarktis

Personenregister

Ortsverzeichnis

Aus dem Verlagsprogramm

Ralf Tuchtenhagen bei C.H.Beck

Ralph Tuchtenhagen
Kleine Geschichte Schwedens
2008. 176 Seiten mit 3 Karten.
Paperback
Beck'sche Reihe Band 1787

Ralph Tuchtenhagen
Geschichte der baltischen Länder
2., aktualisierte Auflage. 2008.
128 Seiten mit 6 Karten.
Paperback
C.H.Beck Wissen in der Beck'schen Reihe Band 2355

Verlag C.H.Beck München

Reihe «Länder» bei C.H.Beck

Jörg Schilling/Rainer Täubrich
Belgien
1990. 164 Seiten mit 11 Abbildungen und 2 Karten. Paperback
Beck'sche Reihe Band 829

Klemens Ludwig
Estland
1999. 158 Seiten mit 19 Abbildungen und 1 Karte. Paperback
Beck'sche Reihe Band 881

Klemens Ludwig
Lettland
2000. 165 Seiten mit 21 Abbildungen und 1 Karte. Paperback
Beck'sche Reihe Band 882

Marianna Butenschön
Litauen
2002. 200 Seiten mit 34 Abbildungen und 3 Karten. Paperback
Beck'sche Reihe Band 889

Ernst Lüdemann
Ukraine
3., völlig neu bearbeitete Auflage. 2006
230 Seiten mit 23 Abbildungen und 5 Karten. Paperback
Beck'sche Reihe Band 860

Keno Verseck
Rumänien
3., neu bearbeitete Auflage. 2007
229 Seiten mit 22 Abbildungen und 3 Karten. Paperback
Beck'sche Reihe Band 868

Verlag C.H.Beck München